詳述歴史総合 マイノート もくじ

JN059939

世界史のなかの宗教

1 教科書p.8の地図をみて，おもに次の地域に分布している宗教を下から選んで答えよう。

① 西アジア・中央アジア・北アフリカ・東南アジアの諸島部など

[　　　　　　　　]

② ヨーロッパ・ロシア・ラテンアメリカなど　[　　　　　　]

③ 東アジア・東南アジアなど　　　　　　　　[　　　　　　]

④ 南アジア　　　　　　　　　　　　　　　　[　　　　　　]

【　キリスト教　　イスラーム　　ヒンドゥー教　　仏教　】

2 教科書p.9をみて，次の文章の空欄に入る語句を答えよう。

【キリスト教の成立】

　1世紀はじめ，ローマ支配下のイェルサレム周辺で，[⑤　　　　　　]は，祭司たちの堕落や規定にしばられる律法主義におちいった[⑥　　　　　]教を批判し，神の愛がすべての人に平等であることや，神の国の到来が近いことを説いた。しかし，[⑥]人支配層によりローマへの反逆者として告発された[⑤]は，十字架にかけられて処刑された。[⑤]の死後，弟子たちの間に彼が[⑦　　　　　]したとの信仰がうまれ，彼をキリスト(メシアのギリシア語)とするキリスト教が成立した。弟子たちは，[⑥]人以外の人々にも布教をおこない，信者の集団である教会がつくられた。

【仏教の成立】

　[⑧　　　　　　　　　　　　　　](ブッダ，釈迦)は，正しい修行によって苦の原因である欲望を克服し，解脱できると説いた。当時，[⑨　　　　　　　]教と密接に関連する，[⑨]・クシャトリヤ(王侯や戦士)・ヴァイシャ(農民や商人などの庶民)・シュードラ(隷属民)と身分を区別する[⑩　　　　　　]制度があったが，[⑧]はこれらを否定した。仏教は，しだいに力をつけてきたクシャトリヤやヴァイシャの支持を集めた。

【イスラームの成立】

　[⑪　　　　　　　　　　]は，アラビア半島の多神教の聖地[⑫　　　　　　]を支配していた一族にうまれ，610年ころ，瞑想中に大天使ガブリエルから神の啓示を受けた。このように神のことばを預かった者，すなわち預言者の自覚をもった[⑪]は，イスラーム(唯一神[⑬　　　　　　]への絶対的服従)，偶像崇拝の禁止などを説いた。

ポイント
[⑥]教の聖地であったイェルサレムは，その後キリスト教，そしてイスラームの聖地にもなった。

ポイント
キリスト教はローマ帝国内で信者を増やしたが，3世紀になるとローマに迫害された。しかし4世紀にローマ帝国はキリスト教を公認した後，国教と定めた。

ポイント
ブッダとは悟りを開いた者という意味である。また彼はシャカ族の王子であったため，釈迦ともよばれる。

ポイント
仏教は，マウリヤ朝をはじめインドの古代王朝で信仰されたが，ヒンドゥー教の広まりとともにインドでは衰退していった。

ポイント
多神教の聖殿であったカーバ神殿は，その後イスラームの聖殿となった。

ポイント
イスラームでは[⑬]や[⑪]を絵に描いたり，像に刻んだりすることは，神や預言者を冒涜することと考えられている。

3 教科書p.8の表をみて，次の問いに答えよう。

【キリスト教のおもな宗派】

〔⑭　　　　　　　〕	ローマ教皇を頂点とする教会の組織。
〔⑮　　　　　　　〕	11世紀に教会の東西分裂によって正式に分離，複数の総主教のもとに独自の教会組織をもつ。
〔⑯　　　　　　　〕	ルターの宗教改革以降に〔⑭〕からはなれた諸宗派の総称。

【仏教のおもな宗派】

〔⑰　　　　　　　〕	悟りをめざし，戒律を厳格に守ろうとする保守的立場で，部派仏教の一つ。
〔⑱　　　　　　　〕	生命あるすべての救済をめざし，みずからを大乗とよび，それまでの部派仏教を小乗とよんだ。

【イスラームのおもな宗派】

〔⑲　　　　　　　〕	多数派，第4代カリフであるアリーまでの4人のカリフを正統と認める。
シーア派	少数派。アリーとその子孫のみにカリフの資格を認める。

ポイント
教皇とはローマ教会の首長で，〔⑤〕の弟子ペテロの後継者とされている。中世ヨーロッパでは，皇帝や国王をしのぐほどの権力をもっていた。

ポイント
〔⑯〕にはルター派以外にカルヴァン派やイギリス国教会が含まれる。

ポイント
〔⑱〕の信仰の広まりとともに，インド西北部のガンダーラ地方では仏像の制作がさかんとなった。

ポイント
カリフとは〔⑪〕の後継者のことで，第4代カリフのアリーまでは選挙で選ばれていた。アリーの暗殺後は，ウマイヤ朝・アッバース朝の王がその地位を世襲した。

4 右の図①・②をみて，以下の問いに答えよう。

問1　図①でイエスが処刑されたあと，キリスト教はどのようにして成立したのだろうか。

[　　　　　　　　　　　　　　　　　　　]

問2　図②では，どうしてムハンマドの顔は白く塗られているのだろうか。

[　　　　　　　　　　　　　　　　　　　]

①

②

Try　キリスト教・仏教・イスラームの三大宗教は，ユダヤ教やヒンドゥー教と比較して，どのような違いがあるだろうか。「民族」という語句を用いて説明してみよう。

[　　　　　　　　　　　　　　　　　　　]

INTRODUCTION　17世紀以前のアジアの繁栄とヨーロッパの海外進出 教科書 p.24〜25

1368年にモンゴル人の王朝であった元にかわって、洪武帝は漢人(中国人)を中心に明を建国した。洪武帝は、身分秩序を重視する朱子学を国の学問にするなど、皇帝の独裁体制を強化した。

1 教科書 p .24〜25を参考にして，次の文章の空欄に入る語句を答えよう。

アジア諸帝国と海域世界の繁栄

14世紀に中国に成立した**明**は，東シナ海で朝貢体制を確立した。明の第3代永楽帝の命を受けた[①　　　　　]は，大艦隊をひきいてアフリカ沿岸まで遠征をおこない，明への朝貢をうながした。この時代，東アジアの交易の中心となったのは，**琉球王国**や東南アジアの要衝に位置する[②　　　　　　]王国で，これらは海禁政策をとる中国と東南アジア・日本を中継して繁栄した。またインド南部から輸出された綿布は，アラビア海や東南アジアの交易でも重要な商品となった。この東アジアからインド洋での交易が活発となった時代を[③　　　　　　]という。

一方，16世紀の西アジアからインドには，イスタンブルを中心とした**オスマン帝国**，中央アジアの**サファヴィー朝**，インドの[④　　　　　　]が並び立っていた。

13世紀に成立したオスマン帝国は、16世紀のスレイマン1世の時代には、西アジアから北アフリカ、そしてヨーロッパにまたがる大帝国へと成長した。

ヨーロッパの大航海時代

ヨーロッパが海外に進出した**大航海時代**以降，世界の一体化がすすんだ。しかし，少なくとも1800年代にいたるまでのアジア間の交易の主導権は，中国・インド・ムスリム商人によってにぎられており，[⑤　　　　　　]などヨーロッパ商人は，それらに依存していたにすぎなかった。アメリカ大陸では，数百人の[⑥　　　　　]人征服者が軍事的優位を背景に，内乱に乗じてインカ帝国・アステカ王国などの文明を滅ぼしたが，その決定的な要因はヨーロッパからもちこまれた疫病にあった。

[⑤]は、ヴァスコ=ダ=ガマがインド航路を開拓して以来、おもにアジアへ進出した。一方[⑥]は、コロンブスが西インド諸島に到達して以降、アメリカ大陸の征服をすすめた。

[⑥]による略奪に続いて，イギリス・オランダ・フランスなどは，現地の気候を利用した作物の栽培にのりだした。ヨーロッパは，アジアとの交易拡大を望み，その対価としてアメリカ大陸で産出される銀を必要としたため，征服された[⑦　　　　　]を酷使して銀山が開発された。また鉱山や農園で働く労働力が不足するようになると，[⑧　　　　　]から奴隷が連行された。

[⑥]征服以前のアメリカには、14〜16世紀にメキシコ中央高原にアステカ王国が、15〜16世紀には南米のアンデス地方にインカ帝国が栄えていた。ともに都市を中心に栄えた青銅器文明であった。

銀の流通

スペインは，メキシコ各地や南米の[⑨　　　　　]などで銀山を開発したため，大量の**銀**がヨーロッパに流入した。さらに，アメリカ大陸で採掘された銀(メキシコ銀)は，メキシコの[⑩　　　　　　]からフィリピンの[⑪　　　　]に運ばれ，中国の絹や陶磁器と交換され，莫大な利益をうんだ([⑩]**貿易**)。

ヨーロッパでは，流入した大量の銀によって物価が大幅に上昇した。こ

れを[⑫　　　　　　　　]という。その結果，地代収入に依存する封建領主層は打撃を受けたが，西ヨーロッパ諸国では毛織物産業などの商工業の発達が促進された。東アジア・東南アジアには，ポルトガルとスペインが日本から運んだ日本銀とメキシコ銀が大量に流入した結果，商工業が活性化された。

▌オランダの覇権と衰退

　　17世紀はじめにオランダは[⑬　　　　　　　　　　]を設立し，アジアではポルトガルにかわって香料貿易を支配して莫大な利益をあげた。また同時期にアメリカ大陸にも進出した。こうしてオランダは，全世界に貿易網を張り巡らす海洋国家となり，首都[⑭　　　　　　　　　]は世界経済の中心地として栄えた。しかし，中継貿易に依存するオランダの繁栄は長続きせず，[⑮　　　　　　　]との戦争をくりかえすうちに衰退に向かった。

2 右の絵をみて，以下の問いに答えよう。

問1　スペインの征服後，右の絵のようなアメリカ大陸の銀山では，どのような人たちが働かされていたのだろうか。

〔　　　　　　　〕

問2　こうした銀山などで働く労働力が不足するようになると，スペインはどのようにして労働力を補っただろうか。

〔

　

〕

Try アメリカ大陸で採掘された銀は，アジアやヨーロッパにどのような変化をひきおこしたのだろうか。次の語句を用いて説明してみよう。【　マニラ　　価格革命　　商工業　】

〔

　

　

〕

1 ヨーロッパの海外進出と市民社会

Approach▶ なぜ**2**にあるような陶磁器が18世紀のヨーロッパでつくられたのだろうか。

　背景には、〔**ア**　　　　　　〕とよばれる生活スタイルの変化があった。18世紀のヨーロッパでは、アジアやアメリカから輸入された〔**イ**　　　〕や〔**ウ**　　　　　〕を飲む習慣が民衆に広まり、その容器としての陶磁器の需要が高まった。しかし、陶磁器は〔**エ**　　　　〕からの輸入品で高価であったため、ヨーロッパ諸国はこれを自国で生産し、その需要にこたえようとした。

■ ユーラシアの結合

- ・ヨーロッパ諸国は17世紀以降、自国の商人に特許状を与えるなど国家的な支援をおこなう
  - →〔①　　　　　　　　　　〕…アジアとの交易で重要な役割を果たす
  - 〔②　　　　〕を対価に香辛料・香料や絹織物・宝石などの物産をヨーロッパにもたらす
- ・アジアとヨーロッパとの交易活動→ユーラシア地域の結合、アジアとヨーロッパの経済発展
  - →ヨーロッパ諸国は交易の利益に注目

■ ヨーロッパの生活革命

- ・アジアとの交易
  - …中国産の茶・絹織物・〔③　　　　　　〕、インド産〔④　　　　〕織物がヨーロッパ市場に
  - →〔④〕工業や製陶業が産業革命の主要産業に
- ・〔⑤　　　　　　　　〕貿易…アメリカ大陸からコーヒーや砂糖がもたらされる
  - →コーヒーが広がり、砂糖や陶磁器の需要が高まる
  - →〔⑥　　　　　　　〕とよばれる新たな生活文化の形成
  - →ロンドンに〔⑦　　　　　　　　　〕、パリにカフェ…市民階級の社交や情報交換の場

■ 啓蒙思想の発達

- ・18世紀のヨーロッパ：幅広い読書層の出現→〔⑧　　　　　　〕がひろがる
- ・〔⑧〕：人間の理性が成熟し無知や偏見から解放されるとする楽観的な世界観
- ・〔⑧〕家：合理主義の立場から教会や王権を批判
  - 〔⑨　　　　　　　　〕：寛容の精神
  - 〔⑩　　　　　　　〕：三権分立
  - 〔⑪　　　　　　〕：社会契約説と〔⑫　　　　　　　〕論→フランス革命に影響
- ・フランス：サロンやアカデミーを中心に〔⑬　　　　　　〕派が登場
- ・イギリス：スコットランドで科学が発達、イングランドでは産業と結びつく→産業革命へ
- ・東欧：〔⑭　　　　　〕主義の動き
- ・プロイセンやロシア：上からの改革

確認 アジアやアメリカ大陸との貿易を通じて、ヨーロッパにはどのような変化がうまれたのだろうか。次の語句を用いてまとめてみよう。【 経済発展　生活革命　ジャーナリズム 】

- -

- -

- -

- -

- -

- -

- -

- -

Check ▶ 下の陶磁器の絵柄に注目しながら，当時のヨーロッパの状況を，空欄に語句を入れながら考えてみよう。

18世紀ごろから，ヨーロッパではアメリカ産の[① 　　　　　]や中国産の[② 　　　]を飲む習慣がひろがり，カップやポットなど，陶磁器の需要が急速に高まっていった。しかし中国から輸入される陶磁器は大変高価なぜいたく品であったため，ヨーロッパ諸国は競って独自の製造にのりだした。モデルとされたのが，真っ白な磁器(白磁)に青一色で模様を描く技法(染付)で，それにいち早く成功したのが，下の皿がつくられた[③ 　　　　　]という東ドイツの都市であった。初期のものをみると，写真のように中国陶磁器の絵柄とそっくりだが，これはただの影響や真似だけでなく，18世紀のヨーロッパで[④ 　　　　　]とよばれる中国趣味が流行していたからでもあり，いわば当時の「売れすじ」の絵だったのである。

中国の陶磁器にはしばしば「ざくろ」が描かれていたが，ドイツ人はざくろを知らなかったため，間違えて「たまねぎ」を描いてしまった。これがかえって人気となり，「ブルーオニオン」とよばれて，[③]陶磁器を代表する絵柄になった。下の皿の[⑤ 　　　　　]部分にそれをみつけることができる。

Try 啓蒙思想は，各地でどのように受容され，どのような影響を社会や政治に及ぼしただろうか。西欧だけでなく東欧も含めて考えてみよう。

[

2 清の繁栄

┌─ **Approach▶** 清の支配領域はどのような地域にまでひろがっていたのだろうか。 ─────

　清の支配領域は，建国者の〔**ア**　　　　　〕(女真)人や長城以南の漢人の居住地をこえて，北方の〔**イ**　　　　　〕，西方の〔**ウ**　　　　　〕や青海，ウイグル人の住む〔**エ**　　　　〕へと広がり，歴代の中国王朝で最大の領域となった。現在の中華人民共和国は，清の領土をほぼ継承している。

┃清の中国支配

●清の成立

- ・明代の中国東北地方で満洲(女真)が台頭

　→17世紀はじめ，〔①　　　　　　〕が満洲を統一→のち国号が〔②　　　　〕と定められる

- ・1644年に明が滅亡→清は南下，中国農耕文化圏に入って〔③　　　　〕を都とする

●清の発展

- ・最盛期：〔④　　　　　〕帝・〔⑤　　　　　〕帝・〔⑥　　　　　〕帝の治世の約130年間
- ・中国の正統王朝として，朝貢による国際秩序や〔⑦　　　　〕など中国の伝統を尊重
- ・異民族王朝として〔⑧　　　　〕の強制や反満洲思想を弾圧
- ・明の残存勢力を制圧する過程で〔⑨　　　　〕を領土に
- ・モンゴル統一のための遠征

　→モンゴル・新疆・チベット・青海は〔⑩　　　　〕として自治が認められる

┃中国社会の繁栄

- ・〔⑪　　　　　〕の下流域：綿・絹織物業がさかん　　　中流域：稲作の中心
- ・16〜17世紀，大量の〔⑫　　　　〕銀や〔⑬　　　　　　　〕銀が絹や陶磁器などと交換され，中国に流入→銀による納税がひろまる
- ・アメリカ大陸原産のトウモロコシやサツマイモがひろまり人口急増→人口移動が活発に
- ・異民族による支配の原因を解明しようとする批判的な意識

　→古典の本来の意味を実証的に研究しようとする〔⑭　　　　　〕学がさかんに

┃東西文明の交流

- ・明末から清初期，カトリックの布教をめざすイエズス会宣教師が来航

　〔⑮　　　　　　　　　〕：中国最初の世界地図「坤輿万国全図」を作成

　〔⑯　　　　　　　　　〕ら：西洋の庭園様式をとりいれた円明園を設計

- ・イエズス会は儒教の典礼を認めつつ布教をおこなう→ローマ教皇により異端扱い

　→〔⑰　　　　　　〕…反発した〔⑤〕帝がキリスト教の布教を禁止

- ・ヨーロッパでは陶磁器や絹織物などを愛好する〔⑱　　　　　　　　〕(中国趣味)がおこる

確認 清の支配体制にはどのような特徴があったのだろうか。次の語句を用いてまとめてみよう。

【　辮髪　　科挙　　藩部　】

┌──┐
│   │
│   │
│   │
└──┘

Check ▶ 左の「盛世滋生図」に描かれた蘇州には，どのようにして物資が集まったのだろうか。
右の地図で蘇州の位置を確認し，空欄に語句を入れながら考えてみよう。

　蘇州は古代から経済的に栄えた都市である。絵には多くの船が描かれているが，地図をみると，
蘇州は〔①　　　　　　　〕の下流に位置し，また清の首都〔②　　　　　　〕へとつながる〔③　　　　　　　　〕沿い
にあることが確認できる。すなわち蘇州は水路を主とする〔④　　　　　　　　　　　〕として発展したの
である。絵には「〇〇行」と書かれた看板があちこちにみられるが，行とは商人たちの組合のことで
ある。また，水上に描かれた四角帆の船はジャンク船とよばれ，中国商人が主として外国との交易
で使用したものである。

Try 清はなぜ長期にわたって繁栄できたのだろうか。考えてみよう。

3 東アジア諸国間の貿易

教科書 p.30〜31

Approach▶ それぞれの使節の派遣には，どのような意図があったのだろうか。

　琉球は進貢船で中国に[**ア**　　　　]使節を派遣することで，中国皇帝の権威を借りて政権を安定させることや，中国の物産や文化を取り入れることができた。また，中国の皇帝は[**イ**　　　　]使を派遣し琉球国王を外臣とすることで，皇帝の徳が周辺国にも影響することを示すことができた。

朝貢と冊封による東アジアの国際秩序

●中国王朝の東アジア諸地域との対外関係

- [①　　　　]…周辺地域の首長が中国の皇帝を慕い，臣下の礼を尽して貢ぎ物を献上
- [②　　　　]…その首長を中国皇帝が王に任命
  - →[①]国は中国の暦を使用し，定められた儀礼をふまえて中国に使節派遣
  - →免税など優遇された条件での貿易を認められる＝[①]**貿易**
- [③　　　　　　]…中国を中心とする東アジアの国際秩序→人や物，情報などの交流

●冊封体制に接続されていた他の秩序

- 17世紀以降，[④　　　　]は薩摩に支配されながらも中国の[②]を受ける両属
- 15世紀，マラッカ王国は明と[①]関係をむすびつつ[⑤　　　　　　　]に帰依
  - →南シナ海の貿易とインド洋の貿易とをむすびつける

東アジアの貿易

- 1683年，清は[⑥　　　　]を拠点とする反清勢力を降伏させる
  - →翌年，海上活動を制限する政策である[⑦　　　　　　]を緩和→中国商人による海外貿易
- 中国と日本との貿易は[⑧　　　　]でおこなわれる
- 朝鮮と中国の[①]貿易は[⑨　　　　]を経由して日本とつながる
- [④]と中国の[①]貿易も薩摩を経由して日本とつながる

ヨーロッパとの貿易

- 16世紀以降，ヨーロッパ人は東南アジアの[⑩　　　　　]・香料や中国の[⑪　　　　　]など
  をヨーロッパに運ぶ
- 日本との貿易は，幕府による管理体制のもと，オランダ東インド会社が[⑧]でおこなう
- 1757年，中国と西洋諸国の貿易は[⑫　　　　]1港に限定
  - →[⑬　　　　]とよばれる特許商人組合を介する貿易
- 内陸では，中国産の茶や絹，木綿などがロシアに運ばれる
  - →ロシア経由でヨーロッパへ

確認 朝貢貿易は，中国の周辺諸国にどのような恩恵をもたらしたのだろうか。次の語句を用いてまとめてみよう。【　王　　経済的利益　　漢文書籍　】

- -

- -

- -

- -

- -

- -

- -

- -

- -

- -

Check ▶ アジア各地域間や，アジア諸国とヨーロッパ諸国の貿易で，どのような物品が取り引きされただろうか。教科書を読んで，次の図の空欄Ａ～Ｅに入る物品名を答えよう。

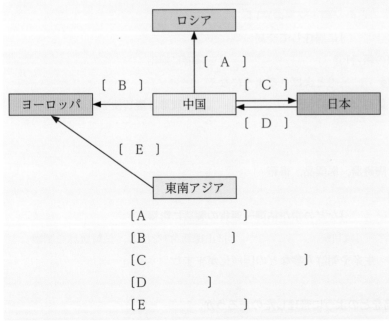

[A   ]
[B   ]
[C   ]
[D   ]
[E   ]

Try あなたは，この時期に中国（清）と日本でなぜ管理貿易が実施されたと考えるか。

[

4 江戸時代の日本の対外政策

Approach▶ 大名行列をみた民衆は，幕府に対してどのような意識をもつようになっただろうか。

〔**ア**   〕による大名行列は，将軍の上洛の際の行列のように軍事力を誇示するものであった が，支配身分である〔**イ**   〕と，被支配身分である〔**ウ**   〕や〔**エ**   〕との身分 格差をあからさまに自覚させる場面でもあった。日常は，〔**ウ**〕は村，〔**エ**〕は町と，それぞれ異なる 社会で暮らしていたが，このような行列によって民衆は明確な身分格差を自覚し，強く意識せざる をえなくなったと考えられる。

幕藩体制と身分制度

●幕藩体制の成立

- ・江戸幕府が〔①   〕を制定…領地と江戸を定期的に往復する〔②   〕の義務 づけ→幕府と藩が全国の領地と人民を支配する〔③   〕がととのう

●幕藩体制の社会

- ・士農工商…武士は支配身分，社会の大部分を占める百姓・町人は被支配身分
- ・〔④   〕…京都の天皇や公家の行動を制限←幕府は，朝廷・公家の政治的行動 や大名との接触を警戒

四つの口と対外関係

- ・幕府は〔⑤   〕を黙認→信者が急増すると禁教令を出し，貿易を制限
- ・日本人の海外渡航，帰国の禁止→〔⑥   〕の衰退
- ・〔⑦   〕…松前は〔⑧   〕，対馬は〔⑨   〕，長崎は〔⑩   〕，薩摩は〔⑪   〕との交際・交易の窓口
- ・オランダ人は長崎の〔⑫   〕に居住して交易
  …オランダは，海外情報の報告〔⑬   〕を幕府に提出
    →このような体制は〔⑭   〕とよばれるようになる
- ・将軍の代替わりごとに，朝鮮は江戸に〔⑮   〕を，琉球は慶賀使を派遣

対外貿易と輸入品の国産化

- ・おもな貿易品
  輸入品：〔⑯   〕，陶磁器，医薬品，書籍
  輸出品：金銀銅，海産物
- ・貿易額の増加で〔⑰   〕などの**銀**が枯渇→通貨の製造に影響
  →1715年，〔⑱   〕は〔⑲   〕（正徳新令）を出し，長崎貿易を制限
- ・〔⑳   〕の改革…生糸や朝鮮人参などの国産化がすすむ

確認 江戸幕府は，対外貿易をどのように管理したのだろうか。

MEMO

Check ▶ 右の絵をみて，以下の問いに答えよう。

1　**A**の埋め立て地の名称，およびどこの国の
　人々が居住したかを答えよう。
　[　　　　　　　・　　　　　　　]

2　**B**の区域の名称，およびどこの国の人々が
　居住したかを答えよう。
　[　　　　　　　・　　　　　　　]

3　1や2の国との取り引きを制限する取り決
　めを出した人物，および取り決めの名称を
　答えよう。
　[　　　　　　　・　　　　　　　]

Try 四つの口のうち長崎以外の三つの口を通してつながった地域は，明治時代末にはどのように
なっていくだろうか。

[
]

5 江戸時代の社会と生活

Approach▶ 江戸時代の陸路と海路それぞれの要になる都市はどこだろうか。

　江戸時代に陸路の要は「将軍のお膝元」の〔**ア**　　　　〕で，天皇のいる京都をはじめとした要地に向けて五街道が通じていた。海路は，日本海側の物産が西廻り航路によって「天下の台所」の〔**イ**　　　　〕にもたらされ，やがて〔**ウ**　　　　〕を分岐として〔**ア**〕に通じる東廻り航路も整備された。〔**イ**〕と〔**ア**〕は〔**エ**　　　　〕でむすばれ，全国の物産が〔**ア**〕に運ばれた。やがて，西廻り航路には〔**オ**　　　　〕が登場し，昆布など蝦夷地の物産がさかんにもたらされるようになった。

平和と秩序の整備

●17世紀後半からの社会

- ・**大坂・京都**などを中心に町人文化である〔①　　　　　〕が発達
  - →5代将軍の〔②　　　　　〕や新井白石は，〔③　　　　　〕にもとづく政治をおこなう
- ・**8代将軍の徳川吉宗**は幕政全般を改革＝〔④　　　　　〕

  儒学の重視，武芸の奨励，旗本や民間から積極的な人材登用，年貢の増徴，

  法制度の整備，漢訳の洋書輸入許可(キリスト教布教にかかわらないもの)

●18世紀後半の社会

- ・過酷な年貢徴収や飢饉→困窮した農村では〔⑤　　　　　〕がおこる
- ・〔⑥　　　　　〕は商業を重視→蝦夷地でのロシアとの貿易の可能性を調査
- ・〔⑦　　　　　〕は農村の立て直しを重視→〔⑧　　　　　〕…財政引き締めと倹約策

全国の流通網の発展

- ・〔⑨　　　　　〕(海運)…松前から近畿地方へのルート→北前船で昆布などが大量に取り引き
  - →大坂では大名などの〔⑩　　　　　〕が整備
- ・陸路…〔⑪　　　　〕制度や東海道・中山道などの主要街道が整備
  - →伊勢参りなどの文化もうまれる

農村の変化と社会

- ・〔⑫　　　　　〕によって農地は倍増→人口も2倍に
- ・村落では小農経営が定着→18世紀には耕地拡大が限界に達する→農業技術の改良・発展
- ・〔⑬　　　　　〕…村単位で年貢をおさめる
- ・〔⑭　　　　　〕…村ごとの寺の信者情報＝キリスト教徒でない証明，戸籍の役割
- ・〔⑮　　　　　〕…集団主義的な連帯責任を負う組織
  - →村内では助け合いの慣行が育まれ，質素・倹約・勤勉が奨励
- ・村落は村民が運営，領主である武士は城下町に集住→商人や職人も城下町に定着

確認 平和な時代にはどのような秩序が求められ，どのような発展がみられただろうか。

MEMO

●p.158～159 を開いて，この章で学んだことをふりかえってみよう。

Check ▶ 江戸時代に発展した西廻り航路・東廻り航路・南海路の起点と終点はどこだろうか。下の地図をみながら，次の文章に入る語句を答えよう。

　江戸時代には，現在の山形県の〔①　　　　　〕を起点に，日本海側から〔②　　　　　〕を通り瀬戸内海に入って「天下の台所」である〔③　　　　　〕にいたる西廻り航路，太平洋側に出て〔④　　　　　〕にいたる東廻り航路，〔③〕と〔④〕をむすぶ南海路を中心とした海路が整備された。一方，陸路は，「将軍のお膝元」である〔④〕から〔⑤　　　　　〕にいたる東海道をはじめとする五街道が整備された。

Try 江戸時代の村の生活は，のちの時代や現代と比べて自由がなかったのだろうか，それとも自由だったのだろうか。話し合ってみよう。

 **アジアの繁栄とヨーロッパ**

 教科書p.38の写真①〜⑦をみて考えてみよう。

1　①〜⑦のうちで，中国で発明されたものはどれか，調べてみよう。

2　調べた結果，近代以前の中国は，世界でどのような存在だったと考えられるだろうか。

 教科書p.38の資料1・2をみて考えてみよう。

STEP 1

1　**資料1**をみて考えてみよう。1700(01)年から1760年までにイギリス東インド会社が輸入した物品の割合が，10倍以上となったものは何だろうか。　　　　　[　　　　　]

2　1で答えた物品の輸入が増えた理由を，教科書p.26〜27を読んで考えてみよう。また，アジアの物品がヨーロッパに入ってきたことで，この時期にヨーロッパの生活文化が変化したことを何とよぶか，確認しよう。

理由：

呼称：

STEP 2

1　**資料2**にあるように，イギリスの輸出の中心は金と銀，特に銀が中心であった。この銀はどこから来たのか，教科書p.25を読んで考えてみよう。

2　ヨーロッパの主要産品であった毛織物がアジアで売れなかった理由を，次の文章の空欄に適切な語句を入れて考えてみよう。

　　アジアでは，吸湿・保温性に優れ，丈夫で水洗いがしやすい[　①　　]が多く用いられていた。また吸湿性がよく，涼しく水洗いしやすい麻も利用されてきた。高級品としては，しなやかで上品，美しい光沢をもつ[　②　　]があり，こちらは古くからヨーロッパでも人気があった。

②　白い硬質の磁器は，ヨーロッパでは18世紀はじめになるまで生産できなかった（教科書p.26**2**のマイセンの皿を参照）。アジアの磁器は，その美しさでヨーロッパの上流階級を魅了したのである。

STEP 1　資料2の皿の中心にあるマークに注目してみよう。これは，当時イギリスやフランス，オランダなどが，それぞれアジア貿易を推進するために国策会社として設立した貿易会社のうち，オランダの会社のマークである。このような貿易会社を何とよぶか。

〔　　　　　　　　　　　〕

STEP 2　17世紀なかばに中国に成立していた清が，どのような貿易政策をとっていたか，教科書p.30～31を読んで考えてみよう。

〔
　　
〕

③　18世紀におけるヨーロッパの思想家は，同時代の中国をどのようにとらえていたのだろうか。教科書p.39の資料1・2を読んで考えてみよう。

STEP 1　次の文章の空欄に入る語句を，教科書p.27を読んで答えよう。
〔①　　　　　　　　　〕家は，合理主義の観点から社会や国家の仕組みを解釈し，教会や王権を批判した。ヴォルテールは〔②　　　　　　　〕の精神を説き，モンテスキューは〔③　　　　　　　　〕を唱えた。

STEP 2　次の文章の空欄に入る文を，**資料1**を読んで答えよう。
　資料1より，ヴォルテールは儒教には〔　①　〕がないと述べている。また，中国の法律は〔　②　〕と述べており，中国の政治以上に優良な政治組織はない，と述べている。
〔①
　②
〕

STEP 3　次の文章の空欄に入る語句を，**資料2**を読んで答えよう。
　モンテスキューは，中国は〔①　　　　　　〕国家であり，その原理は〔②　　　　　　〕であるとしている。STEP 1と合わせて考えれば，彼は中国だけではなく，母国〔③　　　　　　　〕の〔①〕国家体制を批判していたと考えられる。

Try　1　アジアの物産や制度がその後のヨーロッパの産業・制度に与えた影響は何だろうか。次の語句を用いて説明してみよう。【　木綿　　砂糖　　陶磁器　　法律　】

〔
　　
〕

　2　さらに，それは現在の世界にどう生きているだろうか。考えて話し合ってみよう。

INTRODUCTION　17世紀以前のヨーロッパの主権国家体制　教科書 p.42〜43

教科書 p.42〜43

1 **教科書 p.42〜43を参考にして，次の文章の空欄に入る語句を答えよう。**

中世的秩序の衰退

　中世のヨーロッパ世界では，ローマ教皇と神聖ローマ皇帝が大きな権威をもっていたが，その権威は14〜15世紀に衰退しはじめ，国家の統合に向けた動きがすすんでいった。この時期に誕生した，内外の干渉を受けずに政治をおこなう権限（主権）を主張するようになった国家を，[①　　　　　　　　]という。しかし当時の主権はあくまで国王に属し，王家の財産として継承された。また国家間の国境もあいまいで，国籍よりも身分や国家をこえた血のつながりが重視された。たとえば，ハプスブルク家出身のスペイン国王で，神聖ローマ皇帝ともなった[②　　　　　　　　]は，婚姻を通じて王位を継承してヨーロッパ各地に勢力を拡大した。

主権国家の誕生

　16世紀前半からはじまった宗教改革は，ローマ教皇や神聖ローマ皇帝の権威をゆるがし，主権国家が宗教をその管理下におこうとする動きの始まりであった。15世紀末，フランス軍がイタリア半島に侵入したことではじまった[③　　　　　　]戦争では，フランスとスペインという強国の利害が衝突し，都市国家は二つの国の力を均衡させながら同盟して戦った。[③]戦争の過程において，各国では主権国家の形成がすすんだ。各国の間で外交使節団を通じて文書を交わすルールが定められるなど，相互の主権を認めて競合する[④　　　　　　　　]とよばれる国際関係が展開されるようになった。

絶対王政

　主権国家の形成期には，[⑤　　　　　　　　]といわれる強力な国家形態がうみだされた。[⑤]のもとでは，王の主権を神から与えられた神聖で不可侵なものとする[⑥　　　　　　　]説が唱えられた。その権威のもとで官僚制と[⑦　　　　　　]が整備され，新たな税制や法律も定められたほか，言語の統一など国家統合がすすめられた。また国家が経済活動の主体となり，国内の商工業の保護育成と貿易の振興をめざす[⑧　　　　　　]の政策がとられた。この政策のもとでは，金銀の獲得や製品の市場を開拓する必要があり，[⑨　　　　　　]の獲得を求めて諸国家が激しく戦争をくりかえした。[⑦]の維持に多くの財源を必要とするようになると，王権主導のもと，議会を通さずに課税をおこない，徴税するしくみがととのえられていった。

ポイント
ローマ教皇は，西ヨーロッパにおけるキリスト教会（カトリック教会）の最高位の聖職者である。中世の教皇の権威は絶大で，13世紀の教皇インノケンティウス3世時代には，西ヨーロッパの大部分の君主を屈服させた。

ポイント
神聖ローマ帝国とは，現在のドイツを中心に支配した国家で，皇帝は選挙によって選ばれた。帝国内には[⑬]とよばれる地方国家や，自治権をもった都市が多数存在し，帝国は分裂状態が続いた。

ポイント
ハプスブルク家は，13世紀からオーストリア王位を世襲し，1438年以降は神聖ローマ皇帝位もほぼ世襲した名門王家であった。

ポイント
カトリック教会の腐敗に対し，16世紀前半にドイツでルターがはじめた，聖書にもどろうとする運動を宗教改革という。1555年のアウクスブルクの和議でルター派とカトリックとの妥協が成立し，神聖ローマ帝国でのルター派の信仰が容認された。

ウェストファリア条約

カトリックのハプスブルク家が世襲する神聖ローマ帝国の内部で，カトリックとプロテスタント両派の諸侯の対立を機に，〔⑩　　　　　〕**戦争**がはじまった。この戦争では諸外国の王がプロテスタント支援を名目として帝国内に侵入し，神聖ローマ帝国軍と戦った。しかし戦争末期には，カトリックの〔⑪　　　　　〕が，ハプスブルク家に対抗するためプロテスタント側につくなど，戦争の性格が宗教戦争から国家間の覇権を争う戦争へと変化していった。

戦争を終結させた〔⑫　　　　　　　　　〕**条約**は，国際紛争解決のために各国代表が交渉して条約を締結する，近代的な国際会議の形式によってうみだされた。また宗教戦争を終わらせ，神聖ローマ帝国を実質的に解体し，帝国内の〔⑬　　　　〕(独立的な小国家)に主権を認めるなど，ヨーロッパの〔④〕の確立に寄与した。

ポイント

プロテスタントとは，カトリックに対抗する宗教改革以降に誕生したキリスト教の宗派の総称で，ルター派のほか，スイスで宗教改革をはじめたカルヴァンを支持するカルヴァン派，イギリス国王を頂点とする国教会などが含まれる。

ポイント

宗教改革で信者を失ったカトリック陣営は，イエズス会を結成して海外伝道に努めた。日本にカトリックを伝えたザビエルも，イエズス会士であった。

2　右の絵をみて，以下の問いに答えよう。

問1　17世紀にフランス絶対王政の最盛期を築いたとされる，右の絵の国王はだれだろう。

〔　　　　　　　〕

問2　この国王の時代に完成したとされる絶対王政の特徴をまとめよう。

〔

〕

Try　ヨーロッパの主権国家体制はどのように成立し，確立していったのだろうか。次の語句を用いて説明してみよう。　【　イタリア戦争　外交使節団　三十年戦争　神聖ローマ帝国　】

〔

〕

6 イギリス産業革命

Approach▶ 産業革命によって，綿工業の分野ではどのような変化がおこったのだろうか。

綿工業の分野では，〔**ア**　　　　　〕部門と〔**イ**　　　　　〕部門の機械化が進行し，産業革命を主導した。〔**ア**〕や〔**イ**〕の動力とされた〔**ウ**　　　　〕機関は，やがてさまざまな分野に使用され，産業革命を本格的に進展させた。こうした変化により綿製品の輸入国であったイギリスは，輸出国に転じた。

産業革命の前提条件

・18世紀後半，イギリスで〔①　　　　　　　〕がおこり，生産力が飛躍的に増大

　→**産業**〔②　　　　　　〕と**工場**〔③　　　　　　　〕からなる資本主義社会が形成

・イギリスで世界最初の〔①〕がおこった要因

　第一：原料や市場を提供する広大な海外植民地

　　→〔④　　　　　　　　　〕の利益が資金

　第二：地主への課税(地租)と流通面での徴税(関税・消費税)

　　→財政的基盤の確立

　第三：〔⑤　　　　　　　〕(エンクロージャー)や農業技術の改良による〔⑥　　　　　　〕の進行

　　→人口の増加による広大な国内市場

技術革新とエネルギー革命

●技術革新

・〔⑦　　　　　　〕の発明→織布の速度が高まる→綿糸が不足

　←横糸生産では〔⑧　　　　　　　〕，縦糸生産では〔⑨　　　　　　　〕が発明

・〔⑩　　　　　　　〕…ジェニー紡績機と水力紡績機の長所を取り入れる

・〔⑪　　　　　〕らによる**蒸気機関**の発明・改良→蒸気船や蒸気機関車の動力としても利用

●エネルギー革命

・〔⑫　　　　　　　　〕…〔①〕をきっかけに，エネルギー源や動力は木材から石炭へ，人力や自然の力から蒸気の力へと移行

産業社会の成立

・〔①〕の進展により，〔⑬　　　　　　　　　〕やバーミンガムのような新興の工業都市が発展

・都市部では，大気汚染，スラム街，コレラなど多くの社会問題が発生

・〔⑭　　　　　　　　　〕…機械の導入で職をうばわれた人々による機械打ち壊し運動

・炭坑や工場では，女性や子どもたちが労働力として用いられる

確認 産業革命はなぜイギリスではじまり，どのように展開したのだろうか。次の語句を用いてまとめてみよう。 【　大西洋三角貿易　　囲い込み　　植民地　　綿工業　】

MEMO ●板書事項のほか，気づいたこと，わからなかったこと，調べてみたいことを自由に書いてみよう。

Check ▶ 下の地図をみると，人口が10万人をこえる都市は，おもにどのような地域に位置しているだろうか。次の会話の空欄に語句を入れながら考えてみよう。

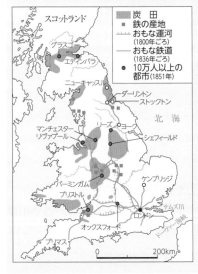

生徒A：人口10万人以上の都市は，灰色のゾーンに多いね。

生徒B：ここは［①　　　　　］だね。そうか，工場の燃料に大量の［②　　　　］が必要だからか。

生徒A：そうだね。［②］は重いから，遠くへ運ぶと輸送費がかさむんだ。

生徒B：でも，内陸部に多いね。不便じゃないのかな。

生徒A：多くは港や首都の［③　　　　　］と［④　　　　］でむすばれているよ。例えばイングランド北西部の［⑤　　　　　　　］は綿工業で有名だけど，近くのリヴァプールまで1830年に［④］が開通している。

生徒B：リヴァプールって，ビートルズの出身地だと父から聞いたことがあるな。

Try イギリスにはじまる産業革命は，現在につながるどのような問題をうみだしたのだろうか。話し合ってみよう。

[

7 アメリカ独立革命

┌─ **Approach▶** ■の事件で，人々はなぜ積み荷を捨てたのだろうか。─────

　　積み荷の中身は〔**ア**　　　　〕である。イギリスはこの年，〔**イ**　　　　〕とよばれる法律を制定して，〔**ウ**　　　　　　〕会社(この積み荷を運んできた船の持ち主)に，アメリカ植民地における〔**ア**〕の独占販売権を与えていた。〔**イ**〕は，植民地人にとってイギリスの圧政・自由剝奪の象徴と映り，〔**ア**〕を投げ捨てることで，植民地の自主・自立を主張した。

▌北米植民地の成長と抗争

●北米東海岸に建設されたイギリス植民地

・南部：商品作物を栽培する奴隷制〔①　　　　　　　　　　　〕(大農園)社会が形成

　→タバコや米をイギリスに輸出

・北部：木材や食料の交易，造船によって〔②　　　　　　　〕貿易に加わる

　→富裕な地主や貿易商らが，移民・年季奉公人・奴隷・先住民たちをおさめる

・〔③　　　　　　　　　　　〕**戦争**…北米をめぐってイギリスとフランスが争う

　→戦争に勝利したイギリス本国は，財政難の解消をめざして植民地支配を強化

　→植民地住民は〔④　　　　〕法に対して抗議し撤回させる

・〔⑤　　　　　　　　〕**事件**…茶法に反対した植民地住民が，東インド会社の船をおそう

▌アメリカ独立戦争

・〔⑥　　　　　　　　　　　　〕…1775年の武力衝突を機にはじまった戦争

　→イギリス国王に忠誠を保つ植民地住民もおり，〔⑦　　　　　　　　〕がひきいる独立軍は苦戦

　→〔⑧　　　　　　　　〕は『コモン＝センス』をあらわし，独立への世論を盛りあげる

・**独立宣言**…〔⑨　　　　　　　　〕らが起草

　→1776年，大陸議会で採択

・〔⑩　　　　　　　　〕…1783年，イギリスは北米植民地の独立を承認

▌革命の意義と課題

・〔⑪　　　　　　　　　〕(1787年制定)

　…自由で平等な市民が主権をもつ

　…各州に広範な州権を認めつつも，連邦政府の権限を強化

　…〔⑫　　　　　　　〕により議会・政府・裁判所がたがいに権力を抑制←権力の暴走を防ぐ

・〔⑬　　　　　　　　〕**革命**…イギリスからの独立だけでなく，王制・身分制を廃止した点で市民革命としての性格を示す

・多様な人々が平等な地位を得ることが妨げられる→「市民」の実現が残された課題

確認 アメリカはなぜ，独立をめざしたのだろうか。次の語句を用いてまとめてみよう。

【　課税　　植民地戦争　　啓蒙思想　】

┌
│
│
│
└

Check ▶ 下の「アメリカ独立宣言」のなかで，啓蒙思想の影響がみられる部分はどこだろう。次の文章の空欄に語句を入れながら読みとってみよう。

> われわれは，以下の原理は自明のことと考える。まず，人間はすべて平等に創造されており，創造主から不可譲の諸権利をあたえられており，それらのなかには生命，自由，幸福追求の権利がある。次に，これらの権利を保障するためにこそ，政府が人間のあいだで組織されるのであり，公正なる権力は被治者の同意に由来するものである。さらに，いかなる形態の政府であれ，この目的をそこなうものとなった場合は，政府を改変，廃止して，国民の安全と幸福とを達成する可能性を最も大きくするとの原則に従い，しかるべく機構をととのえた権力を組織して新しい政府を樹立するのが，国民の権利である。

18世紀の啓蒙思想家の[①　　　　　]は，「人間は生まれながらに[②　　　　]かつ[③　　　　]で，みな[④　　　　]を追求する権利をもっている」という[⑤　　　]権にもとづく考えを唱えた(天賦人権説)。また17世紀イギリスの[⑥　　　　]は，「契約によって政府が樹立されたのだから，その権力を不当に行使する政府には反抗する権利がある」との[⑦　　　]権を主張した。「独立宣言」の「人間はすべて[③]に創造されており…生命，[②]，[④]追求の権利がある」や「この目的をそこなうものとなった場合は，政府を[⑧　　　　　]して…」などの部分は，これらの考えの影響を受けていると考えられる。

Try 独立革命によって成立したアメリカの政治体制には，同時代のヨーロッパと比べてどのような特色があったのだろうか。

[

]

8 フランス革命とナポレオン

教科書 p.48〜49

Approach▶ フランス革命は何をめざしていたのだろうか。

　フランス革命は当初，国王の専制政治を打ち破ろうとする〔**ア**　　　　　〕の革命であったが，市民・下層民衆・〔**イ**　　　　　〕などさまざまな階層の人々が革命に加わるなかで，封建制や身分制を打破し，人間の自由・平等をめざすようになった。1789年の〔**ウ**　　　　　〕の発表や，1792年の第一〔**エ**　　　　〕政の樹立は，それをよく表している。

▌旧体制の動揺

- 絶対王政が続くフランスでは，〔①　　　　　　　〕と表現される専制政治に対する不満
  - →〔②　　　　　　　〕（聖職者）や〔③　　　　　　　〕（貴族）などの特権身分に対し，平民身分の
  - 〔④　　　　　　　〕…ブルジョワが啓蒙思想の影響を受け〔①〕を批判
  - →〔⑤　　　　　　　〕…フランスの市民革命

▌革命の過程

●立憲君主政の成立

- アメリカ独立戦争への参戦で財政が破綻
  - →1789年，国王〔⑥　　　　　　　〕は三部会を招集→〔④〕は〔⑦　　　　　　〕を発足
  - →〔⑦〕弾圧のため軍隊をヴェルサイユ宮殿へ→〔⑧　　　　　　　　〕襲撃
  - →『〔⑨　　　　　　〕』が発せられる
- 1791年，国王一家が国外逃亡をくわだて〔⑩　　　　　　　〕でとらえられる
- 91年憲法にもとづく立法議会…オーストリアなど反革命勢力との戦争や国王一家の処遇をめぐり対立→議会外では共和政を求める運動が活発化
- 1792年，対外戦争でフランス軍が苦戦→パリ民衆が8月に王宮を占拠→〔⑪　　　　　〕停止

●共和政の成立

- 〔⑫　　　　　　　〕…1792年9月からの国民公会で宣言→翌年，〔⑥〕は処刑
- 対外戦争の危機に〔⑬　　　　　　　　　　〕は権力を掌握
  - →反革命派と民衆運動を取り締まる
- 94年，テルミドール9日のクーデタで〔⑭　　　　　　　〕ら〔⑬〕指導者が逮捕・処刑

▌ナポレオンの帝政

- 1795年に〔⑮　　　　　　〕が成立したが政局は不安定→1799年，軍人〔⑯　　　　　　　　〕＝ボナパルトがブリュメール18日のクーデタで統領政府を樹立→政治の実権をにぎる
- 〔⑯〕は〔⑰　　　　　　　　　〕を制定し，1806年，フランスの経済的利益を保護する〔⑱　　　　　　　〕を発する
  - →革命戦争が侵略戦争に変化→1812年，〔⑲　　　　　　　〕の失敗→失脚

確認 フランス革命の過程で，政治体制はどのように変化していっただろうか。次の文章の空欄に入る語句を答えよう。

　王政期にはじまったフランス革命では，まず憲法を制定して王権を制限する〔A　　　　　　　〕政が成立したが，〔B　　　　〕政要求の声が高まり王権は停止され，フランスは〔B〕政国家となった。その後，クーデタで独裁権をにぎったナポレオンにより〔C　　　〕政が樹立された。

MEMO

_____

_____

_____

_____

_____

_____

_____

_____

_____

_____

_____

Check ▶ 下の絵のなかの岩は何を風刺しているのだろうか。次の文章の空欄に語句を入れながら考えてみよう。

フランス革命前の〔①　　　　　〕のもとでは，〔②　　　　　〕である第一身分(岩の上の黒い服の人物)と，〔③　　　　　〕である第二身分(赤い服の人物)が，〔④　　　　　〕身分を構成しており，「〔⑤　　　〕の免除」や「上級官職への就任」など，特別な権利をもっていた。彼らはフランス人口の2～3％にすぎないが，国内の多くの土地を所有する領主でもあった。これに対し，90％以上を占める国民は第三身分(岩の下の人物)とよばれ，〔⑤〕を納める義務はあるが政治参加は認められていなかった。第三身分の大多数をしめる〔⑥　　　　〕は，領主への地代も支払わねばならず，苦しい生活を送っていた。そうした金が第一・第二身分，ひいてはフランスを支えていたわけで，絵の岩は，彼らが納める重い〔⑤〕や地代を風刺したものと考えられる。シェイエスが『第三身分とは何か』という書物で，「第三身分は"すべて"である」と唱えたのは，「第三身分こそが国民を代表する存在である」との訴えであった。

Try アメリカ独立革命やフランス革命は，歴史的にどのような意義をもったのか考えてみよう。

[

]

9 ウィーン体制

Approach▶ ウィーン会議は何を目的としてひらかれたのだろうか。

　ウィーン会議は，フランス革命から[ア　　　　　　　]戦争期におけるヨーロッパの混乱を収拾し，秩序を再建するためにひらかれた。大国は「新しい」秩序ではなく「古い」秩序を回復しようとしたが，ヨーロッパ各地では，政治参加の拡大をめざす[イ　　　　　　]主義や，民族の統一や独立を要求する[ウ　　　　　　　　]（国民主義，民族主義）が勃興しつつあったため，これらの動きを早々に抑圧する必要もあった。

ウィーン体制

- **ウィーン会議**（1814〜15年）…ナポレオン没落後の新たな国際体制を模索

　主催：[①　　　　　　　　　]（オーストリア外相）

　ウィーン議定書…[②　　　　　]主義と[③　　　　　]**均衡**にもとづく

- フランス：[④　　　　　]朝復活　　ドイツ：[⑤　　　　　　　　]成立

- **神聖同盟**…[⑥　　　　　]皇帝が提唱

　　　　　　イギリス・ローマ教皇・オスマン帝国をのぞくヨーロッパ諸国が参加

- [⑦　　　　　]**同盟**…イギリス・[⑥]・オーストリア・プロイセンがむすぶ

　　　　　　のちフランスが加わり五国同盟に

自由主義・国民主義・社会主義

- 国民の政治参加を求める[⑧　　　　]**主義**
- 民族の統一や独立を求める[⑨　　　　　　　　　　]（**国民主義，民族主義**）
- 社会問題の解決をめざす[⑩　　　　]**主義**の思想
- ドイツの学生運動，イタリアの秘密結社の運動，[⑥]の反乱←弾圧
- オスマン帝国から[⑪　　　　　　]が独立←ヨーロッパ各国が支援
- ラテンアメリカ諸国の独立
- 1830年：[⑫　　　　　　]…シャルル10世，イギリスに亡命→ヨーロッパ各地に拡大

1848年の革命

- 1840年代：ヨーロッパの凶作
- 1848年：パリで**二月革命**→1848〜49年：ヨーロッパ各地に革命拡大（「**諸国民の春**」）
- ウィーンやベルリンで[⑬　　　　　　　]→[①]亡命→ウィーン体制の崩壊

確認 ウィーン体制はどのように誕生し，維持されたのだろうか。次の文章の空欄に入る語句を答えよう。

　ウィーン体制は，ウィーン会議で成立したヨーロッパの秩序である。これは，会議の主導権をにぎった[A　　　　　　　]・ロシア・プロイセン・イギリスの4大国が，自国の利益や勢力均衡を目的に，フランス革命前の状態を正しいとする[B　　　　　]主義の原則を掲げて成立させた復古的な体制で，これを維持するために[C　　　　]同盟や神聖同盟が結成され，大国中心の秩序をおびやかす[D　　　　]主義や民族主義などの運動をおさえこもうとした。

MEMO

Check ▶ ウィーン体制下のヨーロッパを示した左の地図を，18世紀のヨーロッパを示した右の地図と比較して，以下の問いに答えよう。

1　2枚の地図について述べた次の①〜④の文章のうち，誤りを含むものを一つ選ぼう。〔　　　〕
　①　フランスは，フランス革命前とほぼ同じ領土を確保した。
　②　オーストリアは，北イタリアに領土を拡大した。
　③　神聖ローマ帝国は復活せず，プロイセンがドイツを統一した。
　④　オランダは，のちのベルギーとなる地域を領土に加えた。

2　左の地図で，ポーランドはなぜロシアと同じ色で塗られているのだろうか。その理由を説明しよう。
　〔　　　〕

Try　ウィーン体制のもとでみられたナショナリズムの動きは，国民国家の形成にどのように影響したのだろうか。

[

]

10 19世紀のイギリスとフランス

教科書 p.54〜55

> **Approach▶** なぜ19世紀のイギリスでは，**1**や**2**のような運動がおこなわれたのだろうか。
>
> 　いずれも〔**ア**　　　　〕革命の進展にともなうものであった。成長した〔**イ**　　　　　〕階級は国家の介入をきらい，〔**ウ**　　　　〕貿易を実現しようとして，それをさまたげる法律の撤廃をめざした。一方，同じく成長した〔**エ**　　　　　〕階級は政治的に無権利であったため，男性〔**オ**　　　　〕選挙の実施などを求めて運動をくりひろげた。

▌政治経済の改革

●イギリスの自由主義改革

- 〔①　　　　　　　　　〕(1832年)：選挙権が都市の中産階級にまで拡大
- 〔②　　　　　　〕の撤廃(1846年)：地主よりも資本家の利害を優先
- 〔③　　　　　　　　　〕…労働者階級の政治参加を求める
  - →19世紀後半には都市労働者(1867年)や農村労働者(1884年)に選挙権が拡大
  - →〔④　　　　　　　　〕治世のもと，〔⑤　　　　　〕と〔⑥　　　　　　〕の二大政党制
- 自由貿易主義をとなえつつも，強力な海軍力によって広大な植民地帝国を形成

●フランス第二帝政と第三共和政

- 〔⑦　　　　　　　　　〕は1851年にクーデタで独裁権をにぎる
  - →翌年，国民投票で皇帝〔⑧　　　　　　　　〕として即位
  - →〔⑨　　　　　　〕を開始
- 〔⑩　　　　　　　　〕(普仏戦争)に敗北し〔⑨〕崩壊→共和派の臨時政府成立
- パリでは民衆が蜂起して〔⑪　　　　　　　　　〕を樹立したが，まもなく臨時政府軍によって鎮圧される→1875年に共和国憲法が制定され〔⑫　　　　　　　〕が確立

▌市民社会と社会主義

●市民社会

- イギリスでは，1851年にロンドンで〔⑬　　　　　　　〕が開催→工業力と技術水準を誇示
- フランスでは，近代的な首都へとうまれかわったパリで数度にわたり〔⑬〕が開催

●社会主義

- 労働者階級の貧困や社会問題の改革を求め，社会主義思想が発展
  - →〔⑭　　　　　　　〕，サン＝シモン，フーリエらは協働社会の構想を説く
  - →これらを「空想的社会主義」と批判した〔⑮　　　　　〕と〔⑯　　　　　　〕は，資本主義経済を詳細に分析して社会主義を科学的に基礎づける

確認 19世紀後半のイギリスやフランスでは，政治や経済でどのような改革の動きがみられたのだろうか。次の文章の空欄に入る語句を答えよう。

　イギリスでは，自由党と〔A　　　　　〕党の二大政党制が確立して自由主義改革がすすめられ，〔B　　　　　〕者階級への選挙権拡大や〔B〕組合の合法化などが実現した。フランスでは，第二帝政が倒れて第三共和政が成立したが，〔C　　　　　〕主義の影響を受けた運動が活発化し，〔B〕者の直接行動による社会革命をめざす動きもあらわれた。

- -

- -

- -

- -

- -

- -

- -

- -

- -

- -

Check ▶ 穀物法とはどのような法律だろうか。また，穀物法に反対したのはどのような人々で，なぜ反対し，何を要求したのだろうか。下の絵をみながら，次の文章の空欄に入る語句を答えよう。

イギリスは耕地が狭く，栽培される小麦などの穀物は高値になりがちである。これに対し，耕地の広いフランスなどは，穀物は比較的安価である。外国から安い小麦が入ってくると，自国の高い小麦が売れなくなるため，イギリス政府は輸入される外国産の穀物に高い[①　　　　]をかけることにした。これが穀物法で，穀物が値下がりすると困るイギリスの[②　　　]を守るためのものであった。このように，[①]をかけるなどして自国の産業を守り育てようとする貿易を[③　　　　]貿易とよぶ。

しかし，小麦が高いと主食のパンが高くなる。食費が高くて最も影響を受けるのは，給料の安い[④　　　　　]である。そして何よりも，パンが高いと給料を上げなければいけない[⑤　　　　]が穀物法に猛反発した。彼らは[⑥　　　　　　　]（図中のANTI-CORNLAW LEAGUE）を結成して[⑦　　　　]貿易（図中のFREE TRADE）の実施を要求し，政府に圧力をかけたのである。

Try この時期の市民層の文化は，現在につながるどのような生活様式をうみだしただろうか。

[

]

11 イタリア・ドイツの統一

教科書 p.56〜57

Approach▶ カヴールとガリバルディは，なぜ一からイタリアをつくる必要があったのだろうか。

　イタリアは，ローマ時代を除いて統一の経験がないため[**ア**　　　　　　　]という意識がほとんどない。そのため，統一にはただ領土の単一化だけではなく[**イ**　　　　　]意識の形成が必要であった。

▌イタリアの統一

●統一前のイタリア

- ・ウィーン会議…ロンバルディア・ヴェネツィアが[① 　　　　　　]領
- ・「青年イタリア」による統一運動…[② 　　　　　　]が組織，共和政めざす
- ・サルデーニャ王国による統一の動き…立憲君主制をめざし，統一の主導権にぎる

●サルデーニャ王国によるイタリア統一の進展

- ・首相[③ 　　　　　]，[④ 　　　　　　]戦争に参戦…イギリス・フランスに接近
- ・1859年，[①]と戦争（フランスの援助）→ロンバルディアを獲得
- ・1860年，中部イタリア併合…代償に[⑤ 　　　　　]・ニースをフランスに割譲
- ・1860年，[⑥ 　　　　　]が両シチリア王国を占領し，サルデーニャ王に献上

●イタリア王国の成立

- ・1861年，**イタリア王国**成立…国王[⑦ 　　　　　　　　　]
  - →その後，[⑧ 　　　　　]（1866年）・教皇領（1870年）も併合
- ・統一後の課題…「[⑨ 　　　　　]」（トリエステ・南チロル）問題

▌ドイツの統一

●統一前のドイツ

- ・ウィーン会議…ドイツ連邦成立（約40か国のゆるやかな連合体）
- ・1834年，ドイツ[⑩ 　　　]同盟…経済的統一はすすむ
- ・1848年，三月革命→[⑪ 　　　　　]**国民議会**招集…ドイツ統一を討議
  - →大ドイツ主義と小ドイツ主義の対立で統一失敗

●プロイセンによるドイツ統一の進展

- ・首相[⑫ 　　　　　]…武力による統一，「[⑬ 　　　]**政策**」
- ・1866年，**プロイセン＝**[①]**戦争**→1867年，[⑭ 　　　　]連邦結成
  - →やぶれた[①]は，**オーストリア＝ハンガリー帝国**をつくる
- ・1870年，**プロイセン＝**[⑮ 　　　　]**戦争**…統一を妨害するフランスをやぶる

●ドイツ帝国の成立

- ・1871年，**ドイツ帝国**成立…皇帝[⑯ 　　　　　　]
- ・労働者に「アメとムチ」政策…[⑰ 　　　　]鎮圧法の制定など

確認 イタリアとドイツの統一は，どのような過程をたどって達成されたのだろうか。次の文章の空欄に入る語句を答えよう。

　両国とも，マッツィーニが設立した「[A 　　　　　　]」や[B 　　　　　　]国民議会などによる「下から」の統一運動がゆきづまり，[C 　　　　　]王国やプロイセンによる「上から」の武力統一がすすめられた。いずれも[D 　　　　　]と戦うことで統一を進展させた。

- -

- -

- -

- -

- -

- -

- -

- -

Check ▶ 下の2枚の絵についての会話を読んで，空欄に入る語句を答えよう。

A：左の絵は，イタリアの統一を象徴する絵だね。

B：そう。右が統一の中心となった［①　　　　　　　　　　］王国の
首相カヴール，左が南イタリアの［②　　　　　　　　　］王国を
征服したガリバルディだね。

A：気のせいか，2人はあまり仲良く仕事してないみたい。

B：それは2人の「統一の考え方の違い」なのかもしれないね。ガ
リバルディは，［③　　　　　　　　　］が組織した「青年イタ
リア」の流れをくむ人だから，イタリア［④　　　　］国の建
設をめざしていた。けれどカヴールは，［①］が中心となって
イタリア［⑤　　　］国をつくろうとしていたからね。

A：右の絵は1871年，ドイツ［⑥　　　　　］国成立の場面ね。

B：中央の白服が，統一の立役者［⑦　　　　　　　　］だね。
左手の壇上には，初代皇帝の［⑧　　　　　　　　　　　　］
がいる。

A：この建物はどこなの？

B：フランスの［⑨　　　　　　　　　］宮殿だよ。1870年
から［⑩　　　　　　　　　　　　］戦争がおこなわれ

ていたけど，プロイセンはフランスをやぶってこの宮殿を占領していたんだ。

Try イタリア・ドイツ・日本の国民国家形成の過程には，どのような共通点と相違点がみられる
だろうか。

[

12 東方問題と19世紀のロシア

Approach▶ ロシアはなぜセヴァストーポリに要塞をきずいたのだろうか。

　ロシアが推進した[**ア**　　　　]政策は，[**イ**　　　　]から地中海にいたる航路を確保しようとしたもので，ロシアにとってはまず[**イ**]の制海権をにぎることが必要であった。セヴァストーポリ要塞は[**ア**]政策の拠点として建設され，これを妨害する[**ウ**　　　　]・フランスなどを威嚇するものであった。

東方問題

- [①　　　　　　　]は18世紀後半にロシアとのあいつぐ戦争に敗北→弱体化が明らか
  - →[②　　　　　　]…西欧列強による[①]の分割をめぐる国際紛争
  - →ナポレオンによる[①]内の[③　　　　　]占領(1798年)
- 19世紀前半，[④　　　　　　]で独立戦争はじまる→[④]独立(1830年国際承認)
  - →[⑤　　　　　]は[①]から自治権を獲得
- 列強は[①]に対し，ムスリムと非ムスリムとの政治的平等を求める

クリミア戦争

- ロシアは18世紀以降，黒海から地中海への航路確保のため[⑥　　　　　]をすすめる
  - →[⑦　　　　　　]…ギリシア正教徒の保護を口実に[①]に対して開戦
  - →ロシアの南下を嫌ったイギリス・フランスなどが[①]を支援→ロシアが敗北
- [⑧　　　　　　]…[⑦]の講和条約→ロシア・[①]の黒海内における軍艦の航行禁止，黒海の中立化と各国の商船への開放→ウィーン体制が完全に崩壊

ロシアの大改革

- [⑦]で敗北したロシアでは[⑨　　　　　　　]による改革
  - →[⑩　　　　　](1861年)…農民は身分的には自由に
  - →しかし農村共同体である[⑪　　　　　]に組みこまれたまま
- [⑫　　　　　]**運動**…[⑪]を基盤とする社会主義をめざす
  - →農民に対する啓蒙運動が失敗→失望した彼らの一部は[⑬　　　　　](無政府主義)の影響のもと，秘密結社を組織→[⑨]や要人を暗殺

ロシア＝トルコ戦争

- ロシアは1877年にふたたび南下→[⑭　　　　　　　](露土戦争)
- [⑮　　　　　　]…[⑭]の講和条約→ロシアの勢力拡大にイギリス・オーストリアが反対→[⑯　　　　　]…ドイツのビスマルクが主催
  - →ロシアの勢力範囲は縮小→イギリス・フランスが中東における権力基盤をきずく

確認 ロシアの南下政策に対して，ヨーロッパ諸国はどのような対応をとったのだろうか。次の文章の空欄に入る語句を答えよう。

　ヨーロッパ諸国は，基本的にロシアの南下政策を阻止しようとし，1853年の[A　　　　]戦争では直接ロシアと戦ったが，1878年の[B　　　　　]戦争では，ドイツ宰相[C　　　　]が，争いを仲裁する形をとりながらロシアを牽制した。

Check ▶ ロシアが地中海に出るための最短ルートを下の地図上に引いてみよう。その際，困難と思われる点は何だろうか。次の文章の空欄に語句を入れながら考えてみよう。

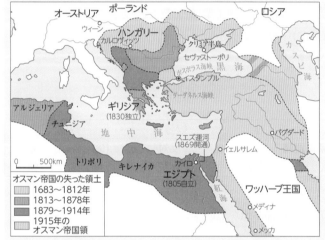

(1) 黒海：ロシアは北岸一帯を領有することに成功したが，南部はまだ［①　　　　　　　　］がおさえており，ロシアの南下に抵抗している。

(2) 両海峡：黒海とエーゲ海をつなぐ［②　　　　　　　］海峡およびダーダネルス海峡のことである。これらを通過しなくては地中海に出ることができないため，ロシアは両海峡の通航権（航行権）を何とか確保したい。しかし首都［③　　　　　　　　　］

が［②］海峡に面している［①］は，首都の目の前をロシア軍艦が通ることなど絶対に阻止したい。

(3) エーゲ海・地中海：17世紀末にハンガリーを併合してバルカン半島に進出をはじめた［④　　　　　　　　］は，ロシアの南下を警戒している。また，インドとの交易ルートを地中海で確保しつつある［⑤　　　　　　］や，ナポレオンの遠征以来エジプトとのつながりを深めた［⑥　　　　　　］も，ロシアの地中海進出は，自国の権益をおかされる恐れがあるため，大反対である。

Try ロシアの南下政策は，日本をはじめとするその後の国際関係にどのような影響を及ぼしただろうか。考えてみよう。

13 アメリカの発展と分裂

教科書 p.60〜61

Approach▶ 1から，アメリカの発展がどのようなものだったのか読みとってみよう。

アメリカ合衆国は，〔**ア**　　　　〕進出を「明白な天命（〔**イ**　　　　　　　　　　　〕）」と主張し，19世紀には〔**ア**〕開拓に邁進した。しかしそれは，先住民を先祖代々の土地から追放し，またメキシコと戦争して領土を奪う歴史でもあった。

西部進出と産業化

●独立後のアメリカ　・ヨーロッパの問題（フランス革命・ナポレオン戦争）→中立を保つ

・1823年，〔①　　　　　　〕**宣言**→欧米の相互不干渉を主張

●西部への進出　・1803年，〔②　　　　　　　〕購入…フランスより

・1819年，フロリダ買収…スペインより

・1845年，〔③　　　　　〕併合

・1848年，〔④　　　　　　　〕獲得…メキシコより（戦争でやぶる）

・金鉱の発見→〔⑤　　　　　〕＝ラッシュで人口増加

●国内工業の自立

・1812〜14年，アメリカ＝〔⑥　　　　　　〕戦争→国内工業（綿工業など）の自立うながす

・大都市の成長（ニューヨーク・シカゴなど）…製造業の拠点

・南部の〔⑦　　　　〕プランテーションも拡大

南北戦争

●南部と北部の対立

	主要産業	貿　易	奴隷制	政党
北部	工業	保護貿易	反対	〔⑧　　　〕**党**
南部	農業（プランテーション）	〔⑨　　　〕貿易	存続	〔⑩　　　〕**党**

●南北戦争

・1860年，**リンカン**大統領当選→1861年，南部諸州が〔⑪　　　　　　〕建国

・1861年，**南北戦争**勃発

●リンカンと北部の政策

・1862年，〔⑫　　　　　　　〕法…西部開拓者の北部支持

・1863年，〔⑬　　　　　〕宣言

奴隷制廃止と人種主義

・奴隷制廃止（憲法修正第13条）…旧奴隷に市民権や参政権

・西部開拓進展，工業の発達

・1869年，〔⑭　　　　　　〕鉄道の開通→国内市場の一体化すすむ

・〔⑮　　　〕**主義**の台頭…南部で〔⑮〕隔離制度の拡大

確認　領土拡大の過程で，アメリカ合衆国ではどのような問題が生じたのだろうか。次の文章の空欄に入る語句を答えよう。

〔A　　　〕民は土地を失い，〔B　　　　　　〕など近隣諸国との紛争もおこった。さらに西部諸州を自陣営につけようと〔C　　　〕部と〔D　　　〕部が争い，〔E　　　　〕戦争へとつながった。

Check ▶ 左の絵に描かれた女神はどの方角にすすんでいるのだろうか。右の地図に矢印を入れ，次の文章に入る語句を答えよう。

　女神は[①　　　　　]の方向へとすすんでいる。北米大陸の東岸で独立したアメリカ合衆国は，1823年の[②　　　　　　　]宣言でヨーロッパ（＝東方）に対する不干渉を表明した後，西部開拓に邁進していった。「[③　　　　　　　　　　　]（明白な天命）」は西部進出を正当化するスローガンで，「ヨーロッパがアメリカに[④　　　　]を伝えたように，我々も西方を[④]化することが必然である」という。女神がもつ本（＝文字）と電線（＝電気通信）は「[④]化」を象徴している。しかしこの過程で[⑤　　　　]は土地を追われ，また西方のカリフォルニアなどを領土としていた[⑥　　　　]との戦争もおこった。

Try 西部開拓の進展と南北戦争における北部の勝利は，それぞれその後のアメリカ社会にどのような影響を与えただろうか。

14 世界市場の形成

Approach▶ なぜ19世紀のイギリスは「世界の工場」とよばれたのだろうか。

　　最初に[**ア**　　　　　　]を達成したイギリスが，海外から工業原料や農産物を輸入し，機械織りの[**イ**　　　　　]など安価な工業製品をヨーロッパだけでなく，広大な[**ウ**　　　　　]やアジア市場に輸出して経済的には質・量ともに他の地域を圧倒したため。

パクス゠ブリタニカ

●産業革命の波及

・最初の産業革命が[①　　　　　　　]ではじまる

・[②　　　　　　　]では，ルール地方などで鉄鋼業を中心とした産業革命が進展

・[③　　　　　　　]では，北東部を中心に繊維工業が発展，北西部では農村部の家内工業が存続

・[④　　　　　　　]では，南北戦争後に産業革命が本格化

・[⑤　　　　　　]や日本では，国家主導の形で産業革命が進展

●圧倒的な力をもつイギリス

・工業化がすすんだヨーロッパ⇔[⑥　　　　　　　]では伝統的な産業がイギリスからの安価な工業製品の流入で壊滅的な打撃。中国でも経済成長が停滞

　→18世紀まで世界において経済面で優位にたっていたアジアがヨーロッパに遅れをとる

・19世紀のイギリスは，経済的に質量ともにほかの地域を圧倒して「[⑦　　　　　　　]」に

　→[⑧　　　　　　　　]といわれる国際秩序を形成

・アジア・ラテンアメリカ・アフリカでは[⑨　　　　　　　　]型の農業生産が導入

　→[⑩　　　　　　]**経済**へと再編→欧米への従属を強める

世界の緊密化

・スティーヴンソンが[⑪　　　　　　　]を実用化→鉄道が陸上交通・輸送の中心に

・フルトンが発明した[⑫　　　　　]は改良され，帆船にとってかわる

　→[⑬　　　　　　]…鉄道や[⑫]の登場で，大量の人や物資を速く正確に運搬

・内陸運河が衰退する一方，地峡地帯に[⑭　　　　　　　]などの巨大運河が開発

・通信手段としての[⑮　　　　　]が**モールス**らによって発明

　→海底ケーブルが開通

・19世紀前半に切手を用いる近代的郵便制度の基礎がイギリスで確立

　→[⑯　　　　　　　](1874年設立)…各国の郵便制度をつなぐ

・イギリスのグリニッジ標準時やフランスのメートル法が世界各地で採用される

確認 産業革命の進展によって，世界にどのような変化がうまれたのだろうか。インドやアジア・ラテンアメリカ・アフリカでおきた経済的な変化をまとめてみよう。

● p.158〜159 を開いて，この章で学んだことをふりかえってみよう。

Check ▶「世界の工場」イギリスと諸地域の関係を示した下の地図をみて，以下の問いに答えよう。

凡例：イギリスが1860年までに獲得していた植民地

1　1860年までにイギリスが植民地としていた地域を赤で囲ってみよう。

2　イギリスからアジア・アメリカ・オーストラリアなどに輸出されたものを空欄aに，インド・中国からイギリスへ輸出されたものを，空欄b・空欄cに入れよう。

〔a　　　　　　　　　　　〕〔b　　　〕〔c　　　〕

3　19世紀がパクス＝ブリタニカの時代といわれるのはなぜだろうか，次の語句を用いて説明してみよう。【　産業革命　「世界の工場」　植民地　】

〔　　〕

Try　交通革命や情報革命は，現在につながるどのような変化をうみだしたのだろうか。考えてみよう。

〔　　〕

「大分岐」について考える

①　教科書p.64上のグラフは，16世紀から19世紀後半までの諸国・地域におけるGDP（国内総生産）の推移を示している。

STEP1　**STEP2**　次の文章を読み，下の問いに答えながら，グラフ中の①〜③がどこで変化したかを確認し，それぞれどこの国・地域かを考えていこう。

①の国・地域は，1700年ごろに小さく，そして1820年ごろに[　①　]傾きが変化し，1850年ごろには他地域を追い抜いた。1820年ごろ〜1850年ごろの時期に《　A　》が進展した　ア　だと考えられる。

②は1500年ごろから1870年ごろまで，一貫してGDPの値が[　②　]，大きなグラフの傾きの変化もない。つまり，1500年ごろから1870年ごろまでGDPに影響する経済的，政治的な大きな変化がなかったと推測できる。したがって，1868年に体制が変わり，近代化にのりだした　イ　であると考えられる。

③は，一貫して他地域よりGDPの値が[　③　]，さらに1700年ごろに傾きが[　④　]なったが，1820年ごろから落ちている。したがって，このころより不平等条約をむすばれ，欧米列強の進出がすすんでいった　ウ　と考えられる。

1　文中の空欄[　①　]〜[　④　]には，それぞれ「大きく」と「小さく」のどちらが入るだろうか。
〔①　　　　　〕〔②　　　　　〕〔③　　　　　〕〔④　　　　　〕

2　文中の《　A　》にあてはまる漢字四字の語句を答えよう。　　　〔　　　　　　　　　〕

3　文中の空欄　ア　〜　ウ　にあてはまるのは，日本，中国，西ヨーロッパのどれだろうか。
〔ア　　　　　　　〕〔イ　　　　　　　〕〔ウ　　　　　　　〕

②　教科書p.64下のグラフは，18世紀後半から21世紀はじめまでの「各国・地域の工業生産比」（世界の工業生産に占める各国・地域の割合）の推移を示している。

STEP1　1750年，イギリス，ソ連（ロシア），西ヨーロッパを合わせた工業生産が世界の工業生産に占める割合は，20％以下であることがわかる。同じ時期に中国・東アジア・インドの占める割合は，それぞれ何％だろうか。

中国：約〔　　　　〕％　　東アジア：約〔　　　　〕％　　インド：約〔　　　　〕％

STEP2　その後の推移をみてみよう。イギリス・ソ連・西ヨーロッパを合わせた地域Aと，北アメリカ，中国，東アジア，インドの5つの地域・国の世界工業生産に占める割合を，1800年，1900年，1953年，2006年について，それぞれ確認して右の表に書きこんでみよう。そしてどう変化したのか説明してみよう。

	1800年	1900年	1953年	2006年
A				
北アメリカ				
中国				
東アジア				
インド				

③ 次のグラフは，アジアとヨーロッパの間で綿織物がどのように取引されたかを示している。

STEP 1 Aは，アジアからヨーロッパへ輸出された「手織り」の綿織物である。他方，Bで示されているイギリスからアジアへ輸出された綿織物は，どのように生産されたものだろうか。

[　　　　　　　　　　]

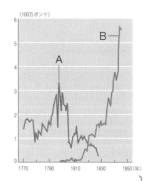

STEP 2 AとBの変化について，グラフのピーク，ピーク前の動き，ピークをこえた後の動き，AとBが逆転した時期に注意して，この二つの動きを説明してみよう。

STEP 3 次の資料C・Dを参考にして，下の文章の空欄に入る語句を考えてみよう。

> C：19世紀前半のイギリス人インド総督のことば
> 　「木綿職工たちの骨はインドの平原を白くしている。」
> D：マルクス『イギリスのインド支配』
> 　「インド人の手織り機を打ちこわし，紡車を破壊したのは，侵入したイギリス人であった。」

　Cの資料は，インドの木綿職工の生活が非常に苦しい状況であったことを比喩的に表している。そして，Dの資料でその原因がイギリス人の活動であることを示している。実際にイギリス人がインド人の手織り機や紡車を打ちこわしたのではなく，イギリスで19世紀前半に花開いた[　　　　　　　]による木綿工業の発展が，インドの手工業による綿産業を圧倒したことを示している。

Try かつてヨーロッパの憧れであったアジアはヨーロッパに遅れをとり，立場を逆転させていく。それはどのような経緯でおこったのだろうか。

15 イスラーム世界の改革と再編

Approach▶ ミドハト憲法では，なぜ「国民」ではなく「オスマン人」ということばが使われているのだろうか。

　帝国の臣民を，〔ア　　　　　　　〕，キリスト教徒，ユダヤ教徒など宗教的な差異をこえて，法のもとに〔イ　　　　　〕な「オスマン人」とすることで国民意識を創造することをめざしたため。

▌オスマン帝国の改革運動

●オスマン帝国の改革

・**オスマン帝国**は，19世紀に西洋式軍隊を創設

・〔①　　　　　　　　　　　〕(1839年発布)…非ムスリムにも，帝国内では法の下の平等を確認

　→〔②　　　　　　　　〕(再編成)とよばれる近代化改革

・〔③　　　　　　　　　　〕(1876年公布)…上院・下院からなる議会の開設

　→1877年の〔④　　　　　　　　　　　　〕により，翌年に議会閉鎖，憲法停止

●帝国の外圧への対応

・オスマン帝国の財政は1875年に破綻，1881年からイギリス・フランスによって管理

　→スルタンの〔⑤　　　　　　　　　　　　　　　〕はムスリムの連帯を唱える

　〔⑥　　　　　　　　　　　　〕に傾倒→国内産業の振興と近代教育改革を推進

▌アラビア半島のイスラーム運動

・〔⑦　　　　　　　　　　　〕…18世紀なかごろのイスラーム改革運動

　→〔⑧　　　　　　　　　〕建国

▌エジプト・イランの改革

●エジプトの改革

・1798年，〔⑨　　　　　　　　　　〕ひきいるフランス軍がオスマン帝国の属州だったエジプトを占領(1801年まで)

　→エジプト総督に就任した〔⑩　　　　　　　　　　　　〕は，エジプトの近代化に貢献

・1869年，エジプトは〔⑪　　　　　　　　〕の建設費用で財政難→国家財政がイギリス・フランスの管理下に→1881年，〔⑫　　　　　　　　〕が蜂起→イギリスが鎮圧しエジプトを支配

●イランの改革

・18世紀末に〔⑬　　　　　　　　　　〕が成立→19世紀前半にロシア・イギリスの侵略

　→領土割譲と〔⑭　　　　　　　〕を認める不平等条約を締結

・〔⑮　　　　　　　　　　　　〕…1890年，タバコ専売利権がイギリスに譲渡されたことが契機→列強への従属化がすすむ

確認 イスラーム世界はヨーロッパ諸国の進出にどう対応したのだろうか。19世紀のオスマン帝国の改革について，次の語句を用いてまとめてみよう。

【　タンジマート　　ミドハト憲法　　パン=イスラーム主義　】

Check ▶ 1880年代ごろの西アジアの状況を示した下の地図をみて，以下の問いに答えよう。

1　スエズ運河の位置に赤で印をつけよう。

2　空欄aの国の王朝名を答えよう。　　　　　　　　　　　　　　　〔　　　　　　　　　　〕

3　空欄bの国の名を答えよう。　　　　　　　　　　　　　　　　　〔　　　　　　　　　　〕

4　3の国の建国の中心となった中部アラビアの豪族の名を答えよう。〔　　　　　　　　　　〕

Try ヨーロッパの進出に対する西アジア各国の対応を整理・比較してみよう。

16 南アジア・東南アジアの改革と再編

Approach▶ ■・❷ をみて，インド人傭兵の反乱の背景には何があったのか考えてみよう。

　イギリスは，19世紀なかばにはほぼインド全域を直轄地，[**ア**　　　　　]として支配下においた。弾薬包に牛や豚の脂がついているという噂で[**イ**　　　　　](インド人傭兵)が決起したことと，伝統的な服装で戦う姿から，インドの伝統を無視したイギリスの統治政策への不満の高まりがうかがえる。

インドの植民地化

- インドでは，16世紀前半からイスラーム王朝である[①　　　　　　　]が統治
  - →18世紀ごろから[②　　　　　　　]など[①]に抵抗する勢力が台頭
- [③　　　　　　　](1757年)…イギリス東インド会社，フランス支援のベンガル太守軍をやぶる→1765年以降，イギリス東インド会社がベンガル地方の徴税権・司法権を獲得
- 19世紀初頭，インドは[④　　　　　]を輸出し，[⑤　　　　　　]を輸入する立場に転落
- 東インド会社は，インド亜大陸を直轄地および[⑥　　　　　]として統治する機関となる

インド大反乱

- [⑦　　　　　　　](1857〜59年)…[⑧　　　　　　　](東インド会社のインド人傭兵)・農民・市民・旧支配者などが連帯し，イギリスの植民地支配打倒のために立ち上がる
  - →イギリスは反乱を鎮圧→[①]滅亡(1858年)
  - →東インド会社解散，インドを本国政府が直接統治
  - →ヴィクトリア女王を皇帝とする[⑨　　　　　　]成立
- イギリス支配への不満→イギリスは[⑩　　　　　　　](のちの**国民会議派**)創設

東南アジアの植民地化とタイの近代化

- [⑪　　　　　　　](強制栽培制度)…オランダは1830年からジャワ島でコーヒー・サトウキビ・藍などの商品作物を強制的に栽培させる
- スマトラ島北端，海上交易の要衝[⑫　　　　　　]にオランダが侵攻(1873年)
  - →20世紀初頭，現インドネシアの大部分がオランダ領東インドとして植民地化
- スペイン領フィリピンは，キューバ独立をめぐる[⑬　　　　　　　　](米西戦争)に勝利したアメリカによって植民地化
- ベトナムとカンボジアは，フランスにより[⑭　　　　　　　　]として植民地化
- [⑮　　　　　]南部と北ボルネオはイギリスの植民地に
- [⑯　　　　](ミャンマー)は，イギリスとの3度の戦争の末，[⑨]に編入
- シャム(タイ)は，[⑰　　　　　　]が近代化改革を推進→東南アジアで唯一独立を保持

確認 ヨーロッパ諸国は南アジア・東南アジアにどのように進出したのだろうか。イギリスによるインドと東南アジアの植民地化の過程について，次の語句を用いてまとめてみよう。

【 インド大反乱　インド帝国　ビルマ 】

MEMO

_____

_____

_____

_____

_____

_____

_____

_____

_____

Check ▶ 東南アジアの植民地化を示した下の地図をみて，以下の問いに答えよう。

1　イギリスの植民地となった地域を赤で塗ってみよう。

2　フランス領インドシナ連邦を青で塗ってみよう。

3　20世紀初頭までオランダに抵抗したAの地域にあった国を答えよう。

〔　　　　　　　　〕

4　ジャワ島で1830年にオランダがはじめた制度を何というか，内容を含めて説明してみよう。

〔

〕

5　シャム（タイ）はなぜ独立を維持できたのだろうか。その地理的要因を地図から読みとってみよう。

〔

〕

Try ヨーロッパ諸国の進出は，南アジア・東南アジア諸地域の産業や経済にどのような影響をもたらしたと考えられるだろうか，次の語句を用いてまとめてみよう。

【　綿布　　自由貿易政策　　モノカルチャー経済　】

〔

〕

17 アヘン戦争の衝撃

Approach▶ アヘン戦争の前後で，清とイギリスの関係はどのように変化したのだろうか。

清は[**ア**　　　　]貿易の立場からイギリスとの対等な貿易を拒否した。しかし，アヘン戦争でイギリスに武力で[**イ**　　　]貿易を強要され，不平等条約を課された。さらにアロー戦争に敗北した清は，イギリスとの外交を近代的国際関係へと改めていくことになった。

▍清の動揺

・[①　　　　　　　　　　　](18世紀末)…四川省の辺境地域中心におこる

　→清の正規軍では鎮圧できず→自衛組織(団練)の協力により鎮圧

・清は西洋との貿易を[②　　　　　]1港に限定

　→イギリスは[③　　　　　　　　]やアマーストを使節として清に派遣，貿易条件改善や常駐使

　　節交換などを要求

　→清は従来の方式の変更を認めず

・[④　　　　　　　　]…中国・インド・イギリス本国間の貿易

　→中国からの茶の輸入量が激増したイギリスが銀の中国への流出を是正するため，インド産アヘンを中国に密輸

▍アヘン戦争

・清はアヘンの密輸禁令を発するが密輸はやまず→大量の銀が国外に流出，財政危機と社会不安

　→清は[⑤　　　　　]を[②]に派遣しアヘンを没収・処分(1839年)

　→[⑥　　　　　　](1840〜42年)…イギリスは艦隊を送って清をやぶる

　→[⑦　　　　　　](1842年)…[⑧　　　　　　]の割譲，上海など[⑨　　　　　]の開港，自由貿易の実施(公行の廃止)→翌年，領事裁判権や協定関税，片務的な最恵国待遇などの不平等条約

　　　→清はアメリカやフランスとも同様の条約をむすぶ

・[⑩　　　　　　](1856〜60年)…イギリス・フランスが清をやぶる

　→[⑪　　　　　　](1858年)，[⑫　　　　　　　　](1860年)

・[⑬　　　　　　](1858年)…黒竜江以北はロシアの領土

▍太平天国と洋務運動

・[⑭　　　　　　](1851〜64年)…**洪秀全**が樹立←アヘン戦争の賠償金支払いなど税負担増大

　→清の打倒をめざし南京を占領して都に

　→[⑮　　　　　]や[⑯　　　　　]らがひきいる義勇軍や諸外国の協力のもと鎮圧

・[⑮]や[⑯]らは，欧米の軍事技術を導入([⑰　　　　　　　　])して清の再興はかる

　→「中体西用」の理念のもと成果は不十分

確認 欧米諸国はなぜ中国の開港を求め，中国はどう対応したのだろうか。

Check ▶ 右の風刺画で，乾隆帝はどんな風に描かれているだろうか。次の会話の空欄に入る文章や語句を答えよう。

先　生：まず，イギリス使節マカートニーが派遣された目的を考えてみよう。何を皇帝に求めたのかな？

生徒A：［①

　　　　　　　　　　　　　　　　　　　　　　　　］

ですね。

先　生：そうだね。当時の清はどのような貿易の方式をとっていた？

生徒B：［②　　　　　　］貿易が原則で，西洋との貿易は［③　　　　　　］1港のみで特許商人組合の［④　　　　　　］を通しておこなっていました。

先　生：当時のイギリスでは，［⑤　　　　　　］を飲む習慣が広がって輸入量が増加していた。でも要求は拒否され，中国式の儀礼も求められて交渉は決裂したんだ。

生徒A：そうか，だからイギリス人は乾隆帝を［⑥　　　　　　］イメージで描いたんですね。

Try アヘン戦争はその後の欧米諸国・中国・日本にどのような影響を与えたのだろうか。考えてみよう。

18 ゆらぐ幕藩体制

教科書 p.74〜75

Approach▶ 18世紀末以降，どのような国の船が日本に来航したのだろうか。

　18世紀末から19世紀はじめにかけて，まずラクスマンやレザノフら〔**ア**　　　　　〕船が根室や長崎に来航して通商を求めた。次に，〔**イ**　　　　　〕船フェートン号が長崎に来航し，その後も上陸が続いた。1840年前後からは漂流民を送還したモリソン号など〔**ウ**　　　　　〕船が相次いで来航した。このほか，琉球にはフランス船が来航していた。

対外問題と蝦夷地政策

・18世紀末から，〔①　　　　　　　　　　〕統治下のロシアが蝦夷地周辺に出没

　→1792年に〔②　　　　　　　〕が，1804年に**レザノフ**が幕府に通商を求める→拒否

・1808年，〔③　　　　　　　　　〕…イギリス軍艦の長崎侵入

　→海防の必要性が意識されるようになり，1825年に〔④　　　　　　〕が出される

・**モリソン号事件**などにより〔④〕の見直しの機運も生じる

　→幕府への批判は弾圧される（〔⑤　　　　　〕）

・ロシアの南下に危機感をもった幕府：18世紀末から蝦夷地を直轄地に

　→〔⑥　　　　〕の文化や習慣を否定して日本語や日本風の文化を教える

天保の改革と雄藩の成長

・19世紀前半，江戸を中心に〔⑦　　　　〕**文化**が栄える

　→飢饉や社会不安，外国船の接近に直面

　→〔⑧　　　　　　〕による幕政の刷新＝〔⑨　　　　　　　〕

　　…娯楽の抑制，三方領知替え，〔⑩　　　　　　　〕の発布（〔④〕を撤回）

　　〔⑪　　　　　　〕を出して江戸や大坂周辺を直轄地に→諸大名の反発を受けて〔⑧〕失脚

・長州藩や薩摩藩など西日本の大名：経済を立て直し，洋式軍事工業をおこすなどの改革に成功

　→雄藩となって幕末の政局の主導権をにぎるようになる

さまざまな学問の広がり

・18世紀なかば以降，社会の成熟にともなって諸学問が発展

・〔⑫　　　　〕：**杉田玄白**ら　　〔⑬　　　　　〕：**本居宣長**ら

・幕府は朱子学を正学に…湯島聖堂を〔⑭　　　　　　　　〕（**昌平黌**）として整備

・各地では藩校や〔⑮　　　　　〕がつくられる

・〔⑬〕のなかには**平田篤胤**など尊王思想を説く者も

　→19世紀に入ると攘夷思想と結びついて〔⑯　　　　　　　〕となる

確認 幕府は外国船の接近にどのように対応したのだろうか。次の語句を用いてまとめてみよう。

【　異国船打払令　　薪水給与令　　軍備強化　】

Check① ▶ 18世紀末から19世紀前半の世界の様子と日本について，折込3の地図と説明文をみ
ながら，次の文章の空欄に入る国名や語句を答えよう。

18世紀の世界では，北アメリカや，〔①　　　　　　　〕帝国ほか諸勢力が分立するインドなどで，
〔②　　　　　　　〕と〔③　　　　　　　〕が植民地や商業利権の獲得競争をおこなっていた。〔②〕はこ
れに勝利し，19世紀には「世界の工場」となり，「〔④　　　　　　　　　　〕」とよばれる覇権を
確立した。一方，東アジアでは，清の北方に領土を広げてきた〔⑤　　　　　　〕と〔②〕が接近し，日
本とも関わるようになる。

Check② ▶ 右の絵をみて，以下の問いに答えよう。

1　これは佐賀(肥前)藩の何という施設だろうか。　　〔　　　　　　　〕

2　これはどのような施設か，説明しよう。

〔　　　　　　　　　　　　　　　　　　　　　　　　　　　　　　　　〕

3　このような施設をつくる土台となる知識はどこから得られたか，
　次のア～ウから一つ選ぼう。　　　　　　　　　　〔　　　〕

ア　朱子学　　イ　国学　　ウ　蘭学

Try　18世紀以降の日本をめぐる諸外国の動きと日本の対応をまとめてみよう。

〔

　　〕

19 開国

Approach▶ 日本の人々は黒船の来航をどのようにみていたのだろうか。

　茅ヶ崎の名主であった藤間柳庵は〔**ア**　　　　〕隻のアメリカ船を観察しているが，とくに軍艦の壮大さを記録しており，これが庶民の黒船への印象であったと考えられる。また，柳庵が描写した〔**イ**　　　　〕の町の様子からは，避難の準備をする町人たちの動揺を読みとることができる。さらに〔**ウ**　　　　〕の肖像と似顔絵を比較すると，日本人が描いた似顔絵は人相が悪く描かれており，人々の動揺と恐れが表現されている。

ペリー来航と和親条約

・国土が西海岸に到達したアメリカ合衆国は捕鯨などのために太平洋進出

　　→燃料補給の寄港地や漂流民保護の必要から日本との国交を求める

・アメリカの〔①　　　　　　〕は4隻の軍艦で開国をせまる→翌年に再来航

　　→幕府は〔②　　　　　　　　〕締結，下田と箱館を開港

・〔①〕来航時の老中〔③　　　　　　〕はアメリカ大統領の国書を世間に公開

　　→有力大名や家臣は政治参加の拡大を要求

通商条約と勅許問題

・アメリカ総領事〔④　　　　　　〕が下田に着任→通商の是非が争点

　　…下級武士や公家の多くは反対⇔西洋知識をもつ幕臣は積極的な世界秩序への参入主張

・老中〔⑤　　　　　〕は〔⑥　　　　　〕**天皇**の勅許求め上京→天皇は反対

・大老〔⑦　　　　　〕は1858年6月に〔⑧　　　　　　　　　　〕締結

　　→勅許なしの調印に対して有力大名らの抗議

　　→〔⑦〕による厳しい弾圧＝〔⑨　　　　　　　　〕

開国の経済的・社会的影響

・〔⑩　　　　　　　　　　　　　〕…オランダ・ロシア・フランス・イギリスとも同様の条約

　　開港場：神奈川(横浜)・兵庫(神戸)・長崎・箱館・新潟→中心地は横浜

・不平等な内容…片務的最恵国待遇，〔⑪　　　　　　　〕，〔⑫　　　　　　　〕制度

・経済的影響…金貨と銀貨の交換比率のちがい→金貨の国外流出

　　　　　　　大幅な〔⑬　　　　〕超過と物価の〔⑭　　　　　〕

　　→一揆，打ちこわし，幕政批判，〔⑮　　　　　　　〕運動

・輸出品：〔⑯　　　　　〕，茶，蚕卵紙，海産物　　輸入品：毛織物，綿織物などの加工品

・浮世絵など日本の文化財が海外に紹介→印象派に影響＝〔⑰　　　　　　　　〕の流行

・国際的な伝染病の流入…〔⑱　　　　　　〕の流行

確認 開国は日本の社会にどのような影響を与えたのだろうか。次の語句を用いてまとめてみよう。

【　輸出　　物価　　不平等　　尊王攘夷　　コレラ　】

Check ▶ 開港後の貿易についての右のグラフをみて，以下の問いに答えよう。

1　日本からの輸出品を，多い順に三つあげよう。

　　[　　　　　　　　　　　　　　　　　　　　　　]

2　日本への輸入品を，多い順に三つあげよう。

　　[　　　　　　　　　　　　　　　　　　　　　　]

3　教科書p.77⑤のグラフをみると，当初は輸出超過だったが，1866年には輸入超過に逆転している。その理由を考えてみよう。

　　[　　　　　　　　　　　　　　　　　　　　　　]

4　貿易相手国にアメリカがないのはなぜだろう。教科書p.61を参考に考えてみよう。

　　[　　　　　　　　　　　　　　　　　　　　　　]

●品目　　　　　　　　　　　　　　　　　(1865年)

海産物 2.9　その他 3.3　綿糸 5.8　その他 7.1
蚕卵紙 3.9　　　　　　　艦船 6.3
茶 10.5　　輸出　生糸　　武器 7.0　輸入　毛織物 40.3%
　　　　　79.4%　　　　　綿織物 33.5

●横浜港における相手国　　　　　　　(1865年)

その他 2.1
フランス 9.6　　輸出　イギリス 88.3%

フランス 6.2　その他 1.1
オランダ 9.9　　輸入　イギリス 82.8%

Try　幕府がアメリカとむすんだ条約と，清がイギリスとむすんだ条約を比較して，気づいたことをあげてみよう。

[

]

20 幕末政局と社会変動

Approach▶ なぜ尊王攘夷運動が盛りあがったのだろうか。

　〔**ア**　　　　　　　　〕が通商条約を天皇の勅許なしで調印したことが〔**イ**　　　　　　〕論に刺激を与えた。また，開国後の物価上昇による生活苦は，通商条約を西洋に強いられた不当なものと考える〔**ウ**　　　　　〕論の盛り上がりに拍車をかけた。この両者が結びつけられ，大きな潮流となった。

▌攘夷運動と政局の混乱

- 1860年3月，〔①　　　　　　　　　　　〕…水戸と薩摩の浪士による大老井伊直弼暗殺
  - →幕府は〔②　　　　　　　〕をめざし，孝明天皇の妹〔③　　　　　〕を将軍**徳川家茂**に嫁がせる
  - →〔④　　　　　　　　　　〕の盛りあがり
- 1862年，薩摩藩**島津久光**の上京，朝廷優位の〔②〕をめざした幕政改革要求
  - →〔⑤　　　　　　　　　〕…一橋派の復権，参勤交代緩和
- 同年7月，長州藩は攘夷政策に転換→翌年，将軍徳川家茂上洛→天皇に攘夷実行をせまられる

▌八月十八日の政変と条約勅許

●攘夷をめぐる動き

- 1863年8月，〔⑥　　　　　　　　　　　　　　〕…長州藩・攘夷派の公家追放
  - →翌年7月，〔⑦　　　　　　　　　〕…長州藩敗北→幕府の征討軍長州へ，外国艦隊の長州藩攻撃
- 1863年，〔⑧　　　　　　　　〕…前年の生麦事件の賠償めぐりイギリス軍は薩摩藩を攻撃
  - →通商条約を否定する動きに打撃，幕府は西洋技術の導入・整備

●西洋列強の動き

- 西洋列強の対抗…軍隊の動員，孝明天皇への圧力＝1865年，英仏蘭米4か国艦隊が兵庫沖侵入
  - →孝明天皇は通商条約を勅許
- イギリスは薩長両藩に接近(雄藩との貿易目的)⇔フランス公使〔⑨　　　　　　　　　〕は幕府に援助

▌公議政体論と王政復古

- 1866年1月，〔⑩　　　　　　　　　〕：薩長両藩が〔⑪　　　　　　　　〕の仲介で密約
  - →幕府，再び長州征討…多様な身分を組織した〔⑫　　　　　　　〕に苦戦
  - →将軍徳川家茂の死により〔⑬　　　　　　　　　〕は征討中止
- 不安定な国内情勢と社会不安…世直し一揆，「〔⑭　　　　　　　　　　　　　〕」
- 〔⑮　　　　　　　　　〕の高まり→〔⑬〕，〔⑯　　　　　　　　〕をおこなう(←土佐藩**山内豊信**の意見)
  - →薩長と〔⑰　　　　　　　〕らは御所封鎖→〔⑱　　　　　　　　　　　　〕で天皇中心の新政府発足

確認 条約締結をめぐる外交方針は，政治にどんな影響を与えたのだろうか。次の語句を用いてまとめてみよう。 【 公武合体　尊王攘夷　薩長同盟　公議政体論　大政奉還 】

Check ▶ 西洋列強の進出に直面したオスマン帝国や清の近代化への動きと，幕末にはじまる日本の近代化への動きについて，以下の問いに答えよう。

1　オスマン帝国と清の近代化への動きをそれぞれ教科書から書き出してみよう。

オスマン帝国
（教科書p.68）　[   ]

清
（教科書p.73）　[   ]

2　オスマン帝国，清，日本（幕府）の近代化への動きを比較してみよう。

[   ]

Try　尊王攘夷運動の転換点となった出来事をあげ，それぞれの出来事のもつ意味を説明してみよう。

[   ]

21 新政府の成立と諸改革

教科書 p.80〜81

Approach▶ 明治維新によって新政府は何を変えようとして，何を変えようとしなかったのだろうか。

〔**ア**   〕には旧来の攘夷運動を脱却して広く世界とつながる一方，国内では身分の上下を問わず国を治めることや，その際には公議世論で政治をおこなうことを定めている。一方，〔**イ**   〕ではキリスト教を「邪宗門」として相変わらず排除するなど，民衆に向けてはそれまでの社会秩序を大きく変えようとはしていなかった。

▎**明治維新**　＊明治政府による，天皇のもとでの一体感ある国民国家をめざした過程

・新政府による統一：〔①   〕の大号令…徳川慶喜の土地と地位返上が決定

→〔②   〕のはじまり：1868年1月，鳥羽・伏見で旧幕府軍と薩摩・長州軍が交戦

→1868年4月，薩長軍優勢で江戸城が無血開城→東北各地・箱館での戦闘

→徳川家は徹底抗戦を避け泥沼化せず→新政府による円滑な体制づくりが可能に

・新政府の方針：1868年3月，〔③   〕…公議世論と開国和親の重視

〔④   〕…キリスト教禁止など旧幕府時代と変わらず

→1868年閏4月，〔⑤   〕…太政官制と三権分立を取り入れる

▎**藩から県へ**

・1869年，〔⑥   〕に遷都→〔⑦   〕を実施…大名は版（土地）と籍（人民）を返上，知藩事として藩主の地位にとどまる

・1871年，〔⑧   〕の断行…261の藩は3府72県に再編

旧知藩事は東京に集住→府知事・県令を政府が任命→政府の意向が全国に行きわたる

▎**身分制の廃止**

・1869年，身分制の廃止…（公家・大名→）華族・（武士→）士族・（その他→）平民に

→〔⑨   〕…身分をこえた結婚，職業・居住の自由を承認

→戸籍の編成…人々を国民として把握・管理する役割

・1871年，「〔⑩   〕」…えた・非人など差別的呼称廃止，職業も平民同様とする

▎**地租改正**

・1873年，〔⑪   〕**条例**…〔⑫   〕発行＝土地所有者の確定

→〔⑬   〕の3％を〔⑭   〕として土地所有者が現金でおさめる

・重い負担…豊作・凶作に関係ない一定額の納税，3％の税率

→人々の不満→〔⑪〕**反対一揆**→税率は2.5％に引き下げ

確認 明治新政府の改革のねらいは何だったのだろうか。次の語句を用いてまとめてみよう。

【　五か条の誓文　　廃藩置県　　四民平等　　戸籍　】

MEMO

_____

_____

_____

_____

_____

_____

_____

_____

_____

_____

_____

Check ▶ 下の「地券」に書かれたことを読んでみよう。

地　　番：

地目・面積：

地　　主：

地　　価：

地　　租：

Try 明治維新の結果，日本は江戸時代と比較して何が変わったのだろうか，また変わらなかったのだろうか。話し合ってみよう。

22 富国強兵と文明開化

教科書 p.82〜83

Approach▶ 製糸場に外国人技師を雇い，全国から工女を集めた政府のねらいは何だろうか。

　和田英『富岡日記』にあるように，[**ア**　　　　　　　]に集められたのは旧旗本・旧藩士といった良家の子女ばかりであった。[**イ**　　　　　　　]人技師の指導により器械製糸による製糸技術を学び，他に伝習することを期待されていた。和田英は1873年に伝習工女として[**ア**]に入り，翌年には長野県の民営器械製糸工場の操業にかかわり，教授としてその役割を果たした。

徴兵制の導入

・明治政府にとって，経済力とともに軍事力の強化が急務

　→「[①　　　　　　　]」というスローガン

・1872年の[②　　　　　　　]と翌年の[③　　　　　　　]…20歳以上の男子に徴兵検査

　→合格者のうち一定数が兵役に就く＝身分によらない兵役負担

・[④　　　　　　　]…徴兵制度に反対する運動→各地でおこる

殖産興業政策

・[⑤　　　　　　　]**政策**…地租などの租税収入を近代産業の育成にそそぐ

　　造船所や軍事工場の設立，鉱山も官営に

　　[⑥　　　　　　　](1872年開設)…生糸生産のモデル工場

・産業の育成に[⑦　　　　　　　]をまねき技術指導をあおぐ

・[⑧　　　　　　　](1871年公布)…円・銭・厘の単位と相互の換算比率が定まる

　→[⑨　　　　　　　](1872年公布)…兌換銀行券の発行が認められる

・[⑩　　　　　　　]の建議で郵便制度が発足(1871年)→東京−大阪間に電信が開通

文明開化と新しい思想

・西洋由来の知識や価値観は[⑪　　　　　]とみなされ，政府は留学生を派遣し知識や技術の習得をはかる→[⑫　　　　　](1873年設立)…**福沢諭吉**らが参加し，自由・平等の思想や西洋の政治制度などを紹介

・1872年には新橋−横浜間に鉄道が開通，銀座に[⑬　　　　　　　]が設けられる

・太陰太陽暦が西洋にならった[⑭　　　　　　　]になる⇔農民の生活サイクルとはかみあわない

・このような[⑮　　　　　　　]は戸惑いや反発をひきおこすことにもなる

学制の公布

・[⑯　　　　　　　](1872年公布)…6歳以上の全男女に初等教育を受けさせるため，各村に小学校を設けようとする→教育費が新たな負担と考えた人々による[⑰　　　　　　　]もおこる

確認 新政府は，どのような目的で徴兵制や殖産興業政策，文明開化をおしすすめたのだろうか。次の文章の空欄に入る語句を答えよう。

　明治政府の政策の要は，経済力と軍事力の強化すなわち「[A　　　　　　]」であった。不十分ではあったが身分によらない[B　　　　]負担をすすめ，貨幣制度といった条件を整備して殖産興業政策を進め，指導は高給の[C　　　　　　　]に任せた。[D　　　　　]という，西洋由来の価値観がもてはやされて生活の洋風化がはじまったが，従来の農民の生活習慣とは合わず，戸惑いや反発もあった。[E　　　　　]を公布して国民皆学をめざしたが就学率が上がらなかったことも，同じ原因と考えられる。

Check ▶ 富岡製糸場の内部を描いた絵(左)と，富岡製糸場で働く工女の日記(右)について述べた文章Ｘ・Ｙ・Ｚそれぞれの正誤を答えよう。

諸国より入場致されました工女と申しまするは，一県十人あるいは二十人，少きも五六人と，ほとんど日本国中の人…。その内多きは上州・武州・静岡等の人は早くより入場致し…静岡県の人は旧旗本の娘さん方でありまして，上品でそして東京風と申し実に好いたらしい人ばかり揃って居りました。上州も高崎・安中等の旧藩の方々はやはり上品でありました。武州も川越・行田等の旧藩の方々は上品で意気な風でありました。…さて長野県はと申しますと，…小諸・飯山・岩村田・須坂等の方々は中々上品でありました。…

Ｘ　製糸場はレンガ造りの建物で，機械はフランスから輸入したものが用いられ，生産の指導は日本人技師がおこなった。　　　　　　　　　　　　　　　　　　　　　　〔　　　〕

Ｙ　上州(高崎・安中)・武州(川越・行田)・静岡出身の女性は，農家から集められた上品な女性であった。　　　　　　　　　　　　　　　　　　　　　　　　　　　　　　〔　　　〕

Ｚ　工女が日本全国から集められた理由は，帰国後に各地の製糸場の指導者になることが期待されていたからである。　　　　　　　　　　　　　　　　　　　　　　　　　　〔　　　〕

Try 新政府による急速な文明化を，人々はどう受け止めたのだろうか。考えてみよう。

ACTIVE 歴史を資料から考える　文明化と向き合う東アジア諸国

教科書 p.84～85

1

教科書p.84の資料1・2を読んで考えてみよう。次のチャート図は，旧平の考えを示したものである。

なぜ朝鮮が中国の暦を使うのか？ なぜ琉球が日本の暦を使うのか？

その理由は
朝鮮は中国の，琉球は日本の
〔　　　　　〕だからである。

日本がヨーロッパの太陽暦を使う→日本はヨーロッパの〔　　　　　〕となる。

STEP 1　　STEP 2

1　上のチャート図の〔　　〕に入る漢字二字の同じ言葉を，**資料1**より抜き出して答えよう。

〔　　　　　　〕

2　**資料1**の旧平は，1873年の改暦に対して賛成か反対か答えよう。　　〔　　　　　　〕

STEP 3

1　**資料2**を読んで，以下のア～エは陽暦と陰暦のどちらで営まれていたと考えられるか答えよう。

　　ア　学校の行事予定など　　　　〔　　　　　〕
　　イ　役所からの通知の日付　　　〔　　　　　〕
　　ウ　会社のスケジュール　　　　〔　　　　　〕
　　エ　先祖をまつる宗教行事　　　〔　　　　　〕

2　あなたが，もし**資料2**のような陽暦と陰暦がともに用いられている社会にいたならば，何か困ることはあるだろうか。

2

教科書p.85の李鴻章と森有礼の対談を読んで考えてみよう。

STEP 1

1　「中体西用」とはどのような考え方か，教科書p.73を参考にして，次の文章の空欄に入る語句を答えよう。

　　儒教を中心とする中国の〔　①　　　　　　　　〕を基礎として，〔　②　　　　　　　　　〕
　を利用するという考え方で，中国の政治や思想などの改革を認めないものであった。

2　儒教は，「長幼の序」や「祖先崇拝」などの思想を発展させ中国社会に定着させてきた。このような儒教の教えに沿った衣服についての李鴻章の発言を，資料中より1か所抜き出してみよう。

[ ]

3　また，「中体西用」の「西用」の部分に沿った李鴻章の発言を，資料中より1か所抜き出してみよう。

[ ]

STEP2　森有礼の洋服に対する見解をまとめた次の文章の空欄に入る語句を，資料中より抜き出して答えよう。

　わが国旧来の衣服は，ゆったりとして気持ちがよいが便利ではなく，[①]には合っているが[②]には合わない。[①]は貧困のもとであり，[②]は富裕のもとである。我が国は[②]により富裕となることを望む。

STEP3　他国の文化を導入することについて，李鴻章と森有礼の考え方の違いを説明してみよう。

[ ]

Try　1　欧米諸国の生活・文化が自国に入ってきたことに対して，日本・朝鮮・中国(清)の人々はどのように対応したのだろうか。共通点や相違点をまとめてみよう。

共通点：[ ]

相違点：[ ]

　2　もしこの時代に生きていたら，他国の生活・文化の流入にどう対応しただろうか。

[ ]

23 近代的な国際関係と国境・領土の画定

教科書 p.86～87

Approach▶ 岩倉使節団はその後の日本にとってどのような意味をもったのだろうか。

　西洋文明を長期にわたって体感したことは，[ア　　　　　　　　]を改正し，植民地を獲得し，列強の一角となる動機づけとなった。一方，『米欧回覧実記』は帰途に訪れた「[イ　　　　]地域」の豊かな産物にも注目している。第一次世界大戦後の日本は南洋諸島の委任統治をおこない，第二次世界大戦中には東南アジアに南進するが，その素地はこのときからあったととらえることもできる。

岩倉使節団

・[①　　　　　　　　　]…全権大使：**岩倉具視**，副使：**木戸孝允**・[②　　　　　　　　]・**伊藤博文**ら

　→不平等条約改正の予備交渉のために派遣(1871年)→欧米各国を視察・調査

清や朝鮮との関係

・[③　　　　　　　　　](1871年)…冊封体制の外にあった日本が清と対等な関係で国交をもつ

　→朝鮮の開国・開港をめぐり両国は対立

・冊封体制下の朝鮮は，清を中心とする東アジア秩序のもとで日本との外交を位置づけた

　→国王[④　　　　　]の父の大院君は，日本からの国交樹立要求を拒む

・[⑤　　　　　　]ら：朝鮮に使節を派遣して圧力をかける[⑥　　　　]論を主張

　⇔岩倉具視・[②]・木戸孝允ら：内政優先を主張

　→[⑦　　　　　　　　]…[⑤]ら[⑥]派が辞職して政府をはなれる

・朝鮮では，[④]の妃である[⑧　　　　　]の一族が台頭し，大院君は権力を失う

・[⑨　　　　　　　　](1875年)…朝鮮の漢城防衛の拠点に日本の軍艦が侵入し交戦

　→[⑩　　　　　　　　]…清の宗主権を否定し，日本に対する治外法権，関税自主権の放棄を認める不平等条約

・[⑪　　　　　　](1882年)…[⑧]政権に対する兵士の反乱→清の介入で鎮圧

・[⑫　　　　　　](1884年)…[⑬　　　　　　]ら急進開化派が日本軍の協力を背景にクーデタをおこすが，清軍の介入で失敗→[⑭　　　　　　　]…日清両軍は撤退，派兵時は事前通告

国境と領土

・1869年に蝦夷地を北海道とあらため，[⑮　　　　　　]を設置

・[⑯　　　　　　　　　　](1875年)…樺太をロシア領，千島列島を日本領として国境を策定

　→樺太在住の[⑰　　　　　]を北海道へ移住させる

・日本政府は1876年に[⑱　　　　　　　]の領有を宣言

・琉球王国は1872年に琉球藩に→[⑲　　　　　　　]…日本は琉球の領有を主張

　→[⑳　　　　　]…1879年に**沖縄県**を設置

確認 現在の日本のかたちはどのようにつくられたのだろうか。次の文章の空欄に入る語句を答えよう。

　清を中心とする冊封体制下にあった東アジアにおいて，冊封体制の外にあった日本は，まず清と対等な条約である[A　　　　　　　　]をむすび，その従属国である朝鮮を開国させて不平等条約である[B　　　　　　]をむすんだ。北方では，[C　　　　　　　　　]によりアイヌの生活文化を犠牲にしてロシアとの間で国境線の引き直しがおこなわれ，南方では，清の冊封体制下にあった[D　　　　]を強引に日本の施政下に組みこんだ。

Check ▶ 東南アジアに関する岩倉使節団の記録を読み，以下の問いに答えよう。

> …ヨーロッパ人による大航海が始まって以来，熱帯の弱い国々はみな欧州諸国が争って食うところとなり，植民地の豊かな物産が欧州本国に送られるようなった。はじめは〔 **ア** 〕，ポルトガル，およびオランダの三国がまず専ら利益を上げたが，原住民への対応は暴慢残酷で，収奪が苛烈だったため，反乱も頻発し，…〔 **イ** 〕人はその轍を踏まないようにしようと，植民地に対して寛容を旨とし，まず教育を普及させて懐柔することによって，今日の隆盛を達成した。(中略)
>
> いま，日本人は西洋人の手で導かれて海外に出るいとぐちを開かれ，争って欧州に行くが，その視野から南洋は脱落してしまっている。…欧州への道筋のまだ半ばの地域に，非常に多くの潜在的な利益が転がっているということについて，日本人はとりわけ無知である。…象牙や籐は安南(現ベトナム)でできる。そのように手近な国にかえってゆたかな産物があるのだ。

1　資料の空欄ア・イに入る国についての説明として正しいものをそれぞれ選ぼう。

　　A　アメリカ大陸で産出した銀をマニラに運び，中国の絹や陶磁器と交換して莫大な利益を上げた。

　　B　交易活動がもたらす利益に注目し，地租にかえて関税や消費税を徴税の中心に位置づけた。

　　C　東インド会社を設立し，香辛料・香料貿易で莫大な利益をあげ，首都アムステルダムが世界経済の中心となった。

　　D　日本の種子島に鉄砲を伝え，その後も宣教師が中心となりキリスト教の布教をおこなった。

　　　　　　　　　　　　　　　　　　　　　　　　〔ア　　　〕〔イ　　　〕

2　下線部について，日本の「潜在的な利益」につながる産物(商品の原料)としてふさわしいものを，次のa～dから一つ選ぼう。　　　　　　　　　　　　　　〔　　　〕

　　a　コーヒー豆　　b　茶　　c　綿花　　d　羊毛

Try　沖縄やアイヌの人々にとって，日本の国境画定はどのような意味をもっていたのだろうか。

[

24 自由民権運動の高まり

Approach▶ 人々はどのような思いで自由民権運動に参加したのだろうか。

「演説会」の絵からわかるように，政府は[**ア**　　　　　]により演説会に直接弾圧を加えたが，議会開設をめざす参加者の猛烈な抗議を受けている。一方，「幻灯写心競」には，丸い枠内で演説をおこなって聴衆の喝さいを浴びている女性が写る。これは手前の女性の願望であると考えられる。自由民権運動が[**イ**　　　　]のみのものであったという，運動の限界がうかがえる。

士族の反乱と自由民権運動

●士族の反乱

・[①　　　　　]…軍人・警官以外の帯刀を禁じる

・[②　　　　　]…家禄の給付を停止する

→不平士族が西日本であいついで蜂起

→[③　　　　　](1877年)…西郷隆盛ら鹿児島の士族が挙兵

→これらの[④　　　　　]はいずれも政府軍により鎮圧

●自由民権運動

・[⑤　　　　　]…1874年に**板垣退助**らが政府に提出

→[⑥　　　　　]…[⑦　　　　　]思想をもとに国政の主導権をにぎるべく立憲国家の樹立をめざす

高まる自由民権運動

・[⑧　　　　](1875年結成)…全国の結社をむすぶ組織→各地で演説会をひらく

←政府は讒謗律・[⑨　　　　　]・[⑩　　　　　]などを発して言論を封じる

国会の開設をめぐる対立

・[⑪　　　　　]…1880年に[⑧]が改組→政府も憲法と国会は近代国家に欠かせないと認識→すみやかに設けるべきとする[⑫　　　　　]らと，時期尚早とする伊藤博文ら

・開拓使官有物払い下げ事件(1881年)

→[⑬　　　　　]…政府は批判をかわすため，払い下げ中止とともに[⑫]を追放し，国会開設の勅諭を発する→政府が天皇の名で10年後の国会開設を約束

→1881年に[⑭　　　]，82年に[⑮　　　　　]が結成

運動のゆく末と民衆

・[⑯　　　　　](1885年)…朝鮮の内政に干渉して国際的な緊張状態をつくり，それに乗じて日本の専制政府を打倒しようとした事件→関係者の多くは懲役刑

・[⑰　　　　　]…政府のすすめるデフレ政策→深刻な不況→**秩父事件**などの農民蜂起

確認 士族から農民にひろがった自由民権運動は，どのように展開したのだろうか。

MEMO

Check ▶ 左の絵では，手前に立っている女性の心の内が，うしろの円のなかに写しだされている。手前に立っている女性のセリフとしてふさわしいものを二つ選ぼう。

ア　女性は，男性のように働くことができないので，作家になるために人気作家の講演会に参加して話を聞いてみたい。

イ　いつの日か女性も政治に参加する日が訪れると思われるので，その日に備えて，政治に関する勉学に励みたい。

ウ　西洋化は日本になじまないので，傘や靴などの日用品は多少不便であっても，やはり日本古来のものを利用した方がよい。

エ　実用的なものであれば，日本・西洋の物を問わずに積極的に利用した方がよい。

〔　　　　　〕

Try　民権派の人々は，なぜ困民党などの要求を「自己中心的」とみなしたのだろうか。考えてみよう。

〔

〕

25 立憲国家の成立

教科書　p.92〜93

Approach▶ 私擬憲法と大日本帝国憲法・日本国憲法・人権宣言にはどのような共通点や相違点があるだろうか。

　私擬憲法には，侵すことのできない「権利自由」（[**ア**　　　　　　]憲法）や，「圧政への抵抗」につながりうる考え方（[**イ**　　　　　　]の東洋大日本国国憲按）を読みとることができ，これらは人権宣言との共通点といえ，のちの日本国憲法にも生かされた。一方，大日本帝国憲法でも「臣民」の権利は定められているものの[**ウ**　　　　　　　]という留保がつくもので，神聖不可侵な君主（[**エ**　　　　　]）の幅広い権限が定められたことが大きな相違点であった。

憲法制定の準備

- ・各地の結社で[①　　　　　　　]が作成される

　　[②　　　　　　　]…幅広い人権規定をもつ

　　東洋大日本国国憲按…[③　　　　　　　]が起草し，抵抗権や革命権を認める

　　　→天皇のもとに国民が統合されるという国家像が民権派にもひろまる

- ・[④　　　　　　　]は，憲法調査で渡欧し，君主権の強いプロイセン憲法を学ぶ

　　→帰国後，井上毅・伊東巳代治らとともに，[⑤　　　　　　　]の助言をあおいで憲法案を起草

- ・[⑥　　　　　　]（1884年制定）…旧大名や公家のほか，明治以降の功労者にも爵位を与え華族に

- ・[⑦　　　　　　]（1885年創設）…太政官制を廃止

憲法と諸法典の成立

- ・[⑧　　　　　　　　　]（1889年発布）…天皇の名によって発布（[⑨　　　　　]憲法）

　　→宣戦・外交権・統帥権・緊急勅令などの[⑩　　　　　　　]

　　→国民は「[⑪　　　　]」であり，主権をもたない

- ・[⑫　　　　　　]（1882年下賜）…軍隊や兵士に天皇への忠誠を求める

- ・[⑬　　　　　]（1890年発布）…忠孝という道徳を土台に天皇制の強化をはかる

- ・皇室関係の法規である[⑭　　　　　　]も制定

帝国議会の開設と初期議会

- ・1890年11月に[⑮　　　　　　]が開設…二院制

　　[⑯　　　　　]：議員は選挙によって選ばれる　　[⑰　　　　　　]：議員は華族から選出

- ・第1回総選挙→非政府系の民党と，[⑱　　　　　　]（薩長の出身者が要職を独占した状態）や政府系の吏党が対決

- ・第2回総選挙：民党候補の当選を妨げる[⑲　　　　　　]にもかかわらず，民党から多数当選

確認 大日本帝国憲法によって，どのような国家がめざされたのだろうか。

[
　
　
　
　
]

MEMO

● p.158～159 を開いて，この章で学んだことをふりかえってみよう。

Check ▶ 右の絵は，雑誌(『頓智協会雑誌』)に掲載されたものである。以下の問いに答えよう。

1　この雑誌が発行された時期としてふさわしいものを選ぼう。

　　W　伊藤博文が憲法調査のためにヨーロッパに渡る。

　　X　華族令が出される。

　　Y　内閣制度が創設される。

　　Z　第1回帝国議会が開催される。

　　　ア　Wより前　　　　イ　WとXの間　　　ウ　XとYの間

　　　エ　YとZの間　　　オ　Zより後　　　　　　　〔　　　　〕

2　作者は，ある出来事に対するパロディーとして，笑いを誘おうとして描いたと考えられる。絵に描かれている物事は，それぞれ何を描いたものと考えられるか。次の空欄に入る語句を答えよう。

　　①　骸骨…〔　　　　　　　　　〕

　　②　骸骨が右手に持ち手渡している文書…〔　　　　　　　　　〕

　　③　骸骨の文書を両手で受け取っている人物…〔　　　　　　　〕

3　この絵が掲載された雑誌は発行停止処分となり，終刊となった。発行停止処分の根拠となった法律を次のア～エから一つ選ぼう。　　　　　　　　　　　　〔　　　　〕

　　ア　保安条例　　　イ　集会条例　　　ウ　新聞紙条例　　　エ　讒謗律

Try　大日本帝国憲法にある「強い君主権」と，現行の日本国憲法の三権分立を比べてみよう。

議場が語る立憲制

1

議場の形は，その国の議会制度と密接に関係している。日本が国会を創設した際に参考とした
イギリスやドイツの議会制度や政治制度と比較して，日本の議会，政治を考えていこう。

STEP 1

1　教科書p.94の**資料1**と**資料2**をみて，建物(議場)の内装，議員の性別や服装，議員たちがど
のように座っているかを表にしてみよう。その際，教科書p.54やp.93も参照してみよう。

	議場の内装	議員のようす・男女比	座り方
イギリス	①	②	左右に対面
日本	③	④	⑤

2　**資料1**のイギリスと，**資料2**の日本を比べて，似ているところ，ちがっているところを探して
みよう。

STEP 2

1　次の文章の空欄に入る語句を答えよう。

　　資料3に示されていることは，内閣(行政府)は，〔　①　　　　　〕により選ばれ，〔①〕に
対して責任をもつことと同義であると考えられる。イギリスで発展したこのようなしくみは，
〔　②　　　　　　〕とよばれる。

2　**資料3**を書いた大隈重信は，どのような国会のあり方をめざすべきだと主張しているのだろう
か。

STEP 3
教科書p.54にあるように，イギリスでは二大政党による政治がおこなわれており，国会
は，**資料1**のように与野党が左右に分かれて論戦をおこなっていた。**資料2**の日本の国会想像図，そ
して**資料3**の「国会についての意見書」から，当時の人々がどのような国会の姿を求めていたか，考え
てみよう。その際，教科書p.93も参考にしてみよう。

②

教科書p.95の資料1〜4をみて，ドイツと日本の帝国議会の様子から，日本がどのような政治をめざしていたか考えてみよう。

STEP 1

1 次の文章の空欄に入る語句を答えよう。

　　アの人物に対して，人々は右手を挙げて賛同を示す，もしくは〔 ① 〕をしているようにみえる。アの人物の周囲には衛兵らしき人も描かれている。イの人物の座っている場所は，議員たちに対して最も奥まった〔 ② 〕い場所である。

2 **資料1**のアと**資料3**のイは，だれだろうか。　〔 ア 〕　〔 イ 〕

STEP 2　資料2・3・4を比べて，似ているところを探してみよう。

STEP 3

1 19世紀末ごろのイギリス・ドイツ・日本の政治制度，政策決定について，以下の表をまとめてみよう。

	上院の選任	下院の選任	首相の選任	君主権
イギリス	任命制	男性制限選挙	①	弱い
ドイツ	任命制	②	③	④
日本	任命制	⑤	⑥	⑦

2 ❶の**資料2**のような議会も検討していた日本が，❷の**資料3・4**のような議会をつくったのはなぜだろうか。考えてみよう。

> **Try**
>
> 1 ❶の**資料2**のような議会と❷の**資料3・4**のような議会には，それぞれどのようなメリットとデメリットがあるだろうか。考えてみよう。
>
> 2 ❷の**資料3**の議場2階席の左端に、女性の姿がみえる。この女性たちは議論に参加しているのだろうか。議会の議論に女性が参加していないとしたら、それはなぜだろうか。考えてみよう。

26 帝国主義と世界分割

教科書　p.98〜99

Approach▶ 19世紀後半以降の欧米諸国ではどのような変化がおこったのだろうか。

重化学工業を中心とする第2次産業革命が[**ア**　　　　　　]，ドイツを先頭に進行し，工業力でイギリスの優位を脅かした。重工業には巨額の設備投資が必要で企業の集中・独占がすすみ，[**イ**　　　　　　]が形成され，大銀行とともに国の政策を左右する力をもつようになった。

むすびつく国家と企業

・電信が世界中をむすぶ→技術革新で世界の一体化が加速

・大西洋と太平洋をつなぐ[①　　　　　　　　]開通→大型蒸気船による運送

・[②　　　　　　　　]…電気・石油を動力源に鉄鋼・機械・化学工業が成長

　→重工業を振興した[③　　　　　　]やドイツなどの後発国がイギリスに挑戦

・[③]や[④　　　　　　]での鉄道建設事業は，国家の領土拡張と一体

・1870年代からの不況下で，欧米諸国では企業の集中・独占がすすむ→大銀行とともにカルテル・トラスト・コンツェルンといった[⑤　　　　　　]が国家の政策を左右

・ヨーロッパ諸国は資源と市場を国外に求める→[⑥　　　　　　]の時代到来

アフリカの分割

・[⑦　　　　　　　　]や[⑧　　　　　　]らの探検で，アフリカの姿が明らかに

　→資源や農地に富む

・[⑨　　　　　　　](1884〜85年)…列強がアフリカ分割に合意，土地占有権を確認

・イギリスは，ケープ植民地から北進→金とダイヤモンドをめぐる[⑩　　　　　　　]に勝利

　→南アフリカ連邦を成立

・フランスは，アルジェリアから東進して東スーダンまですすむ

　→[⑪　　　　　　　]…エジプトから南下していたイギリスと1898年に衝突

　→[⑫　　　　　　　]ひきいるドイツが進出→英仏は[⑬　　　　　]をむすぶ

・1880年代から1910年ころまでに，[⑭　　　　　　]と[⑮　　　　　　]をのぞき，アフリカ大陸は列強により分割

太平洋の分割

・19世紀，イギリスが，オーストラリアでは先住民[⑯　　　　　　](アボリジニ)を圧迫

　→ニュージーランドでは[⑰　　　　　]の抵抗をおさえ開拓

・アメリカは，[⑱　　　　]を併合(1898年)

　アメリカ＝スペイン戦争に勝利→キューバを事実上の保護領，フィリピン・グアム・プエルトリコを支配下に

確認 欧米諸国の帝国主義によって，世界はどのように分割されたのだろうか。次の文章の空欄に入る語句を答えよう。

　イギリスのエジプト支配と「アフリカの土地先占権」を認めた[A　　　　　　]会議を契機に列強のアフリカ分割がはじまり，20世紀はじめまでに[B　　　　　]と[C　　　　　]を除く全域が分割された。太平洋地域でもイギリスがオーストラリア，ニュージーランドをおさえ，アメリカも植民地獲得競争に参入して[D　　　　　]を併合，フィリピンを植民化した。

MEMO ●板書事項のほか，気づいたこと，わからなかったこと，調べてみたいことを自由に書いてみよう。

Check ①▶ 右の風刺画は何をあらわしているのだろうか。以下の問いに答えよう。

1　後ろの傍聴席を占めている人々は何をあらわしているのだろうか。　　　〔　　　　　　　〕

2　後ろの巨体の人々に対して議員が小さく描かれ，傍聴席の上のプレートには「独占の独占による独占のための上院」と書かれている。このことから，この風刺画が何をあらわしているのか説明してみよう。

〔

　　　　　　　　　　　　　　　　　　　　　　　〕

Check ②▶ 右の絵の人物が電信線をむすぼうとしているアフリカの都市はどこだろうか。次の文章の空欄に入る語句を答えよう。

THE RHODES COLOSSUS

　この絵の人物はケープ植民地の首相〔①　　　　　　　　　　〕で，彼が電信線でむすぼうとしている都市は，左足をおく〔②　　　　　　　〕と右足をおく〔③　　　　　　　　　〕である。これはアフリカを縦断するイギリスの植民地政策を示している。また，銃を背にしている姿は〔④　　　　　〕主義期の武力侵略を暗示している。彼の退任後，イギリスは〔⑤　　　　〕とダイヤモンドの支配をめぐる〔⑥　　　　　　　　〕戦争に勝利し，オランダ系移民の子孫ブール人のたてた国を併せ，南アフリカ連邦を成立させた。

Try 欧米列強による分割は，その後のアフリカ・太平洋地域にどのような影響をもたらしたのだろうか。考えてみよう。

〔

27 帝国主義期の欧米社会

教科書 p.100～101

Approach▶ **2**の移民たちは，**1**のどの地域からアメリカにやってきたのだろうか。

　ニューヨークに到着したのはヨーロッパから，サンフランシスコに到着したのは〔**ア**　　　　〕からの移民である。〔**ア**〕などアジア系移民は，カリブ海や南米での〔**イ**　　　　〕制廃止による労働力不足を補うため過酷な労働を強いられ，〔**ウ**　　　　〕とよばれた。

第2次産業革命下の生活と社会

●都市人口の急増

・〔①　　　　　　　　〕が進展，欧米諸国では事務職（ホワイトカラー）が大量にうまれる

　→官僚や兵士も増加→積極的な消費活動→デパートの登場，新聞・雑誌の発行部数増大

・工業化の進展により都市人口が急増

　→〔②　　　　　　〕の深刻化→激しい〔③　　　　　　〕

・各国で社会主義政党が誕生→〔④　　　　　　　　　　　　〕（1889年創設）に結集

●世界的な人口移動

・カリブ海地域や南米で奴隷制が廃止

　→〔⑤　　　　〕とよばれるインドや中国からの移民が低賃金で半強制的に労働

・インドの人々はアフリカへも渡る

・東南アジアでは〔⑥　　　　〕が増加

・日本からも，農村の困窮を背景に南北アメリカに移民

国民統合の試み

・欧米諸国では，社会福祉政策が実施→参政権が拡大，労働組合も合法化

・学校教育や兵役を通して，〔⑦　　　　　　〕が浸透

弱者への優越感と不安

●弱者への優越感

・ダーウィンの〔⑧　　　　　〕…強者による弱者の支配を正当化する社会進化論に適用

・〔⑨　　　　　　〕…宗教・人種を理由にユダヤ教徒を排斥

●弱者に対する不安

・イギリスは南アフリカ戦争で苦戦→自国民の優位に疑問をいだく

・アジア人によりヨーロッパ人が駆逐されると恐れる〔⑩　　　　　〕がひろまる

・労働者や移民の出生率の高さや壮健さと対照的に，白人中産階級の衰退が懸念される

確認 19世紀後半から20世紀はじめにかけて，欧米諸国ではどのような変化がおこったのだろうか。次の語句を用いてまとめてみよう。【　都市問題　　移民　　国民意識　】

MEMO

_____
_____
_____
_____
_____
_____
_____
_____
_____
_____
_____
_____

Check ▶ 下の風刺画は，大天使ミカエルが東方からせまる脅威に対し，ヨーロッパ諸国を暗示する女神たちに戦いをよびかける姿を描いている。東方からの脅威とは何を意味しているのだろうか。また，この風刺画はどのような考えをあらわしているのだろうか，説明してみよう。

[
]

Try 帝国主義時代にみられた他者を排除しようとする動きと同じような動きを，現代の世界から探してみよう。

[
]

28 条約改正

教科書 p.102〜103

> **Approach▶** 欧米人は，日本政府の極端な欧化政策をどのようにみていたのだろうか。
>
> 　欧化政策の象徴は〔**ア**　　　　　　〕であったが，〔**イ**　　　　　　〕が描いた絵では，洋装の紳士淑女が鏡では〔**ウ**　　　〕に映っている。ここから日本の欧化政策は，外面的なものであり，内面は欧米が求める水準に達していなかったと理解していたことが判断できる。欧米からは平等な条約を結ぶ相手国との認識は得られなかったため，〔**エ**　　　　　　　　　　〕は前進しなかった。

条約改正への動き

・日本が幕末に締結した和親条約や修好通商条約は欧米諸国に有利な内容

　→対等な外交関係を求め条約改正がめざされる

・19世紀後半の日本の外交の悲願

　〔①　　　　　　　　〕(治外法権)の撤廃

　〔②　　　　　　　　〕の回復

・〔③　　　　　　　　〕による予備交渉が不調

　→政府は日本が文明国だと認識されることが必要だと考える

　→極端な〔④　　　　　　　〕→1883年に完成した〔⑤　　　　　　〕はその象徴

・〔⑥　　　　　〕外相時代には，裁判所に外国人裁判官をおくことが条約改正の条件に

・〔⑦　　　　　　　　　　〕…イギリス船が沈没し，日本人乗客のみが水死した事件で，イギリス人の船長・船員は無罪に→〔①〕の撤廃が切実に

脱亜論と対外強硬論

・福沢諭吉の「〔⑧　　　　　　〕」…近代的な改革がすすまないアジア諸国との連帯から抜け出し，近代的な欧米諸国の仲間入りをめざすべきだとする(脱亜入欧)

　→欧米と並び立とうとすることは，アジア蔑視にも通じる危うさがある

　→たとえば，朝鮮と交わした不平等条約である〔⑨　　　　　　　　　　〕

・19世紀末の日本では，自国中心主義とアジア蔑視とが混在した考え方がみられる

・国会でも，強硬な対外政策を展開するべきだと主張する対外硬派があらわれる

　→激しい政府批判を続けていた民党が，〔⑩　　　　　　　　〕がはじまった途端に予算案を承認

条約改正の実現

・〔⑪　　　　　　　　　　〕(1894年成立)

　…外国人居留地の廃止，外国人の国内居住の承認，〔①〕の撤廃

　→他国とも同様の条約がむすばれ1899年に発効

・〔⑫　　　　　　　　〕(1911年改正)…〔②〕の回復

・条約改正が実現したのは，憲法発布や国会開設などにより立憲国家の体裁がととのったから

　確認　条約改正をめぐる動きはどのように展開したのだろうか。次の語句を用いてまとめてみよう。

【　立憲国家　　ロシア　　イギリス　】

- -

Check ▶ 下の絵の鏡には何が映っているだろうか。また，それは何をあらわしているのだろうか。

[   ]

Exercise ▶ 条約改正に関する政策を述べた下のカード①〜④について，それぞれの政策に関わりが深い責任者(外務大臣)を答えよう。また，時代の古いものから順に並べかえよう。

〔   →   →   →   〕

①[   ]　　②[   ]　　③[   ]　　④[   ]

| 欧米と対等な文明国と認識されるために，極端な欧化政策をとった。 | 日英通商航海条約が調印され，領事裁判権が撤廃されることになった。 | 改正日米通商航海条約が調印され，関税自主権を完全に回復した。 | 大審院に限って外国人判事の任用を容認したが，問題化した。 |

Try 欧米と対等になろうとする要求は，隣国である中国や朝鮮に対してはどのような形であらわれたのだろうか。

[   ]

29 日清戦争

> **Approach▶** 1894年から95年にかけて，日本はどこを舞台に戦争を展開したのだろうか。
>
> 〔**ア**　　　　　〕で東学を信仰する農民が，武装蜂起すると，〔ア〕政府が〔**イ**　　　　　〕に軍隊の派遣を要請したことから日本も派兵した。日本が〔ア〕の内政改革を求めると〔イ〕は反発を強め，〔**ウ**　　　　　　　〕がはじまった。〔**エ**　　　　　　　　〕で日本の領土とされた〔**オ**　　　　　〕では，〔オ〕民主国を樹立して日本の支配に抵抗した。

▌日清戦争

●朝鮮の開国・開港をめぐる動き

- 日本と清は，19世紀末には朝鮮の内政や外交へ干渉→〔①　　　　　　　　　　〕…東学を信仰する農民が朝鮮政府に反発，武装蜂起→朝鮮政府が清に軍隊の派遣を要請→日本も朝鮮に派兵→日本軍は朝鮮王宮を襲撃して〔②　　　　　〕による新政権を樹立→日本が朝鮮の内政改革を求めると，清や朝鮮の旧政権関係者は反発を強める

●日清戦争

- 〔③　　　　　　　　〕(1894〜95年)…当初の主戦場は朝鮮で，朝鮮の人々の生活に多大な被害をもたらす→東学の農民たちが再蜂起→日本軍によって鎮圧→戦場はしだいに清の領内に→日本軍は〔④　　　　　〕や威海衛などを占領→日本優勢のなか，清が講和を申し出る
- 〔⑤　　　　　　　　〕(1895年調印)…〔③〕の講和条約→朝鮮の独立承認，〔⑥　　　　　　　〕・台湾・澎湖諸島の日本への割譲，賠償金〔⑦　　　　〕両
- 台湾征服戦争…台湾では，清の役人や地元の有力者が台湾民主国を樹立して日本の支配に対抗

▌三国干渉と加速する中国侵略

- ロシアは，〔⑤〕の調印に対し，日本の中国東北部進出を警戒
  →〔⑧　　　　　　　　〕…ロシア・ドイツ・フランスが〔⑥〕の清への返還を求める
  →日本は要求に応じ，ひきかえに3000万両を手にする
- 清は日本に対する巨額の賠償のため資金調達に苦しむ→列強から金を借りるのとひきかえに，租借地や鉄道敷設権などの利権を提供→冊封体制は崩壊し，列強による〔⑨　　　　　　　　〕が加速

▌国民の形成

- 〔③〕後，賠償金をもとに軍備拡張をすすめた日本の藩閥政府に対抗して〔⑩　　　　　〕が組織される→日本初の政党内閣である〔⑪　　　　　　　〕が誕生
- **山県有朋**内閣は〔⑫　　　　　　　　〕により運動の取り締まりを強化し，
  〔⑬　　　　　　　　　　〕により軍部の権限を強化
- 伊藤博文は〔⑩〕や官僚とともに〔⑭　　　　　　　　〕を結成

確認 日清戦争はどのようにはじまり，どのように展開したのだろうか。次の語句を用いてまとめてみよう。　【 甲午農民戦争　台湾征服戦争　三国干渉 】

- -

- -

- -

- -

- -

- -

- -

- -

- -

- -

- -

- -

- -

Check ▶ 日清戦争の展開について，右の地図をみながら次の文章の空欄に入る語句を答えよう。

- 出撃の拠点が〔①　　　　　〕で〔②　　　　　〕を経由して朝鮮半島に出兵している。
- 朝鮮半島を北上し，首都である〔③　　　　　〕・平壌を経て中国領内に進軍している。
- 〔④　　　　　〕，続いて〔⑤　　　　　〕と二度にわたって海戦がおこなわれている。
- 旅順を拠点に大連方面と山東半島の威海衛，〔⑥　　　　　〕へ進軍している。
- 〔⑥〕には，〔①〕から佐世保・沖縄を経て進軍している。
- 〔⑥〕では，〔⑥〕民主国が樹立されて日本の支配に対抗した。

Try 自分たちを「文明国の国民」であると人々が自覚するにあたって，教育はどのような役割を果たしたのだろうか。調べてみよう。

30 日露戦争から韓国併合へ

教科書 p.106〜107

Approach▶ 19世紀末の中国はどのような状況におかれていたのだろうか。

　　列強は中国で租借地や勢力範囲を設定していた。［**ア**　　　　　　］は上海から長江の流域，フランスは［**イ**　　　　］湾，［**ウ**　　　　　］は膠州湾，日本は台湾，ロシアは［**エ**　　　　］半島をそれぞれ勢力範囲においていた。清国内では近代化をはかる動きもあったが，保守派が弾圧した。列強の存在は，民衆の反発をよび，［**オ**　　　　　　］が排外運動をおこし，列国公使館を包囲した。

戊戌の政変と義和団戦争

●日清戦争後の中国

・［①　　　　　　　］らが中国分割の危機を感じる…清を立憲君主制に改め，近代化の推進を主張

　→**戊戌の変法**(1898年)…［②　　　　　　］を動かして，中央政府を改革

　→［③　　　　　　　　］…［④　　　　　　］ら保守派が変法を弾圧し，［②］を幽閉

・勢力を拡大する列強の存在に民衆が反発→宗教的武装集団の［⑤　　　　　　］は「扶清滅洋」をとなえて排外運動をおこす→［⑤］は1900年に北京に入り外国公使館を包囲→清の保守派はこの運動を利用して列強に対抗しようとし，各国に宣戦布告

　→［⑥　　　　　　　　］…日本とロシアを主力とする8か国連合軍が北京を占領

　→［⑦　　　　　　］(1901年)…清は巨額の賠償金の支払いや外国軍隊の北京駐留を認める

日露戦争と韓国併合

●日露戦争

・ロシアの影響下で，**高宗**は1897年に皇帝を称して［⑧　　　　　　］(韓国)を成立させる

　→韓国での権益をめぐり日本とロシアは激しく対立

・日本はロシアと対立していたイギリスと1902年に［⑨　　　　　　］をむすぶ

　→中国と韓国における相互の利権を認めあう

・［⑩　　　　　　　］…中国東北部(満洲)と韓国の支配をめぐる日本とロシアの戦争

　→両国はアメリカ大統領**セオドア＝ローズヴェルト**の調停で［⑪　　　　　　　　］をむすぶ

●韓国併合

・［⑫　　　　　　　　］(1905年調印)…［⑩］に勝利した日本が韓国に強要

　→韓国の外交権をうばう(保護国化)→翌年に［⑬　　　　　］を設置

・［⑭　　　　　　　　］(1907年)…高宗が［⑫］の不当性を国際世論に訴える

　→高宗は退位させられ，韓国政府の内政権もうばわれる

・韓国では反日武装抵抗(［⑮　　　　　　］)がおこり，愛国啓蒙運動も展開→1909年に［⑯　　　　　　］により初代統監だった伊藤博文が射殺される→［⑰　　　　　　］(1910年)

　→行政機関として［⑱　　　　　　］を設置→日本は民族運動を弾圧し「同化」教育をおこなう

確認 東アジアにおける日露の対立は，何をもたらしたのだろうか。次の語句を用いてまとめてみよう。【 日英同盟　アメリカ　韓国併合 】

MEMO

- -

- -

- -

- -

- -

- -

- -

- -

- -

Check ▶ 中国分割をあらわした下の風刺画で，フランス語で「ＣＨＩＮＥ」と書かれたパイを切り分けている人々は，どの国を象徴しているのだろうか。

①後ろで両手を広げているのが〔　　　　〕

【着目点：髪を後ろに結ぶ辮髪】

②左端で右手に包丁をもつのが〔　　　　〕

【着目点：ブレスレットや指輪のアクセサリー(ヴィクトリア女王)】

③左から二番目で包丁を両手で突き刺しているのが〔　　　　〕

【着目点：軍用ヘルメットを着用(ヴィルヘルム2世)】

④中央で右手に包丁をもつのが〔　　　　〕

⑤④の左肩に手をかけるのが〔　　　　〕

【着目点…同盟関係にあると考えられる】

⑥右端で右手で頬杖をついているのが〔　　　　〕

【着目点…髪形はまげ，服装は裃(かみしも)】

Exercise ▶ 次の出来事を年代の古いものから順に並べかえよう。〔　　　→　　　→　　　→　　　→　　　〕

① 日本とロシアを主力とする連合軍に敗れた清は北京議定書をむすんだ。

② 扶清滅洋を唱える義和団が，排外運動をおこした。

③ 大韓帝国をめぐって日本とロシアが対立し，開戦した。

④ 康有為らによる立憲君主制などの近代化をはかる運動が，保守派の反対で失敗に終わった。

⑤ 日本は大韓帝国を植民地化し，行政機関を設置した。

Try 日露戦争での日本の勝利は，その後の国際関係やアジア諸地域の民族運動，日本の進路にとって，どのような意味をもったのだろうか。

〔

〕

31 日本の産業革命と社会問題

Approach▶ 日本の産業革命はどのような分野からはじまったのだろうか。

　資本主義化・帝国主義化と並行してすすみ，器械製糸の普及により〔**ア**　　　　　〕が輸出品としての地位を確立した。綿織物業の回復とともに〔**イ**　　　　　〕の国内製造が活発になり，大規模〔**ウ**　　　　　〕工場の設立と機械化により，〔**イ**〕の輸出国に転換した。日清戦争後には，〔**エ**　　　　　〕が成長し，長距離・大量輸送は，国内は〔**オ**　　　　　〕が，海外は船舶が大きな役割を果たした。

産業革命と交通の変化

・日本の〔①　　　　　　　　〕…資本主義化・帝国主義化と並行して19世紀末〜20世紀初頭に進行

・器械製糸の普及により，〔②　　　　　　〕が輸出品としての地位を確立

・イギリスの綿製品に押されて国内の綿織物業は大打撃→綿織物業の回復とともに〔③　　　　　〕の国内製造が活発に→大規模〔④　　　　〕工場の設立と機械化→日本は〔③〕の輸出国に転換

・世界経済における日本の位置が大きく変化←日清戦争の賠償金をもとに〔⑤　　　　　　　　〕に移行（1897年），アジア諸国に先んじて欧米の市場に参入

・〔⑥　　　　　　　　〕…賠償金の一部が設立に投じられ，重工業の成長をうながす
　→原料には清の〔⑦　　　　　〕などで産出された安価な鉄鉱石が用いられる

・持株会社が多業種を多角的に経営する〔⑧　　　　〕がうまれる
　→三井・〔⑨　　　　　〕・住友・〔⑩　　　　　〕の四大〔⑧〕が日本経済の中心的存在に

・1889年に〔⑪　　　　　　〕（東京—神戸）が開通
　→91年に〔⑫　　　　　　〕が上野—青森間の鉄道を敷設

都市と農村の社会問題

・産業革命と資本主義化は貧富の差を拡大させる→都市の低所得者層の集住地域（〔⑬　　　　　　〕）で伝染病にかかる者も→伝染病は農村にも広がる

・〔⑭　　　　　　　　〕（1897年結成）…労働者が団結して権利を求める組織の結成をめざす

・〔⑮　　　　　　　〕…地主が耕作をせず，高額の小作料と作物の販売益を得る→小作人は困窮

・日露戦争後，内務省は増税や若者の動員・戦死による農村の疲弊を問題視
　→〔⑯　　　　　　〕…地方の町村財政や農村の立てなおしをめざしておこなわれた運動
　→〔⑰　　　　　〕…天皇の名の下に個人主義や快楽追求を戒め，質素倹約と勤労を勧めて国民の団結をうながす

社会主義運動と「冬の時代」

・〔⑱　　　　　　　〕…日本初の社会主義政党として1901年に結成→治安警察法により解散

・〔⑲　　　　　　〕（1910年）…明治天皇の暗殺を企てたとして24名に死刑判決

確認 産業革命によって，日本の経済と社会はどのように変わったのだろうか。次の語句を用いてまとめてみよう。　【　農村　　ストライキ　　小作人　】

MEMO

_____

_____

_____

_____

_____

_____

_____

_____

_____

_____

_____

Check ▶ 紡績業の発達を示した下のグラフについて，綿糸の輸出高が輸入高を上回ったのは何年ごろだろうか。

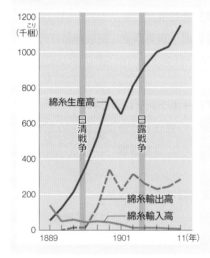

〔　　　　　　　　　　　　　　　〕

Exercise ▶ 日本の主要な輸出品に関連する説明として誤っているものを一つ選ぼう。　〔　　　〕

① 生糸は開港直後から日本の主要な輸出品であった。

② 綿織物業の回復とともに綿糸の国内製造が活発になった。

③ 大阪紡績会社の開業により，生糸の大量生産が可能になった。

④ 綿糸の原料となる綿花は外国からの輸入に依存していた。

Try 産業の発展にともない拡大した社会問題について，現代の社会との共通点や相違点を考えてみよう。

〔

　

〕

32 アジア諸民族の独立運動・立憲革命　　教科書 p.112〜113

Approach▶ 20世紀はじめ，アジア諸地域ではどのような運動がおこったのだろうか。

オスマン帝国では[**ア**　　　　　　　　]革命で立憲制が実現し，インドでは[**イ**　　　　　　　]がカルカッタ大会を開催し民族運動を展開した。ベトナムでは日本に留学生を派遣する[**ウ**　　　　　　　]運動がおこり，インドネシアではオランダからの独立を求め[**エ**　　　　　　　]が結成された。また，日本の東京で孫文が[**オ**　　　　　　]を結成した。

オスマン帝国とイランの立憲運動

・ミドハト憲法停止後のオスマン帝国，[①　　　　　　　　　　　　]による専制政治

　→[②　　　　　　　　　　](1908年)→立憲制を実現

・イラン，政府の経済政策と住民への不当な処罰などの専制的支配

　→[③　　　　　　　　　]…ウラマー(イスラーム知識人)や商工業者などの抗議運動，議会開設と憲法制定が実現

インドの民族運動

・[④　　　　　　　　　]…イギリスがインドのベンガル州を，ヒンドゥー教徒の多いベンガル州と，ムスリムの多い東ベンガル・アッサム州とに二分

　→[⑤　　　　　　]は抵抗，1906年に[⑥　　　　　　　](国産品愛用)・[⑦　　　　　　　]**(自治獲得)・英貨排斥・民族教育**の4綱領を採択して民族運動を展開

・ムスリムは1906年末，[⑧　　　　　　　　　　　]を結成…親英政党，民族運動は分裂

東南アジアの民族運動

・[⑨　　　　　　　　　](イスラーム同盟)

　…1911年，インドネシアで結成，独立と社会主義をかかげる→オランダによる弾圧

・ベトナムでは[⑩　　　　　　　　]らがフランスからの独立と立憲君主制をめざす

　→日本へ留学生，新しい学問や技術を学ばせる[⑪　　　　　　　　]を推進

辛亥革命

・[⑫　　　　　　]…義和団戦争以後，清がはじめた近代国家建設に向けた改革

・[⑬　　　　　　](1905年に結成)…**孫文**が総理→[⑭　　　　　　]をかかげ武装蜂起

・[⑮　　　　　　]…アジア最初の共和国として[⑯　　　　　　]成立

　→清の軍隊を掌握していた[⑰　　　　　　]は，宣統帝(溥儀)の退位と共和政維持を条件に臨時大総統に就任→帝政復活を企てたが病死

・中華民国は五族共和をかかげるが，外モンゴルが独立を宣言するなど辺境の統合はすすまず

確認 20世紀はじめにアジア各地でおこった運動の共通点やちがいは何だろうか。次の語句を用いてまとめてみよう。【 立憲制　宗教　社会主義　共和国 】

MEMO

● p.158〜159 を開いて，この章で学んだことをふりかえってみよう。

Check ▶ アジア各地の民族運動を示した下の地図をみて，以下の問いに答えよう。

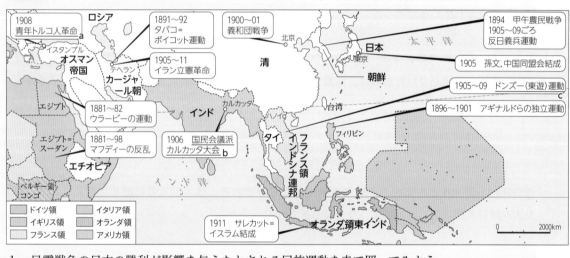

1　日露戦争の日本の勝利が影響を与えたとされる民族運動を赤で囲ってみよう。

2　アジアの民族運動について述べた以下の問いに答えよう。

　①　下線部 a で復活した憲法を何というか。　　　　　　　　　　　［　　　　　　　　　］

　②　下線部 b が開かれる原因となった，イギリスが発布した法令は何か。［　　　　　　　　　］

　③　下線部 b で採択された 4 綱領とは何か。［　　　　　　　　　　　　　　　　　　　　　］

　④　インドで 1906 年にムスリムが結成した組織は何か。　　　　［　　　　　　　　　　　］

　⑤　下線部 c を提唱した人物はだれか。　　　　　　　　　　　　［　　　　　　　　　　　］

Try　日露戦争における日本の勝利はアジア諸地域にどのような影響を与えただろうか。また，それはどうしてだろうか。考えてみよう。

[

ＡCTIVE　博覧会にみる近代

歴史を資料から考える

教科書 p.114〜115

1
　産業技術や文化を披露し，他国の様相を知る機会となるのが万国博覧会である。スタートした ばかりの明治政府にとっての博覧会の位置づけを考えてみよう。

←資料2のア

→資料4（資料2の イ）の拡大図

STEP 1　教科書p.114の**資料2のア**は，名古屋城から取り外され,1871年に明治政府に献納された ものである。**イ**に描かれているものは，縁起物として知られるものである。**ア**は何だろうか，また**イ** には何が描かれているだろうか。　　　　　　　　　　　　〔ア　　　　　　　〕〔イ　　　　　　　〕

STEP 2　湯島聖堂博覧会は，その後のウィーン万国博覧会の準備とも位置づけられていた。ウィー ン万国博覧会に出品されたものは，湯島聖堂博覧会でどのような評価を受けていたものだろうか。

STEP 3　**ア・イ**ともに大きく彩りも華やかなものである。展示室入り口近くにおくことで，訪れ た人々は日本館に対してどのような気持ちをもつだろうか。

STEP 4　ウィーンの万国博覧会に日本政府が出品したものは以下の通りである。
● 陶器・七宝・漆器・織物などの伝統的工芸品。
● 巨大物品として金のシャチホコ，鎌倉大仏の紙の張抜，谷中天王寺五重塔雛形。
● 陳列とは別に神社を配した日本庭園を造成。
　また，日本館の土産物は飛ぶように売れたという。日本は何を目的に万博に参加したのだろうか。 また，これらの展示物をみたヨーロッパの人々は，日本を西欧的な近代国家ととらえただろうか，そ れとも自分たちの知らない東洋の優れた文化をもつ国家ととらえただろうか。考えてみよう。

②

19世紀末から20世紀にかけて，「人間の展示」とよばれる展示が催されることがあった。

STEP 1

1　第5回内国勧業博覧会での「学術人類館」で展示されたのは，アイヌ・台湾の先住民・朝鮮人・ジャワ人・トルコ人・アフリカ人・琉球人であった。当時の日本本土の人々は，これらの人々に対してどのような意識をもっていただろうか。

2　「学術人類館」は見せ物小屋として設置されたが，この「学術人類館」をみることで，日本はどのような国だと人々に思わせようとしたのか。

STEP 2　**STEP 3**

1　教科書p.115の**資料3・4**を読んで，次のチャート図の空欄に入る語句を考えてみよう。

●沖縄の人々は

・人間を見せ物とすること　　　→　〔①　　　　　　　　　　　　　　　　　〕
・沖縄県民を見世物とすること　→　〔②　　　　　　　　　　　　　　　　　〕

また

〔③　　　　　　　　〕，
〔④　　　　　　　　〕
とともに沖縄人が展示されること　⇒　〔⑤
　　　　　　　　　　　　　　　　　　　という理由で侮辱である。

●朝鮮の人々は

人類館は〔⑥　　　　　　　　　〕を取り上げるもの

また

東西の国々の人種が展示されれば
その理は当然（問題ない）　　しかし　〔⑦　　　　　　　　　　　　　〕
　　　　　　　　　　　　　　　　　　　というのは問題だ。

2　**資料3**と**資料4**の共通点は何だろうか。また，現在の私たちからみて，沖縄や朝鮮の人々の抗議に含まれる問題点とは何だろうか。

Try　1　この時代の日本にとって，博覧会とは何だったのだろうか。「文明」と「野蛮」という言葉を使って説明してみよう。（日本は西洋の近代化をめざしていたことに留意して考えよう）
　　　2　この時代の欧米諸国でも❷のような例がないか調べてみよう。（万博の歴史を調べよう）

33 緊迫する国際関係

Approach▶ 19世紀後半以降，ヨーロッパの国際関係はどのように変化したのだろうか。

　ドイツが「世界政策」を掲げ積極的な対外進出にのりだし，オスマン帝国やアジアに勢力を拡大した。これを警戒するイギリス・フランス・ロシアはドイツ・オーストリアを包囲する[**ア**　　　　　　　]を成立させ，ドイツを中心とする[**イ**　　　　　　]に対抗した。

▌緊迫する国際関係

●積極的な対外政策

・ドイツの[①　　　　　　　　]は1873年，ロシア・オーストリアと[②　　　　　　]をむすぶ

　→1882年，イタリア・オーストリアと[③　　　　　　　]をむすぶ→フランスを孤立化

・[②]の解消→1887年，ロシアと[④　　　　　　　]をむすぶ←複雑な同盟網のつなぎ止め

・[①]が皇帝[⑤　　　　　　　]と対立

　→ドイツは「[⑥　　　　　　]」とよばれる積極的な対外進出に政策転換

・ロシア，ドイツに[④]更新を拒否される→[⑦　　　　　　　]…フランスとの連携

・1902年，イギリスは日本と[⑧　　　　　　]をむすぶ

●列強の対立の激化

・[⑨　　　　　　　]（1904年）…アフリカ分割をめぐるイギリスとフランスの協定

・[⑩　　　　　　　]（1907年）…イランでの勢力範囲を定めたイギリスとロシアの協定

　→イギリス・フランス・ロシアの[⑪　　　　　　]とドイツ・オーストリア・イタリアの[③]の
　　2つのブロックに分かれる

　＝[⑫　　　　　　]の最盛期に，各列強は他の強国と同盟をむすぶ

▌バルカン半島の危機

・19世紀，列強は衰退する[⑬　　　　　　　　]をみずからの勢力範囲に加える

　→ドイツ民族の支配力を強めようとする[⑭　　　　　　　　　]と，スラヴ民族の支配力を
　　強めようとする[⑮　　　　　　　　]が対立軸

・青年トルコ人革命（1908年）→オーストリア，ドイツに支持され[⑯
　　　　　]を併合→[⑯]の住民の多数はスラヴ系→[⑰　　　　　　　]（1912年）…ロシアの指
　導でセルビア・ブルガリア・モンテネグロ・ギリシアが結成

・[⑰]は[⑱　　　　　　　　]で[⑬]をやぶり領土獲得

　→領土の配分をめぐる争いからブルガリアとそれ以外の[⑰]国との間で[⑲
　　　　　]勃発

　→やぶれて領土を失ったブルガリアは[⑬]とともにドイツ・オーストリアに接近

確認 なぜ，欧米諸国の対立の場がバルカン半島だったのだろうか。次の語句を用いてまとめてみよう。　【　パン＝スラヴ主義　　パン＝ゲルマン主義　】

MEMO ●板書事項のほか，気づいたこと，わからなかったこと，調べてみたいことを自由に書いてみよう。

Check ▶ 第一次世界大戦直前のバルカン半島情勢を示した右の地図をみて，以下の問いに答えよう。

1　オーストリアが1908年に併合した地域を青で囲ってみよう。

2　オーストリアが1の地域を併合する要因となった出来事は何だろうか。　　　〔　　　　　　　　　　〕

3　1の併合から激化していったバルカン半島での対立の軸は何だったのだろうか。
　〔　　　　　　　　　　　　　　　　　〕

4　バルカン同盟を結成した国の国名を赤で囲ってみよう。

5　バルカン半島が「ヨーロッパの導火線」ともいえる地域になったというのはどういう意味だろうか，説明してみよう。

〔

　　

〕

Try 19世紀末から20世紀初頭の各国の対立・同盟関係はどのような目的でそれぞれ成立したのだろうか。確認してみよう。

〔

　　

〕

34 第一次世界大戦

┌───
Approach▶ **2**のポスターは，第一次世界大戦のどのような**性格**をあらわしているだろうか。

　男性には兵士として戦地へ，女性には軍需工場への動員を求めており，第一次世界大戦が，参戦した国々の国民や物資が全面的に動員される〔　　　　　〕であることを示している。
└───

大戦の勃発

- 1914年6月〔①　　　　　　　　　〕**事件**：オーストリア皇位後継者夫妻がボスニアの州都〔①〕でセルビア系青年により暗殺
  - →オーストリアがセルビアに宣戦布告，〔②　　　　　　　　　　〕勃発
- ドイツ・オーストリア側（同盟国）とロシア・フランス・イギリス側（協商国，連合国）との戦争
  - →日本も協商国側で参戦，戦争は世界に拡大

総力戦

- 大戦の長期化→交戦国の国民や物資が全面的に動員される〔③　　　　　〕へ
- 政府主導で軍需中心の産業統制，女性の労働動員，食糧配給制
- 〔③〕による社会変化と影響…政府と労働組合や社会主義政党との協力，社会福祉政策の拡大
  - →福祉国家の原点，女性の職場進出→女性参政権の実現，植民地の戦争協力
  - →民族意識の高まり

日本の参戦

- 1914年8月，第2次大隈重信内閣が〔④　　　　　　　〕を理由にドイツに宣戦布告
- ドイツの拠点であった，山東省の青島を攻略，ドイツ領南洋諸島を占領
- 1915年，大隈内閣が中国政府に〔⑤　　　　　　　　〕をおこなう
  - →中国が反発，アメリカが抗議
- 1916年成立の〔⑥　　　　　　〕内閣，中国への巨額の借款により影響力拡大ねらう
- 1917年，石井・ランシング協定…中国における日米の利害を調整

戦争の終結

- 1917年4月，ドイツによる〔⑦　　　　　　　　　〕**作戦**→アメリカが協商国側で参戦
  - →戦局は協商国側が有利に
- 1918年，ドイツは西部戦線で敗退
  - →1918年11月，キール軍港の水兵反乱から〔⑧　　　　　　　〕がおこり，皇帝〔⑨　　　　　　　〕亡命→臨時政府が休戦条約調印⇒大戦の終結
- 飛行機，潜水艦，戦車，毒ガスなど新兵器が登場→戦争犠牲者は膨大な数に

確認 ヨーロッパでの戦争はなぜ世界にひろがり，どのように展開したのだろうか。

┌
│
│
│
│
│
│
│
│
│
└

Check ▶ 第一次世界大戦はどのような戦争だったのだろうか。大戦中につくられた右のポスターをみながら，以下の問いに答えよう。

1 第一次世界大戦勃発のきっかけとなった，1914年6月におこった事件は何か。〔　　　　　　　　　　〕

2 ドイツ，オーストリア＝ハンガリーとともに同盟国側で参戦した二つの国はどこだろうか。

〔　　　　　　　　〕〔　　　　　　　　〕

3 ポスターを手がかりに，女性が大戦に果たした役割とその結果を説明してみよう。

〔
　
〕

4 教科書p.128**3**の写真について，戦争長期化の一因となったこのような戦いを何というか。

〔　　　　　　　　〕

5 1917年4月以降，戦局が協商国側に有利となったのはなぜだろうか。

〔
　〕

6 ヨーロッパだけでなくアフリカ，さらに中国なども戦場となったのはなぜだろうか。

〔
　
〕

Try 第一次世界大戦がそれまでの戦争と異なっていた点は何だろうか。まとめてみよう。

〔
　
　
〕

35 ロシア革命とシベリア出兵

教科書 p.130〜131

┌─ **Approach▶** なぜ戦争は革命の引き金となったのだろうか。───

　ロシアでは皇帝専制政治への批判がひろがっており，〔**ア**　　　　　　〕戦争での戦況悪化や，〔**イ**　　　　　　　　　　　〕の長期化は生活の困窮や食料不足など社会不安をさらに増大させ，戦争を継続する政府への国民の不満が高まったため。

ロシア革命

●ロシア第一革命

・専制体制への批判，日露戦争の戦況悪化

　→1905年1月，首都ペテルブルクで労働者らが生活改善や戦争の中止を求めて行進

　→〔①　　　　　　　　　〕**事件**→革命運動が全国に拡大→〔②　　　　　　　　〕の結成

・皇帝〔③　　　　　　　　　〕は日本と講和，憲法発布と国会開設を約束

●〔④　　　　　　〕革命

・第一次世界大戦の長期化→食料不足が深刻化し国民の生活が困窮

・1917年3月，首都ペトログラードでパンを求めるデモ

　→皇帝専制や戦争継続への反対運動が拡大

　→臨時政府が成立→皇帝〔③〕が退位

●〔⑤　　　　　　〕革命

・臨時政府は戦争を継続

・革命政党〔⑥　　　　　　　　　　〕の指導者〔⑦　　　　　　　　〕は戦争反対を唱える

・1917年11月，〔⑦〕らが武装蜂起し臨時政府を打倒→史上初の社会主義政権を樹立

・革命政権は「**土地に関する布告**」，「〔⑧　　　　　　　　　〕**布告**」を発表

・1918年3月，〔⑨　　　　　　　　　〕**条約**→ドイツと単独講和

・1918年1月，憲法制定議会招集→〔⑦〕は議会を解散，〔⑥〕独裁へ

・革命軍（赤軍）と反革命軍（白軍）との内戦→〔②〕政権は〔⑩　　　　　　　　　〕**体制**をしく

・1919年，〔⑪　　　　　　　　　〕を組織し，各国の革命勢力を指導

・1922年，〔⑫　　　　　　　　　　　〕（**ソ連**）が成立

干渉戦争・シベリア出兵

・イギリス，フランス，アメリカ，日本などが白軍を支援し出兵（**対ソ干渉戦争・シベリア出兵**）

・日本：シベリア東部を占領，外国軍撤退後も駐兵し樺太北部にも派兵

　→撤兵（1922年）後も樺太北部を占領（〜1925年）

確認 ロシア革命はどのように展開し，他国はどう対応したのだろうか。次の語句を用いてまとめてみよう。【　二月革命　　十月革命　　対ソ干渉戦争　】

MEMO

- -

- -

- -

- -

- -

- -

- -

- -

- -

- -

- -

- -

- -

- -

- -

- -

Check ▶ 日本のシベリア出兵は，革命打倒のほかにどのような目的があったのだろうか。下の地図をみながら以下の問いに答えよう。

1 日本軍の占領地域を赤で囲ってみよう。

2 日本の対外膨張に関する次の出来事を，年代順に並べかえよう。

　a　東清鉄道の長春・旅順口間の利権を獲得した。

　b　韓国を植民地とした(韓国併合)。

　c　シベリア出兵をおこなった。

　d　義和団戦争に8か国連合軍として参戦した。

　　[　　　]→[　　　]→[　　　]→[　　　]

Try ロシア革命の世界史的意義について考えてみよう。

[

36 大戦景気と米騒動

Approach▶ 第一次世界大戦によって日本の経済にどのような変化がおこったのだろうか。

　ヨーロッパの戦場からはなれていた日本では，[**ア**　　　　　]の拡大とともに[**イ**　　　　　]とよばれる好景気が到来した。日本の紡績工場や織物工場が中国に進出し，国内では造船業・鉄鋼業を中心に[**ウ**　　　　　]が発展した。[**イ**]による物価の上昇は，都市の労働者や農民の生活を困窮させることにつながった。

第一次世界大戦下の好景気

・第一次世界大戦に参戦したものの，ヨーロッパの戦場からはなれていた日本
　→輸出の拡大とともに好景気が到来（[①　　　　　]）→ヨーロッパ製品にかわって日本製品が
　　[②　　　　　]の市場に送り出され，日本の紡績工場や織物工場が進出（在華紡）
・日本国内では，海運業・造船業・鉄鋼業を中心に機械工業が活発となり[③　　　　　]が発
　展，電力需要の高まりから水力発電所の建設がすすむ
　→都市を中心とした経済成長と工業化が進展

米騒動

・[④　　　　　]を見越した商人たちが米を買い占めて売り惜しみ，米価が急上昇
・富山県の漁村の女性たちの抗議行動→日本中で米の安売りを要求する運動（[⑤　　　　]）
・地方都市や農村，鉱山でも運動発生，[⑥　　　　]や[⑦　　　　]も発生
　→政府は軍隊を出動させ鎮圧→[⑧　　　　]内閣は総辞職
・日本は東南アジア諸国から米を移入→[⑤]の影響で東南アジアでは食糧危機，香港では暴動

本格的な政党内閣の成立

・[⑧]内閣の後を受けて，[⑨　　　　]内閣成立…[⑩　　　　　　]を基盤とし，外務大臣と軍
　部大臣以外を政友会員で占める本格的な政党内閣
　→四大政綱を掲げ，地域社会の有力者を基盤とした政策を展開したが，[⑪　　　　　]には時
　　期尚早であるとの態度

大正デモクラシーの思想

・[⑫　　　　]の登場…民衆の意向を無視しては政治や社会がなりたたないという考え方
　→[⑬　　　　]が雑誌『中央公論』に論文を発表，憲法学者の美濃部達吉は[⑭
　　　]を唱える
・大正デモクラシーは「内に立憲主義，外に帝国主義」という性格をもつ
　⇔[⑮　　　　]は「小日本主義」を提唱し，植民地の放棄を主張

確認 第一次世界大戦前後に日本の政治・経済・社会はどのように変化したのだろうか。次の語句を用いてまとめてみよう。【　政党内閣　　大戦景気　　大正デモクラシー　】

MEMO

Check ① ▶ 第一次世界大戦後に好景気となった日本とアメリカの共通点と違いを考えてみよう。

[
　
]

Check ② ▶ 日本の貿易額の推移(左)と物価・賃金の推移(右)を示したグラフに関する説明文X・Yについて正誤を答えよう。

[X：　　　　　Y：　　　　　]

X　日本の輸出が輸入を上回っていた第一次世界大戦中に，大戦景気とよばれる好景気が到来した。

Y　第一次世界大戦中に，日本では物価に比べて賃金の上昇が上回ったので，都市労働者の生活が豊かになった。

Try　大日本帝国憲法のもとでの社会運動であった大正デモクラシーの特徴とは，どのようなものだったのだろうか。

[
　
]

37 ヴェルサイユ体制とワシントン体制

Approach▶ 第一次世界大戦後，ヨーロッパの国際秩序はどのように変化したのだろうか。

　第一次世界大戦で，西ヨーロッパ中心の時代は終わり，国際政治の中心はアメリカやソ連に移っていく。また，多民族帝国の[**ア**　　　　　　　]・ロシア・オスマン帝国が崩壊，ソ連やドイツの[**イ**　　　　　　　]共和国のほか，東欧やバルカンに新たな共和国が誕生した。

大戦後の国際秩序

・西ヨーロッパ中心の時代が終わる→国際政治の中心はアメリカ・ソ連へ

・多民族帝国オーストリア・ロシア・オスマン帝国の崩壊

　→ソ連，ドイツの[①　　　　　　　]**共和国**，東欧に新たな共和国が誕生

ヴェルサイユ体制

●[②　　　　　　]講和会議（1919年1月）

・会議の原則…アメリカ大統領[③　　　　　　　　]が発表した十四か条の平和原則と民族自決

・イギリス・フランスは自国の利益を優先，戦争責任はすべてドイツにあると断定

・[④　　　　　　　　]**条約**（1919年6月）…ドイツはすべての植民地を放棄，本国の領土をフランスなどへ割譲，軍備の制限，巨額の賠償金

国際連盟

・[②]講和会議で**国際連盟**の設立が決定

・連盟規約に反し戦争した国に他の加盟国が経済制裁を加える[⑤　　　　　　　]を採用

・ドイツ植民地とオスマン帝国のアラブ地域→連盟のもとで[⑥　　　　　　]とする

・一国一票の原則

・日本が常任理事国になる

・連盟の問題点…アメリカの不参加，当初はドイツやソヴィエト政権を除外，[⑥]は統治国の事実上の植民地に，侵略行為への有効な対抗手段がない

ワシントン体制

・戦後のアメリカ…議会は孤立主義的方針，政府は国際政治に積極的に関与

・ヨーロッパではドイツの賠償問題の解決につとめる

・東アジア，太平洋では[⑦　　　　　　　]**会議**を開催

　[⑧　　　　　　]**条約**：太平洋地域の領土の現状維持→日英同盟廃棄

　[⑨　　　　　　]**条約**：中国の独立と主権の尊重，門戸開放を確認

　[⑩　　　　　　　]**条約**：主力艦の保有を制限

確認 第一次世界大戦後に構築された二つの国際体制の目的は何だろうか。次の語句を用いてまとめてみよう。【　民族自決　　集団安全保障　　中国の主権尊重　】

- -

- -

- -

- -

- -

- -

- -

- -

- -

- -

- -

- -

Check ▶ ヴェルサイユ条約の調印を描いた右の絵で，敗戦国はどのように扱われているだろうか。ウィーン会議の様子を描いた絵（左）と見比べて，次の文章の空欄に入る語句を答えよう。

　　ウィーン会議の絵では，フランス外相を含め各国代表が議論している様子が描かれている。パリ講和会議では，アメリカ大統領[①　　　　　　　　　]の提唱した[②　　　　　　　　　]と[③　　　　　　　]が会議の原則となったが，アメリカとともに会議を主導した[④　　　　　　]と[⑤　　　　　　]は戦争の責任はすべて[⑥　　　　]にあるとして厳しい制裁を求めた。ヴェルサイユ条約調印の絵からは過酷な条件を強制された[⑥]の様子がうかがえる。また，調印がおこなわれたヴェルサイユ宮殿鏡の間は，1871年の[⑦　　　　　　　　　　]戦争に勝利したビスマルクが[⑥]帝国成立を宣言した場所であった。

Try 　第一次世界大戦後，世界は平和に向けてどのような試みをおこなったのだろうか。意義と課題を考えてみよう。

38 西アジア・南アジアの民族運動　　　　教科書 p.138〜139

Approach▶ 第一次世界大戦後の西アジアでは，**2**の取り決めのどれが最も近い形で実施された
だろうか。

　アラブ人の独立を認めた［**ア**　　　　　　　　　　　　　］と，パレスティナにユダヤ人の国
家建設を承認した［**イ**　　　　　　　　　］は，西アジアのアラブ人地域がイギリスとフランスの
［**ウ**　　　　　　　　］となったことで，ともに実現しなかった。［**エ**　　　　　　］が脱落したためイギ
リスとフランスのみとなったが，［**オ**　　　　　　　　　　　］が最も近い形で実施されたといえ
る。

列強によるアラブ地域の分割・統治

・オスマン帝国：第一次世界大戦でドイツ・オーストリア側にたって参戦
　→イギリス・フランス・ロシアは帝国解体後の分割を決定
　→とくにイギリスは矛盾した約束をする
　　［①　　　　　　　　　　　　　　　］：戦争協力を条件に，アラブ人に対し独立国家樹立を約束
　　［②　　　　　　　　　］：ユダヤ人に対し［③　　　　　　　　　］でのユダヤ人国家建設を承認
　→大戦後，アラブ人との約束は果たされず→帝国の領土は［④　　　　　　　］に
・エジプト：大戦後の自治を保障されるかわりに多くの兵士を戦場へ送る
　→大戦直後，独立をめざしてイギリスと交渉するために［⑤　　　　　　］結成
　→イギリスはエジプトの独立を認める（1922年）…名目的なもの
・アラビア半島：［⑥　　　　　　　　　　　］が中心となりサウジアラビア王国を樹立（1932年）
・イラク（イギリスの委任統治領）：イラク王国を樹立し，イギリスから独立（1932年）

トルコ・イラン・アフガニスタン

・オスマン帝国：［⑦　　　　　　　　　　］（1920年）で領土大幅縮小
　→軍人［⑧　　　　　　　　　　］（のちの**ケマル=アタテュルク**）が祖国解放運動をおこない，
　　アンカラに政府を樹立→［⑨　　　　　　　　　］（1923年）…失った領土を回復
　→［⑩　　　　　　　　］の成立（1923年）→［⑪　　　　　　　　　］…カリフ制の廃止など
・イラン：［⑫　　　　　　　　］がカージャール朝を倒して［⑬　　　　　　　　　　］をひらく
　→政教分離など近代化政策を推進
・［⑭　　　　　　　］：イギリスとの戦争を経て，1919年に完全独立

インドの反英運動

・1919年，イギリスが［⑮　　　　　　　　　］制定…インド人に対する令状なしの逮捕や裁判抜き
　の投獄を認める→国民会議派は抵抗し，［⑯　　　　　　　　　］の指導のもと，
　［⑰　　　　　　　　　　］（**サティヤーグラハ**）運動を推進→1929年の国民会議派大会では，
　ネルーらによる［⑱　　　　　　　　　　　　］（完全独立）の要求が決議された

確認 西アジア・南アジアでは，なぜ第一次世界大戦後に民族運動が激化したのだろうか。次の語
句を用いてまとめてみよう。【　イギリス　　オスマン帝国　　フサイン・マクマホン協定　】

Check ① ▶ 第一次世界大戦後の西アジア・インドを示した右の地図をみて，以下の作業をやってみよう。

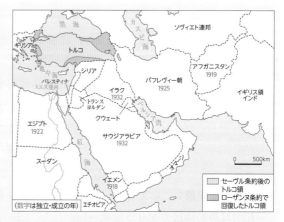

1 　教科書p.125やp.128の地図を参考に，第一次世界大戦前のオスマン帝国の領域を鉛筆で囲ってみよう。

2 　イギリスの委任統治領を赤で塗ろう。

3 　フランスの委任統治領を青で塗ろう。

4 　オスマン帝国の首都とトルコ共和国の首都の場所を，地図に書き入れよう。

Check ② ▶ 教科書p.139 **3** の写真についての会話を読んで，空欄に入る語句を答えよう。

先生：この写真の人物はだれでしょうか？

生徒：トルコ共和国の大統領となった〔①　　　　　　　　　　〕ですね。

先生：黒板に文字を書いていますね。これは〔②　　　　　　　〕の書き方を教えている様子です。

生徒：何のために〔②〕を教えているんでしょうか？

先生：トルコではそれまで〔③　　　　　　　〕が用いられていましたが，これを廃してトルコ語を表記しやすい〔②〕に変更したのです。

生徒：なるほど，そういえば〔①〕は〔④　　　　　　〕分離をすすめましたね。イスラームと関係の深い〔③〕を廃止したのも，それと関係があったのかもしれませんね。

Try 西アジア・南アジアにおける列強の支配や勢力争いは，その後の世界でどのような問題をうみだしたのだろうか。調べてみよう。

39 東アジア・東南アジアの民族運動

教科書 p.140〜141

> **Approach▶** 朝鮮・中国の人々は何を求めて立ち上がったのだろうか。
>
> 　朝鮮では，ウィルソンが提唱した〔**ア**　　　　　　〕主義の影響を受け，〔**イ**　　　　　〕からの独立を求める三・一運動が展開された。また，中国は，〔**ウ**　　　　　〕会議で〔**イ**〕による〔**エ**　　　　　　　　〕の取り消しを求めたが無視されたため，これへの抗議と〔**イ**〕製品のボイコットなどを訴える五・四運動がおこり，政府は〔**オ**　　　　　　　　　〕条約の調印を拒否した。

▌三・一運動と朝鮮統治

・朝鮮では，〔①　　　　　　　　〕が提唱した民族自決主義の影響を受け，日本からの独立を求める

〔②　　　　　　　　〕がおこる→日本は朝鮮人の言論・集会・結社などの制限緩和→朝鮮人による

民族運動や社会主義運動が活発化→日本は社会主義運動に〔③　　　　　　　　〕を適用して取り締

まる

▌五・四運動と国民革命

●中国の民族運動

・〔④　　　　　　　　〕…海外の思想や文化を受容した知識人がおこした啓蒙運動

・中国はパリ講和会議で，日本による〔⑤　　　　　　　　〕の取り消しを求めたが無視される

→〔⑥　　　　　　　〕…1919年，北京ではじまった民族運動

●国民党と共産党

・孫文は〔⑦　　　　　　　　〕を組織し，広州政府を樹立して北京政府に対抗

・ロシア革命の影響のもと，1921年に〔⑧　　　　　　　〕結成

・〔⑨　　　　　　　　〕…北京政府に対抗するため〔⑦〕と〔⑧〕との提携が実現

・〔⑩　　　　　　〕が〔⑦〕の指導者となる→中国統一をめざし〔⑪　　　　　〕を開始

→〔⑫　　　　　　　　〕(1927年)…〔⑧〕勢力を一掃→南京に〔⑬　　　　　　　〕をたてる

→日本と提携していた〔⑭　　　　　〕を北京から追放→〔⑮　　　　　　〕の完成

・〔⑧〕は農村地域でゲリラ活動→〔⑯　　　　　　〕…〔⑩〕の攻撃を受け，1934年に瑞金から延安へ移

動→この過程で〔⑰　　　　　〕が実権をにぎる

▌東南アジアの民族運動

・オランダ領東インドでは，サレカット＝イスラムや〔⑱　　　　　　　　　〕による民族運動

が弾圧される→1927年に〔⑲　　　　　　　〕が創設したインドネシア国民党も弾圧

・フランス領インドシナでは，**ホー＝チミン**が〔⑳　　　　　　　　　〕を結成→反フランス民族

運動を展開

・インド帝国領ビルマでは，1930年に〔㉑　　　　　　　〕が結成される→1937年にビルマがイン

ドから分離したのちも〔㉒　　　　　　　〕の指導下にイギリスからの独立を要求

確認 民族運動はどのように展開し，日本はどうかかわったのだろうか。日本の三・一運動への対応
と北伐への対応について，次の語句を用いてまとめてみよう。【　言論・集会　張作霖　山東権益　】

[

]

- -

- -

- -

- -

- -

- -

- -

- -

- -

- -

- -

- -

Check ▶ 右の絵のＡには「廃（廃）除二十一條（条）」，Ｂには右から左へ「廃（廃）除不平等條（条）約」と書かれている。この絵に描かれた運動について述べた文として正しいものを，次の①〜④から一つ選ぼう。　〔　　〕

① 日本からの独立を求める運動である。

② パリ講和会議の結果に反対している。

③ この運動は南京から全国に波及した。

④ 清の打倒を訴えている。

Exercise ▶ 東南アジアの民族運動に関連して，地域名，その地を支配していた国，運動を指導した人物，その人物がひきいた組織の組合せとして正しいものを，次の①〜③から一つ選ぼう。
〔　　〕

① インドネシア　―　オランダ　―　スカルノ　　　　―　インドネシア国民党

② インドシナ　　―　アメリカ　―　アウン＝サン　―　インドシナ共産党

③ ビルマ　　　　―　イギリス　―　ホー＝チミン　―　タキン党

Try この時期の日本の動きと朝鮮・中国・東南アジアの動きを整理・比較してみよう。

[

]

40 戦間期の欧米

Approach▶ 戦間期のイタリアやドイツの社会にはどのような人々があらわれたのだろうか。

[**ア**　　　　　　　]条約に不満をもつイタリアでは，深刻な経済危機のなかでムッソリーニの[**イ**　　　　　　]党が台頭し，[**ウ**　　　　　]主義の拡大を恐れる北部の中産階級や南部の地主層の支持を得て勢力を拡大した。ドイツではフランスとベルギーによる[**エ**　　　　　　]占領の混乱は克服されたが，[**ア**]条約に不満をいだき[**オ**　　　　　　]共和国に批判的な国民が多くなった。

戦間期のヨーロッパ

・イギリスでは第一次世界大戦末期に4回目の選挙法改正…女性の[①　　　　　]が認められる

・イギリスは大戦に協力したインド・エジプトなどには独立を認めず

　⇔大戦に協力した白人のカナダ・オーストラリアなどの自治領は本国と対等な立場を認められる

　→[②　　　　　　　]を形成

・フランスはドイツに対する警戒心が強く対独強硬政策→賠償支払いの遅れを理由に鉱工業の中心である[③　　　　　　]を占領(1923年)→内外の批判を受けて撤退→対独協調政策

・イタリアは戦勝国だったが期待した領土が獲得できず[④　　　　　　　　]に不満

　→[⑤　　　　　　]ひきいる[⑥　　　　　　　]がクーデタ(ローマ進軍)で政権をにぎる

ヴァイマル共和国

・1918年11月，労働者・兵士の評議会(レーテ)権力が成立→[⑦　　　　　　]による連立政府→[⑧　　　　　　　]公布…男女平等の普通選挙権，社会権の保障など

・フランス・ベルギーのルール占領に労働者が生産停止で抵抗→インフレが激化

　→[⑨　　　　　　　]内閣は新紙幣を発行してインフレをおさめる

・[⑩　　　　　]によりアメリカから資金が流入→1920年代には経済が回復しはじめる

・[⑪　　　　　　](1925年調印)…ヨーロッパ北西部の国境の維持，ラインライト非武装化など→翌年ドイツの国際連盟加盟が実現

・ドイツは戦争による国境紛争の解決を否認する[⑫　　　　　　]にもかかわる

1920年代のアメリカ

・アメリカは第一次世界大戦を機にヨーロッパ列強に対する[⑬　　　　　]に→世界大国の道へ

・国内では労働組合の力が増し，移民や黒人の就業機会が増え，女性[①]も認められる→自動車や家電製品が普及，女性の購買力も高まり，[⑭　　　　　　　]が登場

・大戦後は，社会主義の排除，アジア系・東南欧系移民の排斥や差別，人種主義の強化

確認 第一次世界大戦が大戦後の欧米諸国にもたらしたものは何だろうか。次の文章の空欄に入る語句を答えよう。

[A　　　　　]は当初対独強硬策をとりルール地方を占領した。ドイツでは激しい[B　　　　　]がおこり混乱したが，その後両国は協調外交に転じ，ラインラントの非武装などを定めた[C　　　　]条約が結ばれ，ドイツの[D　　　　　]加盟も実現した。[E　　　　]ではヴェルサイユ体制への不満を背景に[F　　　　　　]のファシスト党が政権をにぎった。アメリカでは，自動車や家電製品が普及する豊かな[G　　　　　]社会を実現した一方で，アジア系や東南欧系[H　　　]が排斥され，KKKの活動にみられるような[I　　　]主義が活発化した。

Check ①▶ 右の写真に示された状況と，第一次世界大戦後のド
イツに関する次の出来事①～④を，年代の古いものから順に並べ
かえよう。

① ヴァイマル憲法が制定された。

② ロカルノ条約が締結された。

③ シュトレーゼマン内閣が成立した。

④ 国際連盟に参加した。

[　　]→[　　]→[　　]→[　　]→[　　]

Check ②▶ 右の図は，1920年代の国際経済における資金の流れ
を示したものである。以下の問いに答えよう。

1 図中の空欄a・bに入る語句を答えよう。

　a〔　　　　　〕

　b〔　　　　　〕

2 cは1924年に〔　　　　　　〕案が示されたことで，本格的に
おこなわれることになった。空欄に入る語句を答えよう。

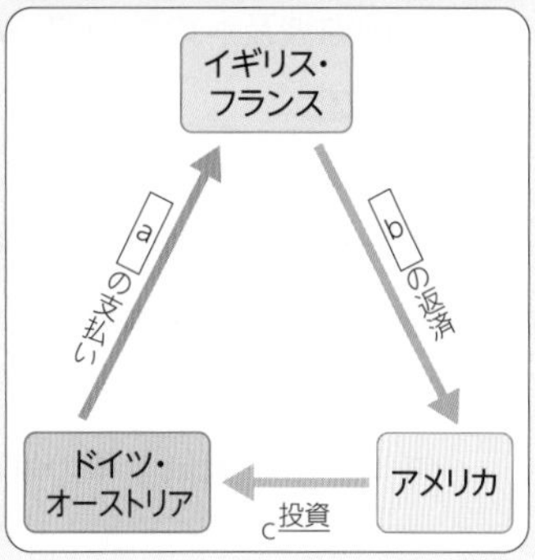

Try 1920年代にアメリカが繁栄の時代をむかえた一方で，ドイツやイタリアの社会にはどのよう
な問題があったのだろうか。

[

41 ひろがる社会運動と普通選挙の実現

教科書　p.146〜147

Approach▶ 人々は何を求めて社会運動を展開したのだろうか。

〔**ア**　　　　　　〕は，長時間の労働・低賃金の改善を求めた。〔**イ**　　　　　〕は，〔**イ**〕の主体的な生き方や参政権の権利を求めた。〔**ウ**　　　　　　　　　〕に対する差別の撤廃を訴える人々は，人間の尊厳や自由と平等を求めた。〔**エ**　　　　　　　　〕の影響を受けて，マルクス主義の思想と運動もみられた。

社会運動の広がり

・さまざまな立場からの社会運動の展開…運動の中心となったのは労働者や農民

　→〔①　　　　　　　　　　〕や〔②　　　　　　　　　　　〕などの全国組織結成

・〔③　　　　　　　　　　〕らが発刊した『青鞜』…「良妻賢母」という考え方に対抗し，女性としての自覚をうながそうとする→〔③〕や〔④　　　　　　　　〕らは1920年に〔⑤　　　　　　　　〕を組織し，女性参政権と治安警察法の改正を要求

・〔⑥　　　　　　　　　〕(1922年結成)…「水平社宣言」を出して被差別部落に対する差別の撤廃を訴え，人間の尊厳や自由と平等を求める

・1920年代の社会運動(←ロシア革命の影響)…マルクス主義の思想と運動が日本でもひろがる

　→1922年，〔⑦　　　　　　　　　〕がひそかに結成される

・〔⑧　　　　　　　〕のように植民地であった朝鮮の人々と連帯する動きもみられた

普通選挙法と治安維持法

・〔⑨　　　　　　　　　　〕の成立…財産による選挙権の制限を撤廃，25歳以上の男性に選挙権を与え，「国民」としての権利を認める

　→日本国内に居住する植民地出身の男性にも選挙権(のちには朝鮮人の代議士も登場)

　→女性は選挙権の対象から除外→〔④〕らは，女性の参政権獲得を要求する運動を続けた

・〔⑩　　　　　　　　　　〕の制定…天皇を中心とする秩序である「〔⑪　　　　　〕」の変革や〔⑫　　　　　　〕の否認を目的とする結社を禁止し，取り締まる

　…背景には，1925年の〔⑬　　　　　　　　　　〕締結(ソ連との国交樹立)にともなう社会主義思想の国内波及への強い警戒心

大衆化の文化

・学校教育の普及→人々が読み書きの能力を有する→大衆雑誌『キング』や『主婦之友』などの女性雑誌が発行部数をのばし，1冊1円の〔⑭　　　　　　〕も登場

　…広告による大々的な宣伝＝大衆化の特徴

・1925年には〔⑮　　　　　　　　〕開始

　…ニュースや天気予報のほか，相撲や野球の中継，音楽や朗読などの番組増加

確認 人々の意識や社会のかたちはどのように変わっていったのだろうか。次の語句を用いてまとめてみよう。　【　社会運動　　普通選挙　　大衆化の時代　】

Check ▶ 下の図版に関係する出来事①〜③は，いずれも1920年代のことである。年代の古いものから順に並べかえよう。　　　　　　　　　　　　　　〔　　　　〕→〔　　　　〕→〔　　　　〕

① 　　　　　　　　　　　　　② 　　　　　　　　　　　　　③

（創刊号）　　　　　　　　　　　　　　　　　　　　　　　（第1回開催時）

Exercise ▶ 1920年代の出来事の説明として正しいものを，①〜④から一つ選ぼう。　　〔　　　〕

① 平塚らいてうらが発刊した『青鞜』（発刊は1911年）は，「良妻賢母」という女性の自覚をうながすもので，新婦人協会の活動の中心であった。

② 普通選挙法が制定され，25歳以上の男女に選挙権が与えられ，「国民」としての権利が認められた。

③ 天皇を中心とする秩序である「国体」の変革や私有財産制度の否認を目的とする結社を禁止するために，治安警察法が制定された。

④ 大衆雑誌『キング』や『主婦之友』などの女性雑誌が発行部数を伸ばし，1冊1円の円本も登場した。

Try 第一次世界大戦前後の欧米と日本での権利拡大をめざす動きの共通点を考えてみよう。

〔

〕

42 政党内閣の時代

教科書 p.148〜149

Approach▶ 護憲三派内閣は何を目的として結成されたのだろうか。

特権内閣の打倒と〔**ア**　　　　　　〕の樹立，〔**イ**　　　　　　　　〕の実現をめざして，護憲三派といわれた憲政会・立憲政友会・革新倶楽部の三党が憲政擁護運動をおこした。

▎政党内閣の時代

・1924年，特権内閣の打倒と政党内閣の樹立，〔①　　　　　　　　〕の実現をめざした〔②　　　　　　　　〕運動→〔③　　　　　　　〕内閣成立

・1932年に〔④　　　　　　〕内閣が倒れるまで，衆議院で多数を占める憲政会（立憲民政党）と〔⑤　　　　　　　〕が交互に政権担当

　→このような政権交代を〔⑥　　　　　　　　〕という

・1925年〔①〕法成立→有権者の増加，政治の大衆化進行，無産政党も公然と活動開始

▎平和と軍縮

・加藤友三郎内閣と加藤高明内閣…陸軍の軍縮を実施

・**田中義一**内閣…「国家の政策の手段としての戦争」を放棄する〔⑦　　　　　　　〕条約に調印

・浜口雄幸内閣…日本の補助艦保有量を対英米ほぼ7割とする〔⑧　　　　　　　　　〕**条約**に調印

　→〔⑨　　　　　　　　〕問題…海軍の強硬派などが政府による兵力量の決定は天皇の統帥権をおかすものだとして政府を攻撃→反対をおさえ条約批准に成功

▎中国情勢への対応

・〔③〕・第1次**若槻礼次郎**両内閣の外相〔⑩　　　　　　　　〕…対英・米との協調を重視，北伐が進行する中国に対しては不干渉政策（〔⑪　　　　　　〕**外交**）←野党は軟弱外交として攻撃

・田中義一内閣…在留日本人保護を目的に〔⑫　　　　　　　〕を実施

　→北伐軍との武力衝突（〔⑬　　　　　　　〕）がおこる→反日運動が拡大

・1928年，〔⑭　　　　　　　　〕**事件**…日本と協力関係にあった満洲軍閥を関東軍が独断で爆殺

　→息子の〔⑮　　　　　　〕は国民政府に合流→国民党による中国統一ほぼ達成

　→田中内閣は国民政府を承認後，総辞職

▎金本位制への復帰

・浜口内閣…緊縮財政によるデフレ政策を実施，1930年1月に〔⑯　　　　　　　〕を断行　国際的な経済競争力を高めるため〔⑰　　　　　　　　〕政策を実施

・アメリカでおこった株価暴落が〔⑱　　　　　　　〕へ発展→日本も巻きこまれる

確認 軍縮と協調外交はどのようにして転換していったのだろうか。次の語句を用いてまとめてみよう。

【　幣原喜重郎　　北伐　　田中義一　　山東出兵　】

MEMO

● p.158〜159 を開いて，この章で学んだことをふりかえってみよう。

Check ▶ 幣原と田中の対中国外交には，どのようなちがいがあったのだろうか。幣原と田中の
演説を読んで，以下の問いに答えよう。

幣原喜重郎の演説 (1927年1月)
日支両国の関係に於ける諸問題の全体を通じまして，政府の方針を約言いたしますれば，第一に支那の主権及び領土保全を尊重し，其内争に付ては絶対不干渉の主義を厳守するものであります…第四に支那の現状に対しては及ぶ限り忍耐寛大の態度を執ると共に，我が正当且つ重要なる権利利益は飽迄も合理的手段を盡して之が擁護に務むる覚悟であります。

田中義一の演説 (1927年4月)
支那の変局は今や単純なる内争の域を越へ，東亜全局の危機を醸し…徒に内政不干渉に藉口して袖手傍観を事とするは明に帝国の東亜に於ける地位の放棄であると共に東洋大局の崩壊を顧みないものである。東亜の盟主たる我帝国は飽くまで大局保全の見地に立ち，帝国の自衛と権益の擁護を全うする為め，対支外交の刷新を期せなければならぬ。

1　二人の外交姿勢の特徴をよくあらわす言葉を抜き出してみよう。

　　　　　　　　　　　　　幣原 [　　　　　　　　　] 　田中 [　　　　　　　　]

2　二人の外交姿勢のちがいについて，歴史的事象をあげながら100字以内で説明しよう。

[
　
　
　
]

Try 憲政会・民政党内閣と政友会内閣では，外交政策にどのようなちがいがあっただろうか。具
体的事例を整理して比較してみよう。

[
　
　
　
　
]

20世紀の女性と男性

教科書 p.150〜151

1

第一次世界大戦を契機に女性の社会進出がすすんだといわれる。その背景には何があったのだろうか。

【資料1】ドイツにおける女性就業者の推移

（1914年6月＝100）

年	月	女性	男性	総計
1916	12	108.1	60.5	77.3
1917	10	116.1	60.9	80.7
1918	10	116.8	60.2	80.1

【資料2】ドイツにおける産業別女性就業者数の変化

（1917年10月時点　（1914年6月＝100））

	女性	男性	総計
製鉄・金属・機械	476.1	95.5	118.4
電機	480.5	84.0	145.1
化学	450.4	117.4	155.6
繊維	73.7	33.8	54.8
木材	117.9	51.7	61.6
食料品・嗜好品	101.6	52.8	75.3
被服	59.5	34.5	47.7
建築	279.3	56.1	62.3

STEP 1　次の文章の空欄（　**ア**　）〜（　**エ**　）には「増加」と「減少」のどちらがあてはまるだろうか。また，空欄〔　①　〕〜〔　④　〕に入る語句を答えよう。

　資料1をみると，戦争のはじまる前と比較して男性の就業者数は（**ア**　　　）し，逆に女性就業者数は（**イ**　　　）している。資料2をみると，そのなかでも〔　①　　　　　　　〕，そして〔　②　　　　　〕，〔　③　　　　　〕における女性就業者数は特に大きく（**ウ**　　　）している。この三部門に関しては，男性就業者数はあまり（**エ**　　　）していない。その理由は，これらの部門は〔　④　　　　　〕を続ける上で重要な部門だったからである。

STEP 2

1　教科書p.150の**資料3**のポスターをみてみよう。右半分に書いてあることを日本語にしてみよう。

　[　　　　　　　　　　　　　　　　　　　　　　　　　　　　　]

2　当時のアメリカの若い男性は，このポスターをみてどう感じただろうか。

　[　　　　　　　　　　　　　　　　　　　　　　　　　　　　　]

3　当時のアメリカの若い女性は，このポスターをみてどう感じただろうか。

　[　　　　　　　　　　　　　　　　　　　　　　　　　　　　　]

STEP 3　第一次世界大戦で女性はどのような役割を期待され，また実際に果たしていたのだろうか。教科書p.128も参照して考えてみよう。

　[　　　　　　　　　　　　　　　　　　　　　　　　　　　　　]

STEP 4 教科書p.151の**資料4**の手紙の書き手である男性は，女性にはどのような仕事をしてほしいと思っているか。また，どのような服を着てほしいと思っているか。さらに，どのような女性が好ましいと考えているだろうか。手紙の文中から書き出してみよう。

STEP 5 第一次世界大戦の前後で，女性の地位はどのように変わったのだろうか。まとめてみよう。こうした社会の変化を男性はどのようにみていたのだろうか。

② 20世紀はじめころの女性たちが向き合っていた問題を考えよう。

STEP 1 平塚らいてうはどのような主張をしただろうか。また，平塚の他に女性運動をすすめた人物は誰だろうか。教科書p.146〜147を参照して考えてみよう。

STEP 2 教科書p.151下の文字資料に述べられた女性を苦しませるものを考えてみよう。

①「旧時代の遺物」

　…旧時代とあることから〔　　　　　　　　　　　　　　　　　　　　　〕問題

②「二重，三重の現代的苦痛」…現代的とあることから，家制度などの〔　　　　　　　　　

　　　　　　　　　　　　　　　　　　　　　　　　　　　　　　　〕にともなう問題

③「朝鮮女性を不利にするもの」…朝鮮全体を苦しめるものに直結し，全世界の不合理ともつながっ

　　ているとあることから，〔　　　　　　　　　　　〕問題

Try
1　女性参政権について男性はどのように考えていたのだろうか。調べてみよう。
2　20世紀のはじめのころ，世界各地における農村の女性はどのような暮らしと働きをしていたのだろうか。調べてみよう。
3　20世紀の各国・地域の主要産業を調べ，その産業で働いていた女性たちの様子を調べてみよう。

43 世界恐慌

> **Approach▶** 世界恐慌で最も大きな影響を受けた国とほとんど影響を受けなかった国はどこだろうか。
>
> 　世界恐慌で最多の〔**ア**　　　　　〕者を出すなど大きな影響を受けたのは〔**イ**　　　　　　〕だが，敗戦からの再建途中で経済基盤が脆弱であった〔**ウ**　　　　　　〕もアメリカを上回る〔**ア**〕率を記録するなど大きな被害を受けた。一方〔**エ**　　　　　　〕国のソ連は第1次〔**オ**　　　　　　〕計画による急速な工業化をすすめ，資本主義国との経済関係が少なかったこともあり，ほとんど影響を受けなかった。

■世界恐慌と日本への波及

- ・1929年10月，ニューヨーク証券取引所でおこった株価大暴落をきっかけに恐慌が発生
  - →ヨーロッパ諸国や植民地などにひろがり〔①　　　　　　　　〕に→各国の工業生産は低下，多数の失業者が発生→各国政府は積極的に経済に介入することで恐慌からの脱出をはかる
- ・多くの国で中産階級が没落し，労働者の労働条件が悪化
  - →政治状況が不安定に…〔②　　　　　　　〕勢力の台頭をまねく要因に
- ・日本でも株価が暴落→アメリカへの輸出品である〔③　　　　〕をはじめ農産物の価格も暴落
  - →〔④　　　　　　　　〕…賃金の引き下げや失業の増加をまねく

■ブロック経済

- ・〔⑤　　　　　　　　　　　〕(オタワ会議)(1932年)…連邦内の商品に無税もしくは低関税，連邦外の商品には関税を課す→閉鎖的な〔⑥　　　　　　　　　　〕が形成される
  - →植民地や自治領で排他的な〔⑦　　　　　　　　〕をつくることが恐慌克服の手段に
  - →国際対立の激化

■ニューディール

●ニューディール(新規まき直し)

- …アメリカ大統領〔⑧　　　　　　　　　　　　　　〕が実施した経済政策
- ・〔⑨　　　　　　　〕(NIRA)：政府の統制のもとで企業に生産や価格の規制
- ・〔⑩　　　　　　〕(AAA)：農産物価格ひきあげのために農民に補償金を払って生産制限
- ・〔⑪　　　　　　　　〕(TVA)：失業者救済事業と地域総合開発を組み合わせた計画
- →幅広い国民の間で支持を獲得したが，必ずしも順調にはすすまず

■スターリン体制

- ・〔⑫　　　　　　　　　〕…スターリンがおしすすめた，急速な工業化による社会主義建設
- ・農業集団化の推進…農民の小経営を集団農場である〔⑬　　　　　　　〕や国営農場である〔⑭　　　　　　〕にまとめる

確認 世界恐慌は各国の経済にどのような影響を与え，人々の生活をどのように変えたのだろうか。次の語句を用いてまとめてみよう。【　工業生産　　失業者　　中産階級　】

Check ▶ 各国の工業生産の推移を示した右のグラフに関する会話を読み，空欄XとYに入る語句ア～エの組合せとして最も適切なものを，次の①～④から一つ選ぼう。　　　　〔　　　〕

生徒A：やはり世界恐慌のあった1929年が大きな転換点になっているね。でも，aは世界恐慌の影響を受けていないようにみえる。ということは，aは　X　だと思う。

生徒B：そうだね。それに比べればdとeのダメージが大きいね。でも，どちらも1933年ごろから上向いてきているから，どちらかは　Y　じゃないかな。

(1929年＝100)

ア　資本主義国との関係が少なく，第1次五か年計画で工業化をすすめていたソ連

イ　アメリカへの輸出への依存度が低く，すでに昭和恐慌による打撃を脱していた日本

ウ　ムッソリーニによるファシスト党政権が成立したことで，強力な経済統制策が成功したイタリア

エ　フランクリン＝ローズヴェルトが大統領になったことで，経済の立て直しがすすめられたアメリカ合衆国

①　X－ア　Y－ウ　　②　X－ア　Y－エ　　③　X－イ　Y－ウ　　④　X－イ　Y－エ

Try 1929年に世界恐慌がはじまり，1939年に第二次世界大戦がはじまった。この二つの出来事の間にどのような関係があると考えるか。

44 ファシズムの時代

Approach▶ ナチ体制を支持する人と迫害される人では，ナチ体制はどのようにちがってみえただろうか。

　ナチ体制を支持する人々には，〔**ア**　　　　〕人の「民族共同体」の一員として社会的な保護を得ることができ，仕事を与えてくれるだけでなく，レクリエーション組織や〔**イ**　　　〕事業も充実した素晴らしい体制であった。一方，迫害される側からは，〔**ウ**　　　　〕や出版の自由を奪い，政治的反対者を〔**エ**　　　　　〕所に送り，〔**オ**　　　　　　〕人であるだけで迫害を加える非道な体制であった。

ファシズム

- 〔①　　　　　　　　　〕…国家の統制によって危機を打破することをめざす
  - →〔②　　　　　　　　〕からヨーロッパ各国へひろがる
  - →〔③　　　　　　　　　　〕をあおる一方，共産主義や議会主義は否定

ヒトラーの支配

- 〔④　　　　　　　　〕(国民社会主義ドイツ労働者党)が〔⑤　　　　　　　　　　〕体制の打倒を叫び勢力拡大→ヴァイマル政府打倒をめざす〔⑥　　　　　　　　　　〕の失敗(1923年)→下からの大衆運動と国会選挙を重視→1932年，第一党→1933年，ヒトラー首相となる→共産党を弾圧，行政府に立法権をゆだねる〔⑦　　　　　　　〕を制定，〔⑧　　　　　　　〕**迫害**を強行
- ヒトラーは「〔⑨　　　　　　　　〕」という目標をかかげ多くのドイツ人の支持を獲得
  - →土木工事や軍事産業に力を入れて失業者を減らす
  - →大規模レジャー施設・レクリエーション組織・福祉事業などを整備

ドイツ・イタリアの対外侵略

- 〔④〕は1935年に〔⑩　　　　　　　　〕・徴兵制復活を断行→1936年，ロカルノ条約を破棄して〔⑪　　　　　　　　　　〕**進駐**←イギリス・フランスは〔⑫　　　　　　〕でドイツに譲歩
- 〔②〕は1935年に〔⑬　　　　　〕**侵略**を開始
  - →国際連盟は効果的な制裁措置をとれず→〔②〕は〔⑬〕を併合(1936年)
- 1936年，**スペイン内戦**の勃発→ドイツ・〔②〕は〔⑭　　　　　　　　〕将軍側で軍事介入←イギリス・フランスは「〔⑮　　　　　　　　　〕」をかかげ，事実上黙認
  - →対抗する〔⑯　　　　　　　〕政府側にはソ連の支援や国際義勇軍の援助
  - →〔⑯〕の内部分裂もあり〔⑭〕側が優位に→1939年3月に最終勝利
- ドイツは1938年に〔⑰　　　　　　　　〕を併合
- ドイツはチェコスロヴァキアのズデーテン地方割譲を要求→〔⑱　　　　　　　　　〕で認められる

確認 ヒトラーがひきいるナチ党は何を主張し，どのようにしてドイツの政権をにぎったのだろう。次の語句を用いてまとめてみよう。　【　世界恐慌　　ヴェルサイユ体制　　左翼の勢力拡大　】

MEMO

Check ▶ 下の図はナチ党の組織が作成した宣伝ポスターであり，「君も今や旅行ができる！」「毎週5マルク貯金すれば，君も自分の車を運転できる！」と書かれている。ナチ党は人々にどのような夢を提供したのだろうか。ポスターから読みとれるナチ党の政策について，「世界恐慌」「レジャー」「自家用車」の三つの語句を用いて説明してみよう。

Try あなたが1930年代に生きていたドイツ人だったら，選挙でナチ党に投票しただろうか，投票しなかっただろうか。その理由は何か。

45 満洲事変と軍部の台頭

教科書　p.158〜159

Approach▶ 満洲事変を支持した人々は，何を望んでいたのだろうか。

　中国によって[ア　　　　　　　](満鉄)に並行する鉄道が建設されるなど[イ　　　　　]にある日本の権益がおびやかされるようになった。そこで[イ]を武力占領することによって中国から分離させ，日本の権益を守ることを望んでいた。

満洲事変

・満洲で，中国による[①　　　　　　　　](満鉄)に並行する鉄道の建設→日本の権益がおびやかされる→危機感をいだく[②　　　　　　]は満洲の武力占領を計画

・[③　　　　　　]事件(1931年9月18日)…[②]は奉天郊外の[③]で満鉄線路を爆破，中国軍のしわざとして軍事行動を開始→第2次[④　　　　　　　　]内閣は不拡大方針を公表

　→[②]は戦線を拡大し満洲の主要都市を占領(**満洲事変**)

・[②]の工作で，清の最後の皇帝[⑤　　　　　]を執政とする「[⑥　　　　　　]」の建国が宣言(1932年3月)→日本政府は[⑦　　　　　　]により承認

日本の国際的孤立

・[⑧　　　　　　　　]の報告書をふまえ，国際連盟は日本軍の撤収を求める勧告案を採択

　→日本は反発，国際連盟脱退を通告

　→[⑨　　　　　　　　　]の廃棄を通告するなど，国際的孤立の道をたどる

・国際連盟の無力をみた[⑩　　　　　]も国際連盟を脱退(1933年10月)

恐慌からの脱出

・[⑪　　　　　]内閣の蔵相[⑫　　　　　　　]：金輸出再禁止を断行，財政支出増大で景気回復をはかる→円暴落による輸出(とくに綿織物)の急増，軍事費増大などを背景に重化学工業化も進展

　→世界恐慌から脱出

軍部の発言力の増大

・満洲事変前後に，軍人や右翼に政党内閣への不満が高まる

　→[⑬　　　　　　](1932年5月15日)…海軍青年将校らが[⑪]首相を射殺

　→海軍大将の斎藤実と岡田啓介があいついで[⑭　　　　　　]内閣を組織

・陸軍内部では皇道派青年将校と統制派将校の対立が激化

　→[⑮　　　　　　](1936年2月26日)…皇道派青年将校が[⑫]蔵相らを殺害→反乱軍として鎮圧される

　→[⑯　　　　　　]内閣：膨大な軍備拡張計画，[⑩]と接近し日独防共協定締結

　→のちにイタリアが加わり[⑰　　　　　　　　]に発展

確認 軍部の台頭で社会はどう変わったのだろうか。

Check ① ▶ 日本の輸出額の推移を示した下のグラフをみて，次の文章の空欄に入る語句を答えよう。

(億円)

30	
25	
20	
15	
10	
5	
0	

1927　29　31　33　35　37(年)

このグラフをみると，〔①　　　　　　　〕の発生にともない日本の輸出額は急減するが，1931年ごろから回復していく。この背景には満洲事変のさなかに成立した犬養毅内閣の蔵相〔②　　　　　　　〕により，〔③　　　　　　　〕が断行されたため，円の価値が暴落し，いわゆる円安状態になったことがある。とくに〔④　　　　　　　〕輸出は1933年に〔⑤　　　　　　〕を抜いて世界第1位となった。このため〔⑤〕との間に深刻な貿易摩擦が生じるようになった。また，重化学工業化の進展は，日本が原材料の確保を求めて〔⑥　　　　　　　〕にのりだす一因となった。

Check ② ▶ 日独防共協定締結の目的は何だったのだろうか。教科書p.159の文字資料を読んで，次の文章の空欄に入る語句を答えよう。

ドイツでは1933年に〔①　　　　　　　〕を首相とする〔②　　　　　　〕政権が誕生した。この政権は反〔③　　　　　　〕的政策を実行していた。一方，ソ連を中心とする〔④　　　　　　　　〕はその第七回世界大会において〔⑤　　　　　〕とドイツを敵とみなすことを決議した。つまり，〔⑤〕もドイツも対ソ連及び〔④〕政策においてその立場は同じであり，国防上並びに赤化対策上ともに連携していくことが得策と考えられ，日独防共協定が締結された。なお，1937年にはこの協定に〔⑥　　　　　　　〕が加わって〔⑦　　　　　　　　　　〕になった。

Try 日本が「国際的孤立」への道を歩まない選択はなかったのだろうか。話し合って考えてみよう。

[

]

46 日中戦争

Approach▶ 日本軍と中国の人々は，おたがいをどのようにみていたのだろうか。

　「日本軍を出迎える中国民衆」の写真からは，日本軍が中国の人々を「保護してあげるべき弱者」のように，また中国の人々が日本軍を「反抗すると殺される恐怖の対象」のようにみていたと考えられる。そうしたなか，中国共産党と国民政府は，第2次[　**ア**　　　　　　]によって[　**イ**　　　　　　　　　]を結成し，抗日を支持する人々を組織していった。

盧溝橋への道

- 中国で，日本軍の華北支配に対する批判が高まる→共産党と国民党が抗日で一致

　共産党：[①　　　　　]に抗日根拠地をきずきはじめる

　国民政府：共産党への攻撃を続けつつ対日戦に備え軍備拡張

- [②　　　　　　　](1936年12月)…[③　　　　　]が蔣介石を監禁し抗日の実施をせまる
- [④　　　　　　　]…1937年7月7日の[⑤　　　　　　]をきっかけに日中間の全面戦争

　→中国共産党と国民政府は，[⑥　　　　　　　　]により[⑦　　　　　　　　　]を結成

　→抗日を支持する人々を組織し抗戦体制をととのえる

日中戦争

- 1937年12月，日本軍は[⑧　　　　]を占領

　→[⑨　　　　　　]首相は「国民政府を対手とせず」と声明，和平の道をとざす(1938年1月)

- 国民政府は[⑩　　　　]に移って抗戦続行→日本軍は1939年から[⑩]に無差別爆撃

　→日本の兵力動員は限界→戦争終結の見通しを失い，中国の抵抗により戦争が長期化

戦時下の日本

- 労働と生活をささえるための勤労奉仕や共同作業
- メディアを組織した[⑪　　　　　　　　　]の展開

　…戦争の遂行に即した生活態度が求められる

- [⑫　　　　　　　　](1938年公布)…人とモノを動員するしくみをつくる

　→[⑬　　　　　]…1939年から工場への動員開始

　→1941年から米が配給制に

- 政党はすべて解散→[⑭　　　　　　　]発足(1940年)

戦時下の中国

- 日本：国民政府の有力者[⑮　　　　　]に[⑧]国民政府をつくらせる
- 国民政府：経済統制による工業化→兵士・食糧の徴発で民衆に負担を強いる
- 共産党：華北農村を拠点に日本軍を討伐，国民政府との対立のなかで勢力拡大

確認 なぜ，日中全面戦争に至ったのだろうか。次の語句を用いてまとめてみよう。

【　西安事件　　張学良　　盧溝橋事件　】

MEMO

- -

- -

- -

- -

- -

- -

- -

- -

Check ▶ 日中戦争の展開を示した右の地図をみて，次の①～⑤に該当する場所を地図中のa～gからそれぞれ選ぼう。

① 張学良が蔣介石を監禁し，抗日の実施をせまった場所 〔　　〕

② 日本と中国が全面戦争を開始するきっかけとなる事件がおこった場所 〔　　〕

③ 拠点を移して抗戦を続ける国民政府に対し，日本軍が無差別爆撃をおこなった場所 〔　　〕

④ 国民政府の有力者であった汪兆銘に日本がつくらせた新たな国民政府の根拠地 〔　　〕

⑤ 長征を終えた中国共産党が抗日の拠点とした場所 〔　　〕

Exercise ▶ Aさんは日中戦争について発表するために，図書館で調べてポイントをメモしてきた。そのメモを先生にみてもらったところ，誤っているものがあると指摘された。下のメモのうち誤っているものをすべて選ぼう。 〔　　　　〕

① 張学良は西安で蔣介石を監禁し抗日の実施をせまった。

② 1937年7月7日におこった柳条湖事件をきっかけに，日中は全面戦争に突入した。

③ 中国共産党と国民政府は抗日民族統一戦線を結成し，抗戦体制をととのえた。

④ 近衛文麿首相はこの戦争に対し声明を発表し，和平の道をとざした。

⑤ 国民政府は南京に移って抗戦を続けたため，戦争は長期化した。

Try 日中戦争の長期化による生活の変化として，教科書p.161 4 の表にある事項のほかにどのようなものがあったか，調べてみよう。

ACTIVE 歴史を資料から考える　戦争をささえる社会

教科書　p.162〜163

① 人々は戦争の際にどのように暮らすことを求められたのだろうか。教科書p.162の漫画から考えてみよう。

STEP 1　この漫画からどんな印象を受けるだろうか。

STEP 2

① 　② 　③ 　④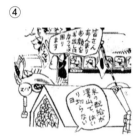

⑤

1　①〜⑤の図は，漫画の一部分を拡大したものである。戦争に関連したものはどれだろうか。

2　他にも漫画のなかに戦争に関連したものはあるだろうか。探してみよう。

STEP 3

1　この漫画から読みとれる戦時下の社会について，疑問に思う点や，今とは異なると考えられる点などをあげて調べてみよう。

2　この漫画に描かれる戦時下の社会で，人々は何を大事にして生きていたのだろうか。

3　この漫画は1941年の1月1日号に掲載された。45年の1月1日に掲載されるとしたら，漫画はどのように変わっていたと考えられるか。

② 戦時中の植民地の人々や植民地出身者の暮らしはどのようなものだったのだろうか。教科書p.163の資料1・2から考えてみよう。

STEP 1　**STEP 2**

1　戦地での無事を願って，女性が一針ずつ布地に縫い目をつくってお守りとした祈念行為がさかんにおこなわれていた。これを何とよぶか。［　　　　　　　　　　　　　　　　］

2　**資料1**に書かれた「銃後」「赤誠」の意味を調べてみよう。「銃後の赤誠」を求められた植民地の女性たちは，どんな思いでいたと考えられるだろうか。

STEP 3

1　**資料2**の「倉本」「木村」の二人は，何を拒否したのだろうか。

2　それに対して，隣組長はどう対応したのか。

3　戦時下で，植民地出身者はどのように扱われていたのだろうか。

③ 第一次世界大戦と比較して多大な被害が生じた第二次世界大戦には，どのような特徴があったのだろうか。教科書p.163の表から考えてみよう。

STEP 1

1　交戦国総計での戦死兵数，民間死者数は，第一次世界大戦のそれぞれの数値の何倍になるだろうか。　　戦死兵数：［　　　　　　］倍　　民間死者数：［　　　　　　］倍

2　最も戦死兵数が多かった国と最も民間死者数の多かった国はどこだろうか。

　　　　　　戦死兵数：［　　　　　］　　　民間死者数：［　　　　　］

STEP 2　STEP 1で考えたこともふまえて，表から読みとれる第二次世界大戦の性格を指摘しよう。

Try　1　あなたが戦時下に生きていたら，どのような家族生活の変化が生じてくるだろうか。「私の家に戦争がやってきたら」と仮定して考えてみよう。
　　　2　戦争と家族の変化を，①1931～37年，②1937～41年(日中戦争)，③1941～45年(アジア太平洋戦争)の3つの時期に分けて，まとめてみよう。

47 第二次世界大戦とアジア太平洋戦争

Approach▶ なぜドイツとソ連は接近したのだろうか。また，それは他の国々にとってどのような意味をもったのだろうか。

　ソ連とドイツはたがいに脅威を感じていたが，東西での紛争をさけようと両国は接近し，[**ア**　　　　　]条約がむすばれた。これによってドイツ軍が[**イ**　　　　　]に侵攻すると，英仏はドイツに宣戦布告し第二次世界大戦がはじまった。こうして，英米を中心とする[**ウ**　　　　　]とドイツなどを中心とする[**エ**　　　　　]という対立が明確になっていった。

世界大戦への道

- 東西での紛争をさけるためドイツとソ連が接近→[①　　　　　　]**条約**締結（1939年8月）
- 1939年9月，ドイツ軍が[②　　　　　　]に侵攻→英仏はドイツに宣戦布告
　→[③　　　　　　]の開始
- 1940年4月，ドイツの攻勢→フランス降伏，親ドイツの[④　　　　]政権誕生
- イタリアがドイツ側で参戦
- 1941年6月，[⑤　　　]**戦**の開始
- アメリカ大統領[⑥　　　　　　]とイギリス首相[⑦　　　　　]は[⑧　　　　　]を発して新たな国際秩序構想を示し，ソ連との協調も試みられる
　→[⑨　　　　]と連合国という対立の構図が明確になる

アジア太平洋戦争

- 1940年9月，日本は[⑩　　　　　　　]締結→[⑪　　　　　　]の遮断，資源獲得を目的に仏領インドシナ北部に進駐→米英との対立が決定的に
- 日米関係打開のための交渉開始，同時に[⑫　　　　　]**条約**締結
- [⑤]戦開始→日本は仏領インドシナ南部に進駐
　→米英は日本向けの[⑬　　　]輸出禁止→御前会議で戦争決意の方針を決定
- 日米交渉をおこなっていた[⑭　　　　　]首相と陸軍大臣[⑮　　　　　]が対立
　→[⑮]内閣成立，御前会議で12月初旬の対英米戦と当面の交渉継続が決定
- 日本の支配を[⑯　　　　]前に戻すことなどを求めた[⑰　　　　　　]が示される
　→交渉ゆきづまる
- 1941年12月8日，日本軍は英領マレー半島上陸，ハワイ[⑱　　　　　]を空襲
　→[⑲　　　　　]**戦争**開始→文字通りの世界大戦に発展

戦争の展開

- ドイツ軍：1943年2月までの[⑳　　　　　　　　　]の戦いで敗北
- 日本軍：1942年6月の[㉑　　　　　]海戦やガダルカナル島での戦いで戦局は不利に

確認 ヨーロッパの戦争とアジアにおける日本と中国の戦争は，どのようにしてむすびついたのだろうか。

Check ① ▶ 下の風刺画について説明した次の文章の空欄に入る語句を答えよう。

　　　　　　　　この風刺画は，ドイツの外相(手前右)が「すぐに[① 　　　　　　　]があなたのために新秩序を用意してくれますよ」とソ連の[② 　　　　　　　]に提案している様子をあらわしている。後方にいる「Lord(盟主)」を名のる人物は，左から[③ 　　　　　]，[④ 　　　　　]，[⑤ 　　　　　]の国を象徴している。

Check ② ▶ Aは日本軍のマレー半島上陸の様子，Bは真珠湾攻撃の様子を示したものである。それぞれの図の場所を，左の地図中のア〜エから選ぼう。

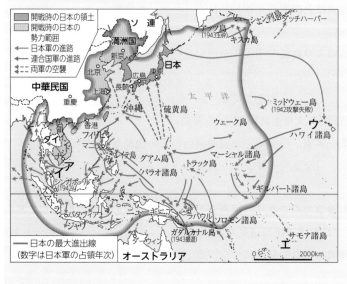

A〔　　　〕

B〔　　　〕

Try あなたは，日本がどの時点でどのような選択をすれば，アメリカとの開戦を避けることができたと考えるか。

---

48 戦争と民衆

Approach▶ ドイツや日本の占領下では，どのようなことがおこなわれたのだろうか。

ドイツに占領されたポーランドでは，[**ア**　　　　　　　　]の隔離政策がおこなわれた。また，[**イ**　　　　　　　　]がおこなわれ，労働力として価値のないとされた人々の多くが虐殺された。日本の植民地などでは「[**ウ**　　　　　　]」政策が実施されるとともに，徴兵制も施行された。

▋枢軸国の支配

- ・ドイツに占領されたポーランド…[①　　　　　　　]人の隔離政策実施
  - →[②　　　　　　　　　]…国家により労働力として価値のないと認定された人々が虐殺される
- ・独ソ戦の戦場…ドイツ軍などによる無差別な殺害（絶滅戦争）
- ・東部の占領地から，住民が労働力としてドイツ本国へ強制連行

▋日本のアジア支配

●中国の華北

- ・日本軍による「燼滅作戦」や[③　　　　　　　]政策
- ・国際法に違反する毒ガスや[④　　　　　]兵器の使用

●満洲国

- ・重化学工業化，日本国内の農民に既耕地を分配して入植させる[⑤　　　　　　　]実施
- ・抗日運動は弾圧，ハルビンの[⑥　　　　]部隊で人体実験による細菌戦研究

●朝鮮や台湾，沖縄…大陸や南方への侵略基地としての位置づけ

- ・「[⑦　　　　　]」政策の実施
  - …朝鮮では神社参拝の強要，日本式に名前をかえる[⑧　　　　　　　]を実施
- ・[⑨　　　　　]の施行（朝鮮・台湾）
- ・労働力不足を補うため，多くの朝鮮人が動員，中国人が強制連行される

▋大東亜共栄圏

- ・日本政府の戦争目的…「[⑩　　　　　　　　]」をつくる
  - →1943年11月，大東亜会議を開催→「大東亜共同宣言」を発表
- ・東南アジア諸地域でも「[⑦]」政策を実施，占領地では資源獲得のため過酷な支配
- ・日本軍が物資獲得のため[⑪　　　　]を乱発→インフレになる

▋抵抗運動

- ・第二次世界大戦の特徴…国家間の戦争のみでなく，民衆が[⑫　　　　　　　]の支配に抵抗して戦争に参加していったこと（東南アジアにおける抗日運動など）
- ・世界各地域の抵抗運動→戦後の解放と独立の動きにつながる

確認 枢軸国の支配や日本のアジア支配にはどのような特徴がみられ，またそこにはどのような抵抗運動がみられたのだろうか。

[

]

- -

- -

- -

- -

- -

- -

- -

- -

Check ▶ 右のポスターはアジア太平洋戦争中に描かれたもの
で，ポスターのなかの女性たちは国旗がかかげられている三つの
国をあらわしている。このポスターに関する説明文として正しい
ものを，次の①〜④から一つ選ぼう。　　　　　　〔　　　〕

① 当時のフランス政府はインドシナなどの植民地を維持する
   ため，日本との共同統治をおこなう道を選んだ。
② 三か国の人々は「大東亜共栄圏」のもと，みな平等な権利を
   有していた。
③ 赤い服を着ているのは日本の同盟国のドイツ人である。
④ 白い服を着ている人の国では，当時日本による過酷な支配
   はおこなわれなかった。

Exercise ▶ 枢軸国の支配と日本のアジア支配に関して述べた次の文a〜dについて，正しいもの
の組合せを下の①〜④から一つ選ぼう。　　　　　　　　　　　　　　　　　〔　　　〕

a　フランスのヴィシー政権は，反ドイツを主張しホロコーストに協力しなかった。
b　ドイツに占領されたポーランドでは，ユダヤ人の隔離政策がおこなわれた。
c　日本の植民地であった朝鮮には徴兵制が施行されなかった。
d　朝鮮では日本式に名前をかえる創氏改名が実施された。

① a・c　　② a・d　　③ b・c　　④ b・d

Try あなたは，第二次世界大戦下での非戦闘員に対する人権侵害から，どのようなことを学ぶべ
きだと考えるか。

[　　]

49 敗戦

教科書 p.168〜169

Approach▶ 若者までもが戦場に行くようになったのはなぜだろうか。

戦争が長引くにつれ，兵力・労働力不足が深刻になってきた。日本では1943年に［　　　　　　　］がおこなわれ，それまで徴兵が猶予されていた文系大学生も戦場へおもむくことになった。また学徒や未婚女性の工場動員もおこなわれるようになった。

戦争末期の社会

- 日本では，戦時中に生活必需品の多くが［①　　　　　　］制になる
  - →都市部では［①］だけでは生活ができず，［②　　　　　　］がひろまる
- 兵力・労働力不足が深刻になる
  - →1943年には［③　　　　　　　］，また学徒や未婚女性の工場動員もおこなわれるようになる
- 1941年から，小学校は「少国民」を育成する［④　　　　　　］に改編
- 大都市の子どもたちは集団で農村部へ疎開（［⑤　　　　　　　］）
- 1945年6月，本土決戦にそなえて［⑥　　　　　　　　］は解散，国民義勇隊が組織

独・伊の敗北

- 1943年なかば以降，連合軍は本格的攻勢を開始
  - →7月，イタリアに上陸して［⑦　　　　　　　　］政権を倒す→9月，イタリア降伏
- 1944年6月，［⑧　　　　　　　　　　　］作戦
  - →ソ連が望んだ西部戦線が構築され，パリや東欧が次々に解放
- ドイツでは，1945年2月の［⑨　　　　　　　］**空襲**など，都市が爆撃を受ける
  - →多くの民間人が犠牲に→4月，ヒトラー自殺→5月，ドイツ無条件降伏

日本の敗戦

- 1945年3月10日の［⑩　　　　　　　　］から，都市部への無差別爆撃開始
  - →艦砲射撃や艦載機による市民への攻撃も激しくなる
- 1945年3月末からの［⑪　　　　　　］…地上戦が展開，住民に大きな犠牲
- 1943年，［⑫　　　　　　　］発表…日本の植民地の独立・返還を示す
- 1945年2月，［⑬　　　　　　　］**会談**…ドイツの占領方針が話し合われ，ソ連の対日参戦も約束
- 1945年7月，［⑭　　　　　　　］発表
  - →戦後処理方針と日本の無条件降伏を勧告→日本政府黙殺
  - →8月6日，広島に原爆投下→ソ連は日本に宣戦布告→9日，長崎に原爆投下
- 「［⑮　　　　　　　　］」をめぐる激論のすえ，8月14日に［⑭］受諾を表明
  - →15日に天皇のラジオ放送で降伏を告げる
- 1945年9月2日，降伏文書に調印→戦争は日本の無条件降伏で終了

確認 戦争はいつどのようにして「終結」したのだろうか。

[

]

MEMO

Check ▶ 左は出陣学徒壮行会の様子，右はナチ党幹部から勲章を授与される16歳の少年兵を写したものである。以下の問いに答えよう。

1 　この2枚の写真に共通することは何だろうか。

　　　　　　　　　　　　　　[　　　　　　　　　　　　　　　　　　　　　　　　　　　　　]

2 　この2枚の写真がそれぞれ1943年と1945年のものであることから，当時の日本とドイツが
　　どのような状況だったのか，考えてみよう。

　[

　]

Try ドイツ・イタリアと比較して日本の敗戦の特徴とは何だろうか。考えてみよう。

[

]

戦争の記憶

戦争をどう後世に伝えていくかは，私たちの大事な使命である。まず，戦争を伝えるさまざまな方法の特徴や長所，そして短所をそれぞれ挙げ，下の表の空欄を埋めていこう。

①博物館	特徴 長所	実物の資料を展示，保管し説明している。
	短所	
②体験者の記録	特徴 長所	体験者が実際に体験・見聞したことを，多くは文字で記したもの。
	短所	
③記念碑	特徴 長所	その出来事の場所にあることが多く，日時や出来事の概要を示している。
	短所	
④式典・記念行事	特徴 長所	
	短所	
⑤テレビ・映画	特徴 長所	
	短所	
⑥ゲーム	特徴 長所	
	短所	
⑦躓きの石	特徴 長所	
	短所	

⑧歴史研究	特徴	専門家がさまざまな資料を用いて，出来事を客観的・総合的に解釈したもの。
	長所	
	短所	

STEP 1

1　戦争の記憶を「**正しく**」伝えていくには，①～⑧のうちどの記憶のかたちがふさわしいだろうか。よりふさわしいと考えるものを三つあげてみよう。

2　戦争の記憶を「**正しく**」伝えるのにふさわしいと考えられる三つについて，その短所を補うにはどうすればよいだろうか。

STEP 2

1　戦争の記憶を「**幅広く**」伝えていくには，①～⑧のうちどの記憶のかたちがふさわしいだろうか。よりふさわしいと考えるものを三つあげてみよう。

2　戦争の記憶を「**幅広く**」伝えるのにふさわしいと考えられる三つについて，その短所を補うにはどうすればよいだろうか。

Try

1　あなたの地域では，戦争の記憶を伝える試みとしてどのようなことがおこなわれているか，調べてみよう。
2　集合的な記憶（出来事の日時や数値などのデータ）のほかに，なぜ（日記や手紙のような）個人的な記憶が必要になるのだろうか。考えてみよう。
3　国により戦争の記憶が異なることがある。なぜそのようなことがおきるのだろうか。
4　そのような場合，どのように対応すべきだろうか。話し合ってみよう。

50 国際連合と戦後世界

Approach▶ 国際連合はどのような点で国際連盟と異なっていたのだろうか。

　　国際連盟には[ア　　　　　　　　]が参加せず，侵略行為に対する有効な制裁手段をもたなかった。一方，国際連合は[ア]とソ連の2大国が参加し，侵略国に対する[イ　　　　　　]制裁も可能であったが，強大な権限をもつ[ウ　　　　　　　　　]の常任理事国には[エ　　　　　　]が与えられていたため，その機能が十分に果たせないこともあった。

国際連合の成立

●戦後の国際政治秩序の確立

・第二次世界大戦中，連合国陣営は[①　　　　　　　　　　]で新たな国際組織をつくる計画を発表

　→[②　　　　　　　　　　　　　](1944年8〜10月)…国際連合憲章の原案作成

　→[③　　　　　　　　　　　](1945年4〜6月)…国際連合憲章を採択

　→51か国を原加盟国として**国際連合**が発足(1945年10月)

・国際連合の目的…世界の平和と民主主義を守り，基本的人権を尊重

　→[④　　　　　　　　](1948年12月採択)

・国際連合は，全加盟国からなる総会，[⑤　　　　　　　　　　]，国際司法裁判所などで構成

・[⑤]では，国際対立のなかでソ連やアメリカが[⑥　　　　　　]を行使することも多かった

●戦後の国際経済秩序の確立([⑦　　　　　　　　　　]体制)

・1944年7月に連合国が[⑦]で会議を開催→経済対立を防ぐため各国の為替相場の安定化をめざす[⑧　　　　　　　](IMF)を結成→[⑨　　　　　]が基軸通貨に

・[⑩　　　　　　　　　　](世界銀行)の設立

　…戦災にみまわれた国の戦後復興と発展途上国の開発への資金融資を目的

・1948年，「関税と貿易に関する一般協定(GATT)」が発足

戦後改革

・イギリスの労働党内閣([⑪　　　　　　　]首相)…石炭・電気産業など重要産業の国有化，国民医療制度を発足→社会保障制度をととのえ，[⑫　　　　　　]をつくりあげる

・[⑬　　　　　　　]でも重要産業の国有化，社会保障制度の整備，計画経済の実施

・東ヨーロッパの国々では，ユーゴスラヴィアの[⑭　　　　　　　]政権など，大戦中の抵抗運動を基礎とする政府が成立→ファシズムへの協力者の処罰，王政の廃止，土地改革などを実施

・ソ連では，[⑮　　　　　　　　](1946年〜)→工業は成長，消費財生産はあまりのびず

　→不満をおさえるための政治的統制を強化

・アメリカの経済は好調

　→アメリカの消費生活は繁栄のモデルとして世界に宣伝(アメリカニゼーション)

確認 第二次世界大戦後，人々はどのような世界をつくりあげようとしていたのだろうか。次の語句を用いてまとめてみよう。 【　安全保障理事会　　為替相場　　ブレトン=ウッズ体制　】

MEMO

Check ① ▶ 国際連合の主要な組織を示した右の図に関する以下の問いに答えよう。

1　Aは国際紛争の法的処理をおこなう機関である。その名称を答えよう。　　　〔　　　　　　　　　〕

2　安全保障理事会は，国際連合において最も重要な機関であり，Bに入る常任理事国と，非常任理事国によって構成される。Bに入る5つの常任理事国のうち，アメリカ・ソ連(現在はロシア)・中国以外の2か国の名を答えよう。

　　　　　　　　〔　　　　　〕〔　　　　　〕

3　Cは，国際復興開発銀行とともにブレトン=ウッズ体制をささえる重要な機関である。その名称を答えよう。　　　〔　　　　　　　　　〕

国連児童基金UNICEF
国連開発計画UNDP
A
国際原子力機関IAEA
事務局
国連総会
安全保障理事会
・常任理事国
B
・非常任理事国…6か国
→1966年から10か国，任期2年
信託統治理事会(活動停止)
経済社会理事会
世界貿易機関WTO
専門機関(おもなもの)
万国郵便連合UPU
C
世界保健機関WHO
国連教育科学文化機関UNESCO
国連食糧農業機関FAO
国際労働機関ILO
(人権委員会など)機能委員会
地域経済委員会
(5委員会)

Check ② ▶ ブレトン=ウッズ体制では自由貿易体制の維持がはかられたが，それは戦争の防止を目的としたものでもあった。自由貿易体制の崩壊と第二次世界大戦の関係について説明しよう。

[

]

Try　国際連合の取り組みと各国の戦後改革の取り組みをまとめてみよう。

[

]

51 戦後と占領の始まり

Approach▶ 第二次世界大戦後，連合国によるドイツと日本の占領はどのようにおこなわれたのだろうか。

　ドイツも日本も非軍事化などの大がかりな体制改革が命令され，長期の占領がおこなわれた。ドイツは[**ア**　　　　　　]4か国に分割占領され，連合軍により[**イ**　　　　　　　]がおこなわれた。日本は[**ウ**　　　　　　　　　　　　](GHQ)による[**エ**　　　　　　　　]の方式がとられた。

▌世界のなかの日本占領

●ドイツ占領

・第二次世界大戦後，ドイツは[①　　　　　　　　]の4か国に分割占領され，[②　　　　　]占領地域にあった首都ベルリンも4か国で分割管理される

・ドイツ東部地域は[②]とポーランドに割譲され，大きく領土を失う

●日本占領

・日本では，1945年9月2日に降伏文書に調印→[③　　　　　　　　　　　　　](GHQ)が占領開始→実質的にはアメリカ軍による単独占領

・最高司令官[④　　　　　　　　　　]のもと，GHQが日本政府に命令し，その実行を監視

・敗戦以前の日本の領土全体のうち，朝鮮半島では北緯38度線付近を境に南を[⑤　　　　　]，北を[②]が占領し，台湾は[⑥　　　　　　　]の統治下に入る

・沖縄や小笠原諸島では[⑤]の，千島列島や南樺太では[②]の軍政が戦後も続けられ，日本本土と切り離される

▌敗戦後の民衆生活

・大戦終結後の日本では，将兵の復員や民間人の[⑦　　　　　　　]により，人口が一気に増加

・日本に動員されていた[⑧　　　　　　　]や強制連行されていた中国人は故国に帰還したが，故郷の政情不安などの理由で日本に残留した[⑧]も多かった

・ヨーロッパでも国境の変更にともなって大量の避難民がうまれる

・日本の都市では戦災や極度の物資不足→統制をのがれた露天商による[⑨　　　　　　]がうまれる

・解放的な文化がうまれる一方で，身寄りを亡くした[⑩　　　　　　　]たちが差別の対象に

▌非軍事化と戦争責任の追及

・[⑪　　　　　　　　　　　　　]…「通例の戦争犯罪(B級)」に加え，侵略戦争をおこした「平和に対する罪(A級)」や非人道的行為に対する「人道に対する罪(C級)」が裁かれる

・[⑫　　　　　　　　　](**東京裁判**)(1946年)…A級戦犯全員に有罪判決が下される
　→昭和天皇は不起訴→天皇制の存続がはかられる

・[⑬　　　　　　　]**裁判**…日本軍の占領地での戦争犯罪を裁く→アジア各地でひらかれる

確認 連合国の日本占領には，どのようなねらいがあったのだろうか。

MEMO

_____

_____

_____

_____

_____

_____

_____

_____

_____

_____

_____

_____

_____

_____

Check ▶ 戦後の復員・引揚げ者数をあらわした下の図をみて，次の文章の空欄に入る語句を答えよう。

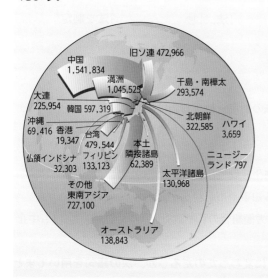

中国
1,541,834

旧ソ連 472,966

満洲
1,045,525

千島・南樺太
293,574

大連
225,954

韓国 597,319

沖縄
69,416

香港
19,347

台湾
479,544

北朝鮮
322,585

ハワイ
3,659

仏領インドシナ
32,303

フィリピン
133,123

本土
隣接諸島
62,389

ニュージー
ランド 797

その他
東南アジア
727,100

太平洋諸島
130,968

オーストラリア
138,843

大戦終結後，支配が崩壊した植民地や占領地との間などで，膨大な人の移動がおこった。日本でも将兵の復員や民間人の引揚げにより，人口が一気に増加した。日本ではとくに〔ア 　　　〕や〔イ 　　　〕から帰還した人がそれぞれ100万人以上いたことが図から読みとれる。しかし，〔ア〕には残された多くの残留孤児や残留女性がいた。また，ソ連によって〔ウ 　　　〕に抑留された約60万人の兵士たちがいた。

Try 日本とドイツの占領政策の相違点は，占領終結後の両国の歴史にどうつながったのだろうか。

[　　　　　　　　　　　　　　　　　　　　　　　　　　　　]

52 民主化と日本国憲法

教科書 p.178〜179

Approach▶ 憲法の条文を読み，その意味するところを考えてみよう。

憲法の前文では主権が〔ア　　　　〕にあることが宣言されている。第9条で〔イ　　　　　　〕，第11条で〔ウ　　　　　　　　〕，第25条では生存権が規定されている。このように憲法において日本は民主的であり，平和を守る国として不断の努力が求められている。

▌日本国憲法の制定

●憲法の全面的見直し

・日本政府の当初案…天皇の〔①　　　　　〕を維持するなどわずかな修正

→〔②　　　　　　　〕が新たな憲法草案を作成し，日本政府に直接示す

→これをもとに日本政府は憲法改正草案要綱を発表

→戦後初の総選挙で選ばれた〔③　　　　　　〕議員によって帝国議会で審議，追加修正

→〔④　　　　　　　　　〕・戦争放棄・〔⑤　　　　　　　　　　　　〕をおもな原理とする**日本国憲法**制定

●法律の改廃や新たな立法

・民法改正…〔⑥　　　　　〕の権限が強い旧民法の家族制度廃止→男女同権，夫婦中心

・刑法改正…皇室に対する〔⑦　　　　　〕など廃止

・福祉：1946年に〔⑧　　　　　　　〕が制定され，児童福祉法・身体障害者福祉法も整備

▌民主化の徹底

●日本の軍国主義をささえた基盤の改革

・〔⑨　　　　　　〕がなされる→〔⑩　　　　　　　**法**や〔⑪　　　　　　　　　　〕**法**を制定

・〔⑫　　　　　　　〕実施…地主の土地所有を制限→地主の農村支配は最終的に消滅

●民主化を支持する勢力の育成

・労働者の権利拡大…団結権を保障した〔⑬　　　　　　〕**法**，〔⑭　　　　　　〕**法**を制定

●教育や思想面の改革

・国家と神道の分離，軍国主義的教材の排除

・〔⑮　　　　　〕・国史・地理の授業停止

・教育の機会均等などを定めた〔⑯　　　　　〕**法**の制定→教育勅語は失効

・地域の改革や民主化をささえるため公選制の〔⑰　　　　　　〕も設置

▌自主的団体の広まり

・政党の復活，〔⑱　　　　　　〕者の政治活動合法化，女性議員の誕生（39人）

・〔⑲　　　　　　　〕法施行…住民の直接選挙による知事や市町村長が誕生

・GHQは占領軍批判や原爆被害の公表は不許可，労働組合の〔⑳　　　　　　　　〕も中止

確認 民主化政策によって，日本の社会はどのように変わったのだろうか。次の語句を用いてまとめてみよう。 【　家族制度　　財閥解体　　労働組合法　　教育基本法　】

- -

- -

- -

- -

- -

- -

- -

- -

- -

- -

Check ▶ ヴァイマル憲法（左）や不戦条約（右）の条文と教科書p.178の日本国憲法の条文を比較し，次の文章①〜④それぞれの正誤を答えよう。

ヴァイマル憲法（第151条）
経済生活の秩序は，すべての人に，人たるに値する生存を保証することを目ざす，正義の諸原則に適合するものでなければならない。

不戦条約
第1条　締約国は，国際紛争解決のために戦争に訴えることを非難し，かつ，その相互の関係において国家政策の手段としての戦争を放棄することを，その各々の人民の名において厳粛に宣言する。
第2条　締約国は，相互間に発生する紛争または衝突の処理または解決を，その性質または原因の如何を問わず，平和的手段以外で求めないことを約束する。

① ヴァイマル憲法では，少なくとも人は生命を維持するために必要な食糧が保証されなければならないとしているが，日本国憲法では人としての尊厳が維持されることが必要とうたっている。　　　　　　　　　　　　　　　　　　　　　　　　　　〔　　　〕

② 日本国憲法には，外国人を含むすべての日本国居住者は，人としての尊厳が維持される生活を送る権利があると記されている。　　　　　　　　　　　　　　　　　〔　　　〕

③ 日本国憲法9条には，不戦条約の精神が生かされている。
　　　　　　　　　　　　　　　　　　　　　　　　　　　　　　　　　　　　〔　　　〕

④ 日本国憲法には，すべての国民は健康で文化的な最低限度の生活を営む義務があると規定されている。　　　　　　　　　　　　　　　　　　　　　　　　　　　　　〔　　　〕

Try 世界的な戦争違法化の流れのなかで，戦争放棄を定めた日本国憲法はどのような特徴をもつだろうか。

[

53 冷戦の開始

Approach▶ 第二次世界大戦後，ヨーロッパにどのような状況がうまれたのだろうか。

　第二次世界大戦後の世界はアメリカを中心とする〔**ア**　　　　　〕主義・自由主義圏である〔**イ**　　　　〕陣営と，ソ連を中心とする〔**ウ**　　　　〕主義・共産主義圏である〔**エ**　　　　〕陣営に二分された。ヨーロッパでもイギリスやフランスなどの〔**イ**〕諸国とポーランドやルーマニアなどの〔**エ**〕諸国が対立した。実際の軍事衝突をともなわないこの対立は〔**オ**　　　　　〕とよばれる。

冷戦の開始

・アメリカとソ連は，勢力範囲の拡大をめぐり競合

　→〔①　　　　　　　〕・自由主義圏と〔②　　　　　　　　〕・共産主義圏の対立として世界に拡大

・1947年3月，アメリカは〔③　　　　　　　　　　　〕を発表…共産主義に対抗するためギリシア・トルコに経済・軍事援助を与えることを約束→6月，〔④　　　　　　　　　　　〕を公表…ヨーロッパへの経済援助をうたう＝共産主義に対する「〔⑤　　　　　　　　〕」

・ソ連は各国共産党の間の連絡・調整機関として〔⑥　　　　　　　　〕を設立

・このような〔①〕圏と〔②〕圏の対立は〔⑦　　　　〕とよばれる

ヨーロッパの冷戦

・〔⑧　　　　　　　　　　〕で非共産党勢力が排除される（1948年2月）

　→東ヨーロッパはソ連主導下の〔②〕圏に

・〔⑨　　　　　　　　〕（1948年6月）…ドイツでは米英仏とソ連の対立が激化，ソ連が4か国管理下のベルリンへの交通遮断→西側諸国から物資空輸→1949年5月封鎖解除→ドイツの分断が決定的，〔⑩　　　　　　　　　　〕（西ドイツ）と〔⑪　　　　　　　　　　　〕（東ドイツ）が成立

戦後のアジア

・アジア太平洋戦争の終結時，日本の占領下にあった〔⑫　　　　　　　　〕や〔⑬　　　　　　　〕で独立宣言→オランダとフランスは再植民地化をめざして独立を認めず→〔⑫〕独立戦争や〔⑭　　　　　　　　　〕勃発→〔⑫〕は戦争のすえ1949年に独立達成，〔⑬〕では戦争が長引く

・中国では国民党勢力と共産党勢力の内戦→〔⑮　　　　　　〕がひきいる共産党が勝利

　→1949年に〔⑯　　　　　　　　〕が成立

・朝鮮では，1948年，北緯38度線を境として，南部に〔⑰　　　　　　〕（韓国）が，北部に〔⑱　　　　　　　　　　〕（北朝鮮）が成立→1950年に両国の間で〔⑲　　　　　　　〕が勃発

　→アジアでの冷戦は実際の戦闘をともなうものになった

確認 冷戦はどのようにしてはじまり，深刻化していったのだろうか。次の語句を用いてまとめてみよう。【 「封じ込め政策」　ベルリン封鎖　中華人民共和国 】

MEMO

Check ▶ 右の写真に関する会話の空欄ア～ウに入る語句の組合せとして正しいものを，下の
①～④から一つ選ぼう。 〔　　　　〕

生徒：これはベルリン封鎖の様子ですね。

先生：そうです。〔　ア　〕によって，陸上交通路を遮断され
　　　たベルリンの市民が，〔　イ　〕などが物資を空輸する
　　　様子を見守っているところです。

生徒：封鎖は長く続いたんですか。

先生：11か月ほどで解除されましたが，ドイツの東西分裂
　　　が決定的になり，米英仏の占領地域からは〔　ウ　〕が
　　　成立しました。

① 　アーアメリカ　　　イーソ連　　　　　ウードイツ連邦共和国
② 　アーアメリカ　　　イーソ連　　　　　ウードイツ民主共和国
③ 　アーソ連　　　　　イーアメリカ　　　ウードイツ連邦共和国
④ 　アーソ連　　　　　イーアメリカ　　　ウードイツ民主共和国

Try なぜヨーロッパでは軍事衝突に発展しなかった冷戦が，アジアでは戦闘をともなったのか考
えてみよう。

54 朝鮮戦争と日本

教科書　p.182〜183

Approach▶ 朝鮮戦争に日本はどのようにかかわったのだろうか。

　沖縄を含めた日本の米軍基地は，〔**ア**　　　　　　〕の出撃や補給の拠点として利用された。また，日本の掃海艇や船員も動員され，死傷者も出ている。経済面ではアメリカ軍に大量の軍需物資を提供したことが，日本経済に〔**イ**　　　　　　〕をもたらした。

日本占領政策の転換

- 朝鮮半島や中国で〔①　　　　　　〕がすすむ→アメリカは日本に対し，非軍事化から経済を早期に復興させてアジアでの同盟国へと育成する方針に転換→日本政府に緊縮財政を命じ，**1ドル＝**〔②　　　　　　〕**の単一為替レート**を設定，輸出促進をはかる
  - →インフレは収束したが，国内は深刻な〔③　　　　　　〕に

朝鮮戦争とアジアの冷戦

- 1950年6月，北朝鮮が韓国に侵攻して〔④　　　　　　〕勃発
  - →〔⑤　　　　　　〕は韓国を支援して国連軍として参戦
  - →危機感を強めた〔⑥　　　　　〕が人民義勇軍を派遣し，ソ連も北朝鮮を支援→国際戦争に
- 沖縄を含めた日本の〔⑦　　　　　　〕…国連軍の出撃や補給の拠点として利用
- アメリカ軍による大量の軍需物資の調達→日本経済に〔⑧　　　　　　〕をもたらす
  - →〔③〕から復興への足がかりとなる
- GHQは治安維持のため，出撃したアメリカ軍にかわる〔⑨　　　　　　〕の創設を指示
- 共産党員やその同調者とみられた人々の解雇・追放（〔⑩　　　　　　〕）がおこなわれる

平和条約と安保条約

- 〔⑪　　　　　　　　　　　〕（1951年9月調印）
  …〔⑫　　　　　〕首相ら日本全権が48か国と講和→連合国との戦争状態が正式に終結
  ＜平和条約のおもな内容＞
  ❶日本の主権回復　❷〔⑬　　　　　〕の放棄　❸北緯29度以南の南西諸島と小笠原諸島に対するアメリカの占領継続　❹外国軍隊駐留の承認　❺連合国側の賠償請求権の放棄
  ❻〔⑭　　　　　〕の判決の受諾
- 講和会議には，戦争で最も被害を受けた〔⑥〕を代表する政府はまねかれず
  - →〔⑮　　　　　〕は参加したが，条約内容に反対して署名せず
- 〔⑯　　　　　　〕…平和条約とともに日米間で締結→講和後も引き続きアメリカ軍の日本駐留を認める→〔⑰　　　　　　〕によりアメリカ軍の諸権利が定められる
- 日本は〔⑨〕を拡張し〔⑱　　　　　〕設置（1952年）→〔⑲　　　　　　〕発足（1954年）

確認 アジアにおける冷戦は，日本の独立と安全保障にどのように影響したのだろうか。次の語句を用いてまとめてみよう。　【　警察予備隊　　サンフランシスコ平和条約　　日米安全保障条約　】

[　　　　　　　　　　　　　　　　　　　　　　　　　　　　　　　　　　　]

● p.158～159 を開いて，この章で学んだことをふりかえってみよう。

Check ①▶ 右の表は，朝鮮戦争中にアメリカ軍が日本に発注したおもな物資をまとめたものである。表のなかで戦争に直接関連するものを指摘してみよう。

[　　　　　　]

順位	第1年	第2年	第3年	第4年	第5年
1	トラック	自動車部品	兵器	兵器	兵器
2	綿布	石炭	石炭	石炭	石炭
3	毛布	綿布	麻袋	食糧品	食糧品
4	建築鋼材	ドラム缶	有刺鉄線	家具	家具
5	麻袋	麻袋	セメント	乾電池	セメント

Check ②▶ 下の写真は，ある年におこなわれたメーデー会場の一部を撮影したものである。この写真に関する次の説明文のうち，正しく説明しているものを一つ選ぼう。

① 皇居前広場を会場に戦後はじめてひらかれたメーデーである。
② 日米安全保障条約の改定に反対している。
③ すべての交戦国と講和をすべきだと主張している。
④ 再軍備に反対しているが，このメーデーの翌年には自衛隊が発足した。

[　　　　　　]

Try 朝鮮戦争は，その後の日本の政治・経済にどのような影響を与えたのだろうか。考えてみよう。

[

55 冷戦対立の推移

Approach▶ どのような地域で軍事協力体制がきずかれていったのだろうか。

　西側では，北米・西欧諸国が中心となった[**ア**　　　　　　　　　　](NATO)や，西アジア諸国との[**イ**　　　　　　　　　　　　　](METO)，タイとフィリピンが加盟した[**ウ**　　　　　　　](SEATO)などがつくられた。また，アメリカは米韓相互防衛条約や日米安全保障条約もむすんだ。東側ではソ連と東欧諸国によって[**エ**　　　　　　　　　　]が結成され，中ソ間では中ソ友好同盟相互援助条約がむすばれた。

冷戦下の競合

・経済相互援助会議([①　　　　　　　　])を設立(1949年)…東側の国々が設立

・[②　　　　　　　　　　](**NATO**)を結成(1949年)

　…アメリカ・カナダ・西欧諸国の集団防衛機構

・西ドイツ：パリ協定(1955年)で主権回復→再軍備・[②]加入

・日本：主権回復(1952年)→自衛隊の設立

・西側の軍事的協力体制：東南アジア条約機構(SEATO)(1954年)

　　　　　　　　　　　　　中東(バグダード)条約機構(METO)(1955年)

・東側の軍事協力機構：[③　　　　　　　　　　](1955年)…ソ連と東欧諸国

アジアの戦争

・朝鮮戦争は，北緯38度線上の板門店で休戦協定締結

・[④　　　　　　　　　]…ベトナム民主共和国が，独立を認めないフランスと戦う

　→フランスは南部にベトナム国を樹立→ディエンビエンフーでフランスが敗北

　→[⑤　　　　　　　　　　]…北緯17度線を境界とし，統一選挙の実施を決定

　→アメリカとベトナム国は調印せず

ベルリンの壁とキューバ危機

・スターリンの死(1953年)→[⑥　　　　　　　　]第一書記による[⑦　　　　　　　　　　]

　→ポーランドで民主化運動→ソ連を刺激せずに一定の改革

　→ハンガリーで民主化運動→ソ連が介入して改革をおさえる

・[⑧　　　　　　　]の建設(1961年)…東ベルリンから西ベルリンへの移動を阻止する

・[⑥]により米ソ関係改善のきざし

　→ソ連がキューバにミサイル基地建設→激しい緊張([⑨　　　　　　　　])(1962年)

確認 1950年代から60年代はじめにかけて，冷戦はどのように展開したのだろうか。次の語句を用いてまとめてみよう。　【　ワルシャワ条約機構　　スターリン批判　　キューバ危機　】

MEMO ●板書事項のほか，気づいたこと，わからなかったこと，調べてみたいことを自由に書いてみよう。

Try アジアにおける冷戦とヨーロッパにおける冷戦を年表で整理してみよう。

年	ヨーロッパ	アジア
1945	第二次世界大戦の終結	
1947	●トルーマン＝ドクトリンの発表 ●マーシャル＝プランの発表 ○コミンフォルムの設立	
1948		
1949		
1950		
1951		
1954		
1955		
1956		
1961		

56 植民地の独立と第三世界の出現

┌─ **Approach▶** 植民地の独立は，どのような過程を経て実現したのだろうか。─
│　　植民地のなかには，〔**ア**　　　　　〕の領土であったアルジェリアのように，支配国との激しい
│戦争を経て独立した国や，〔**イ**　　　　　〕との交渉によって独立したインドのような例もある。
│〔**ウ**　　　　〕は，日本の敗戦によって脱植民地化の過程を経ることなしに植民地の地位を脱した
│が，アメリカと〔**エ**　　　　　〕の占領を経て分断国家として独立した。
└──────────────────────────────────────

▌ 植民地の独立

●アジア・アフリカ諸国の独立

- 〔①　　　　　　　　　〕…植民地の独立，1940年代にはじまり1960年代に頂点
- 1960年は「〔②　　　　　　　〕」とよばれる
- アルジェリア…フランスとの〔③　　　　　　　　　〕を経て独立（1962年）
- インド…イギリスとの交渉を経て独立したが，統一しての独立はできず
  → ヒンドゥー教徒の多い〔④　　　　　　〕とムスリムの多い〔⑤　　　　　　　〕に分離
- 独立後も経済成長・文化的自立・民族対立などの課題を抱える
  → コンゴやナイジェリアなどでは深刻な内戦
- 台湾や朝鮮：植民地の地位は脱したが，困難に直面
- 日本：突然の帝国解体で植民地支配を反省する機会を与えられず

▌ アジア＝アフリカ会議と平和十原則

●平和五原則の発表

- コロンボ会議（1954年）…アジア諸国の首脳会議
- 〔⑥　　　　　〕と〔⑦　　　　　〕の会談→〔⑧　　　　　　　〕を発表

●平和十原則の発表

- 〔⑨　　　　　　　　　　　〕（バンドン会議，1955年）
  …インドネシアのバンドンで開催→〔⑩　　　　　　　〕を発表：〔⑧〕を具体化
  ←日本も参加…独立回復後はじめての大規模な国際会議

▌ 非同盟運動

●第三勢力の台頭と南北問題

- 〔⑪　　　　　　　　〕…東西両陣営のどちらにも属さない非同盟中立政策をとる
- 〔⑫　　　　　　　　　〕の開催（1961年　ユーゴスラヴィアのベオグラード）
  → 新独立国の経済困難解決のための国際経済体制の改革を求める
- 「〔⑬　　　　　　　〕」…経済的にすすんだ北の国々と，南の第三世界の国々との経済格差

確認 独立後の旧植民地諸国は，国際社会においてどのような動きをとったのだろうか。

┌
│
│
│
└

MEMO

Check ▶ 下の２枚の地図から読みとれる内容について述べたＡ～Ｃの３人のうち，正しいことを述べているのはだれか，①～④から一つ選ぼう。　　　　　　　　　　〔　　　〕

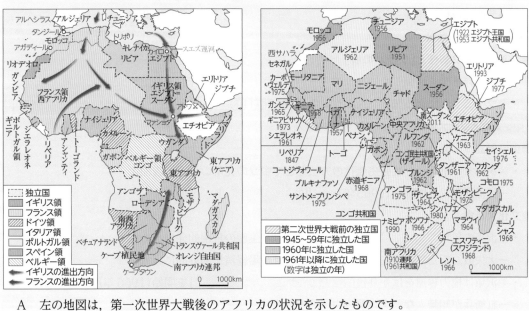

A　左の地図は，第一次世界大戦後のアフリカの状況を示したものです。

B　右の地図の国境には，植民地時代の境界と重なっているものもあります。

C　ポルトガルの植民地であったところは，冷戦の終結後に独立を果たしています。

①　Ａのみが正しい　　②　Ｂのみが正しい　　③　Ｃのみが正しい　　④　全員正しくない

Try 平和十原則や非同盟運動の歴史的意義を考えてみよう。

57 米ソ両陣営の動揺

Approach▶ 1・2をみて，なぜ1960年代にアメリカ社会が動揺したのか考えてみよう。

1からは，アメリカがおこなっている[**ア**　　　　　　　]の非人道性がうかがえ，**2**では
[**イ**　　　　　]運動に賛同し[**ウ**　　　　]差別に反対する人が多く存在することがわかる。反戦運動や[**イ**]運動は政府を批判する運動として高揚し，アメリカ社会を動揺させることになった。

ベトナム戦争とアメリカ社会

●ベトナム戦争

・ベトナムは南北で対立

　→アメリカの[①　　　　　　　　]大統領は反共産主義の立場で南部の独裁政権を支持

・[②　　　　　　　]大統領がトンキン湾事件を口実に軍事介入

　→[③　　　　　　　　]本格化(1965年)→北ベトナムへの空爆([④　　　　　])を実施

　→北ベトナムは屈服せず，南ベトナム解放民族戦線(1960年樹立)も抵抗

●ベトナム和平協定

・アメリカでは反戦運動が高揚→公民権運動とともに社会を動揺させる

・[⑤　　　　　　　]大統領の交渉→[⑥　　　　　　　　　]成立(1973年)→アメリカ軍撤退

　→北側の最終的勝利→[⑦　　　　　　　　　]成立(1976年)

社会主義陣営の動揺

●フルシチョフ解任と「プラハの春」

・平和共存外交を展開したフルシチョフが解任される(1964年)→自由化の進展は抑制

・ドプチェクらによるチェコスロヴァキア民主化(「[⑧　　　　　　　]」)が弾圧される(1968年)

中ソ対立と文化大革命

●中ソ対立

・スターリン批判後，社会主義化の方法などで中ソの見解の相違が表面化

　→関係悪化，公開論争(1963年)へ…[⑨　　　　　　]

●文化大革命

・毛沢東の[⑩　　　　　]政策…鉄鋼生産や農業生産の飛躍的発展をめざす

　→大失敗，新たに国家主席となった劉少奇は市場経済を部分的に導入

・毛沢東は権力奪還をはかり[⑪　　　　　　　　　]を開始(1966年)

　→紅衛兵が知識人などを攻撃→中国国内の混乱

・ソ連と対立する中国とベトナム戦争に苦しむアメリカが接近→ニクソンの中国訪問

確認 ベトナム戦争を経て，米ソの外交姿勢はどのように変化したのだろうか。

MEMO

- -
- -
- -
- -
- -
- -
- -
- -
- -
- -
- -
- -
- -
- -

Check ▶ 次の文字資料を読んで，この演説をおこなった人物名と，文中の空欄に入る語句の組合せとして適切なものを一つ選ぼう。　　　　　　　　　　　　　　　　〔　　　　〕

> 私には夢があります。…いつの日かこの国は立ち上がり，国の礎となった信念に従って，「神はすべての人を平等に創り給われた，それは自明のことである」という信念にしたがって歩み始める，そんな夢が私にはあるのです。…私には夢がある，私の幼い四人の子供たちは〔　　　　〕でなく，人格で判断される，そんな国に住むことができる，そんな日が来るという夢が。

① 人物－ケネディ　　　語句－肌の色　　　② 人物－ケネディ　　　語句－財産の額
③ 人物－キング牧師　　語句－肌の色　　　④ 人物－キング牧師　　語句－財産の額

Exercise ▶ ベトナム戦争に関する説明として誤っているものを①〜④から一つ選ぼう。〔　　　　〕
① アメリカは，ジョンソン大統領のときに本格的な介入を開始した。
② 南ベトナム解放民族戦線は，アメリカの支援を受けて北ベトナムと戦った。
③ ニクソン大統領は，ベトナム和平協定をむすび，アメリカ軍の撤兵が実現した。
④ ベトナム戦争後，南北ベトナムを統一したベトナム社会主義共和国が成立した。

Try ベトナム戦争がアメリカ社会に与えた影響と文化大革命が中国社会に与えた影響を考えてみよう。

[

]

58 日本の国際社会復帰と高度経済成長

Approach▶ 人々はなぜ日米安全保障条約の改定に反対したのだろうか。

　当時は米ソ[**ア**　　　　　]の最中であり，アメリカと緊密な軍事的取り決めをすることは，米ソの対立に巻きこまれることになる。南北に分断された[**イ**　　　　　]半島にも近い日本は，最前線となり，犠牲者も多数出ることが予想された。第二次世界大戦から15年しか経っておらず，まだ戦争の記憶が生々しかった。戦争の危険を回避するためにも，人々は日米安全保障条約の改定に反対した。

▎西側諸国の国内政治体制と日本

●西側諸国の政権

・課題：社会福祉，産業政策，東側諸国との関係改善

　保守政党：[①　　　　　　　　]の維持をはかろうとする

　社会民主主義政党：重要産業の[②　　　　　]など資本主義の修正をめざす

●日本の政治

・[③　　　　　]：日本社会党（社会党）対 [④　　　　　]：自由民主党（自民党）

・[⑤　　　　　]体制（1955〜93年）

　→争点は安全保障・憲法解釈・社会保障

・[⑥　　　　　　]内閣（任 1954〜56年）：保守合同

　外交：[⑦　　　　　　　　]に署名（1956年）→[⑧　　　　　　]に加盟

・[⑨　　　　　]内閣（任 1957〜60年）：日米安全保障条約の改定をめざす

　外交：[⑩　　　　　　　　　　]（**新安保条約**）を締結

　国内：反対運動（[⑪　　　　　　]）がおきる

▎戦後世界のなかの経済成長

・西側諸国：基軸通貨[⑫　　　　]と安い[⑬　　　　　　]で経済成長

　とくに日本は平均約10％の成長を果たした＝[⑭　　　　　　　]**成長**

・東側諸国：一定の経済成長をとげる

▎日本・アジア間の関係回復と冷戦

・中華人民共和国

　[⑮　　　　　　　　]（1972年）：日本の[⑯　　　　　　]首相が訪中→中華民国とは国交断絶

　[⑰　　　　　　　　　]（1978年締結）

・韓国：[⑱　　　　　　　]（1965年締結）→韓国の[⑲　　　　　　]政権と経済協力で妥結

・沖縄：[⑳　　　　　]首相の対米交渉で返還が実現（1972年）

確認 高度経済成長の時代に，日本と欧米・アジア諸国との関係はどのように変化したのだろうか。次の語句を用いてまとめてみよう。【　ドル　　石油資源　　アメリカ　　賠償協定　　関係回復　】

- -

● p.158～159 を開いて，この章で学んだことをふりかえってみよう。

Check ▶ 主要な欧米諸国・日本の経済成長率を示した右のグラフをみて，以下の問いに答えよう。

1　アメリカの経済成長率がマイナスに転じたのはいつか。

〔　　　　　〕年

2　1の最も大きな理由を次の①～④から一つ選ぼう。

① 新安保条約締結　　② ベトナム戦争の負担

③ 沖縄返還運動　　　④ 朝鮮戦争の負担

〔　　　〕

3　1960年代～70年代に経済成長率がマイナスにならなかった欧米諸国はどこだろうか。

〔　　　　　〕

Try　日本の高度経済成長は当時どのような課題をもたらしただろうか。考えてみよう。

1968—「豊かな社会」でおこった「異議申し立て」

教科書 p.210〜211

① 「豊かな社会」なのになぜ？

STEP 1　教科書p.210の年表も参考にして，1965年から1969年までの世界の動きと日本の動きを，教科書p.204〜207を確認して年表にしてみよう。

STEP 2

1　次の三つの時代に人々の生活がどのように変わったのか，書き出してみよう

　①1920年代（「大衆化の時代」　p.142〜143，147）

　②1968年（高度経済成長の時代　祖母の話より）

　③現在（君たちの身の回り）

2　祖母が感じた「みんながいっぺんに豊かになったわけじゃない」とは，高度経済成長の時代が実際はどんな時代だったことを示しているだろうか。

② 反戦運動はなぜひろがった？

STEP 1　1968年ごろに流行したファッションや音楽について，以下の語句を参考にして調べてみよう。また，そこから定着して現在まで続いている生活習慣にはどのようなものがあるか，話し合ってみよう。

【　ヒッピー　モッズ　アイビールック　ミニスカート　グループサウンズ　ロック　ビートルズ　】

STEP 2　1948年生まれの祖母の親は，いつごろの生まれだろうか。その親が「北爆」や「ゲリラ戦」の映像から思い出す体験とは何だろうか。

「市民」とはだれか？

STEP 1 写真の説明にある朝霞基地とは，東京都練馬区大泉にある自衛隊駐屯地である。当時，基地内には米軍の野戦病院が設置されていた。写真には「大泉市民の集い」とあるが，行政区分としての大泉市は存在しない。「大泉市民の集い」ではなく，「大泉　市民の集い」と考えたとき，この横断幕にある市民とは，どのような意味で使われていたのだろうか。

[　　]

STEP 2 日本はベトナム戦争とどのように関係していたのか。戦後日本の国際関係や沖縄の基地に関する教科書の記述p.182やp.208〜209を参考にしてまとめてみよう。

[　　]

④ その後に何を残したか？

STEP 1

1　1968年の抗議や批判の例（何に抗議したのか，何を批判したのか）を，祖母の会話から抜き出してみよう。

[　　]

2　1であげた抗議や批判は今の社会でどうなっているだろうか。どのような影響を与えただろうか。

[　　]

STEP 2 以下の2点を意識して，1960年代以降の日本とアジアの関係について，考えてみよう。
・アメリカは，日本に一部の施設や物資補充の拠点をもって，ベトナム戦争を戦った。
・バナナの場合は，アメリカの農事産業三社がフィリピンと日本に進出し，それぞれに拠点を築いた。
　…こうしてフィリピンと日本はつながった。

[　　]

Try　1　経済の高度成長がみられ，「豊かな社会」になったはずの1960年代の欧米や日本で，なぜ抗議の運動がこれほどさかんになったのだろうか。祖母の会話にある，当時の社会問題を参考に考えてみよう。
　　　2　人々が要求や抗議の声を伝える方法には，どのようなものがあるか。教科書でここまで学んできた運動や現在のニュースなどから具体的な例をあげて，議論してみよう。

59 石油危機と世界経済

教科書 p.214〜215

- **Approach▶ 石油危機は人々の日常生活にどのような影響を与えたのだろうか。**

　石油危機により，それまでの[**ア**　　　　　　　]や資源を[**イ**　　　　　　　]する時代は終わり，限りある資源を有効に使うことが求められた。たとえば自動車の燃費をよくしたり，電化製品の消費電力を少なくしたりする努力がおこなわれた。石油危機は国際関係の緊張が原因であり，国際的な緊張緩和がすすめられた。

石油危機と資本主義の構造転換

●背景

- ・[①　　　　　　　　　　](1973年)…シリアとエジプトがイスラエルを攻撃
- ・[②　　　　　　　　　　](OPEC)：産油国が国際石油資本に対抗して結成
  - →反アラブ国への原油供給制限と価格の引き上げ→[③　　　　　　　　](オイル=ショック)

●影響

- ・世界経済の混乱：不況とインフレが同時進行=[④　　　　　　　　　　]
- ・[⑤　　　　　　　　　　　]の影響で，ふたたび原油価格が上がる
  - →[⑥　　　　　　　　](1979年)→資源を大量消費する産業構造が転換

変動相場制

- ・アメリカ：ベトナム戦争で膨大な支出，金の保有量が減少
  - →[⑦　　　　　　　]大統領：ドルと金の交換停止を発表→[⑧　　　　　　　　　](1971年)
- ・ドルを中心とする国際通貨体制である[⑨　　　　　　　　]体制の動揺
  - →主要国：固定相場制から[⑩　　　　　　　]へ移行(1973 年)→国際金融取引は自由化へ

新自由主義

- ・福祉国家政策の強化：ヨーロッパの社会民主主義政権，ユーロ=コミュニズム，日本の革新自治体などは社会保障・医療・教育の強化をめざす→財政危機で挫折
- ・**新自由主義**：国家の市場介入や公共サービスの縮小，民営化の推進
  - →財政を削減して「[⑪　　　　　　　　]」をめざす→貧富の差の拡大をまねく
- ・採用した主な国々→世界中にひろがる
  - イギリスの[⑫　　　　　　　]政権
  - アメリカの[⑬　　　　　　　]政権
  - 日本の[⑭　　　　　]政権

確認 石油危機以後の世界はどのように変化したのだろうか。次の語句を用いてまとめてみよう。

【　ドル　　変動相場制　　財政危機　　新自由主義　　格差　】

MEMO ●板書事項のほか，気づいたこと，わからなかったこと，調べてみたいことを自由に書いてみよう。

Check ▶ 原油価格の推移を示した右のグラフをみて，以下の問いに答えよう。グラフ中のA・B
はその時期におこった出来事を示している。

1　Aの出来事がおこった1973年から
74年にかけて，石油価格は約何倍
になっただろうか。次のa〜cから
一つ選ぼう。

　　a　2倍　　　b　4倍　　　c　8倍
　　　　　　　　　　　　　　　　　〔　　　〕

2　1の時期に欧米諸国や日本の経済
成長率はどう変化したか。教科書
p.206 **2** のグラフをみて答えよう。

[　　　　　　　　　　　　　　　　　　　　　

　　　　　　　　　　　　　　　　　　　　　]

3　Bの出来事とその影響でおこった事態に関する説明として誤っているものを，①〜④から一つ
選ぼう。　　　　　　　　　　　　　　　　　　　　　　　　　　　　　　　〔　　　〕

　①　原油価格が大幅に上昇し，第2次石油危機がおこった。

　②　イランではイスラームを国家体制の中心にすえた共和国が成立した。

　③　この結果，エネルギーや資源を大量消費する産業構造からの転換が求められるようになった。

　④　日本の高度経済成長は終わりをむかえることになった。

Try　新自由主義が登場した背景を，1970年代以降の世界の動きをふまえて考えてみよう。

[

]

60 緊張緩和から冷戦の終結へ

教科書 p.218〜219

Approach▶ 冷戦期の国際関係は1970年代にどのように変化したのだろうか。

　アメリカは〔**ア**　　　　　　〕での財政負担，ソ連は経済の停滞で苦しむなか，軍縮など〔**イ**　　　　　　〕の動きが出てきた。さらに西ドイツが〔**ウ**　　　　　　〕で東側と関係改善をはかるなど独自の動きをみせた。米ソの影響力が弱まるなか，イランでは革命がおき，ポーランドでは改革運動がおきた。社会主義国どうしの紛争もおき，米ソの枠組みからはずれた独自の動きが出てきた。

緊張の緩和

●**緊張緩和（デタント）**…アメリカとソ連の財政難が発端

・米ソ：〔①　　　　　　　　〕（**SALT**）…核兵器数の制限をめざす

・西ドイツ：〔②　　　　　　〕…東ドイツやポーランドと関係改善

・〔③　　　　　〕宣言（1975年）…ヨーロッパ全体の緊張緩和をめざす

新冷戦

●**新冷戦（冷戦の新たな段階）**

・1979年：〔④　　　　　　〕侵攻…親ソ派政権を支援して，ソ連軍が侵攻

　　　　イラン：〔⑤　　　　　〕**革命**…〔⑥　　　　　〕が指導

・1980年：〔⑦　　　　　〕**戦争**…イラクが領土拡大をはかる→欧米諸国はイラクを支持

　　　　イラク：〔⑧　　　　　〕政権

・1980年：「〔⑨　　　　〕」が主導するポーランドの改革運動→翌年，戒厳令が出て弾圧される

・1983年：アメリカの〔⑩　　　　　〕計画→米ソの対立が深まる

社会主義陣営の変容

・カンボジア：〔⑪　　　　　〕政権が独自の社会主義政策→少数派を弾圧

・ベトナム：カンボジア介入→中国が侵攻して〔⑫　　　　〕がおきる

・革命と民族解放を求めて社会主義国に接近する動きも強い

ソ連のペレストロイカ

●**ゴルバチョフ政権**

・1985年：共産党書記長就任→経済や市民生活，社会の改革をめざす＝〔⑬　　　　　　〕

・1986年：〔⑭　　　　　〕原子力発電所事故→情報公開（グラスノスチ）がすすめられる

・1987年：〔⑮　　　　〕（**INF**）**全廃条約**→米ソの関係改善

・1989年：〔⑯　　　〕**会談**→アメリカの〔⑰　　　〕大統領と冷戦の終結を宣言

確認 米ソの対立はどのような経緯で終結に向かっていったのだろうか。次の語句を用いてまとめてみよう。【　緊張緩和　　ゴルバチョフ　　中距離核戦力全廃条約　　マルタ会談　】

- -

- -

- -

- -

- -

- -

- -

- -

- -

- -

- -

- -

- -

Check ▶ 1970年代末から80年代の西アジア諸国の動向について，下の地図をみながら以下の問いに答えよう。

1　①の国名と，この国が1979年に軍事侵攻した国を答えよう。

・国名〔　　　　　〕

・侵攻した国〔　　　　　〕

2　②の国名と，1979年にここにおかれた大使館が占拠された国を答えよう。

・国名〔　　　　　〕

・大使館を占拠された国〔　　　　　〕

3　③の国名と，1979年にこの国に侵攻した国を答えよう。

・国名〔　　　　　〕

・侵攻した国〔　　　　〕

Try なぜ米ソ両国は冷戦終結に向かったのだろうか。それぞれの国内事情をふまえて考えてみよう。

61 地域協力の進展

Approach▶ ヨーロッパと東南アジアでは，どのような地域経済ブロックがつくられたのだろうか。

　ヨーロッパでは西側でEECが〔**ア**　　　　　〕（ヨーロッパ共同体）になり，北欧やスイスなどでは〔**イ**　　　　　　〕（ヨーロッパ自由貿易連合），東側では〔**ウ**　　　　　　〕（経済相互援助会議）という3つの経済ブロックがつくられた。20世紀末にはEUがつくられて今日にいたっている。東南アジアでは〔**エ**　　　　　〕（東南アジア諸国連合）がつくられた。

■ヨーロッパの地域協力

●3つの地域経済ブロック

・西側：〔①　　　　　　　　　〕（EEC，1958年）

　→〔②　　　　　　　　　〕（EC，1967年）

・北欧・中立諸国：〔③　　　　　　　　〕（EFTA）

・東側：〔④　　　　　　　〕（コメコン）

■アジアの市場経済と地域協力

・発展途上国：〔⑤　　　　　〕…強権的な政治体制で近代化をめざす

・中国：1978年から〔⑥　　　　　〕政策で経済立て直しをはかる

　〔⑦　　　　〕が「〔⑧　　　　　　〕」を国家目標とする

・ベトナム：1986年から刷新政策（〔⑨　　　　　〕）を採用する

・東南アジア：〔⑩　　　　　　　〕（略称〔⑪　　　　　〕）発足（1967年）

・〔⑫　　　　　　〕（NIEs）：香港・韓国・シンガポール・台湾など

■労働力と人の移動

●労働力の獲得

・国境をこえた労働者（1960年代〜）：移民や外国人労働者を受け入れ

　イギリス・フランス←旧植民地
　西ドイツ←トルコやユーゴスラヴィア
　東ドイツ←ベトナム・アンゴラ
　アメリカ←中南米からのヒスパニック

　　滞在が長期となり，家族を形成
　　→社会のあり方を変える

●難民の発生

・原因：戦争・災害・政治的迫害・宗教的迫害で居住地を追われる

〔⑬　　　　　　〕：ボートピープル，1975年から

〔⑭　　　　　　〕：中東戦争により世界に離散

確認 1960年代以降のヨーロッパとアジアの経済・社会はどのように変化したのだろうか。次の語句を用いてまとめてみよう。【 EC　開発独裁　改革開放政策　ASEAN　NIEs　移民 】

Check ▶ 図1は1980年代のヨーロッパの地域経済ブロックを示した地図，図2はASEANの拡大を示した地図である。以下の問いに答えよう。

図1

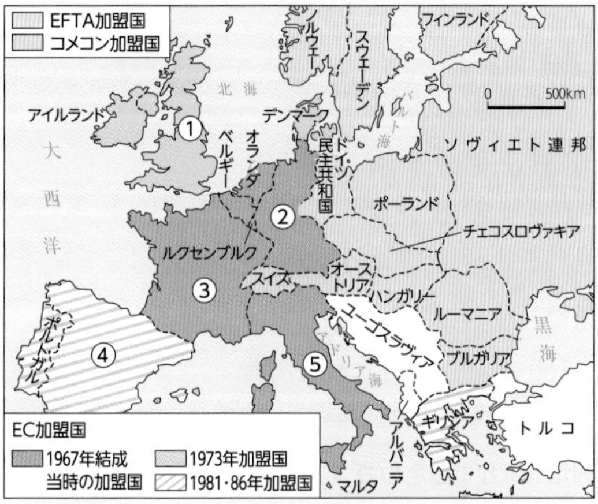

図2

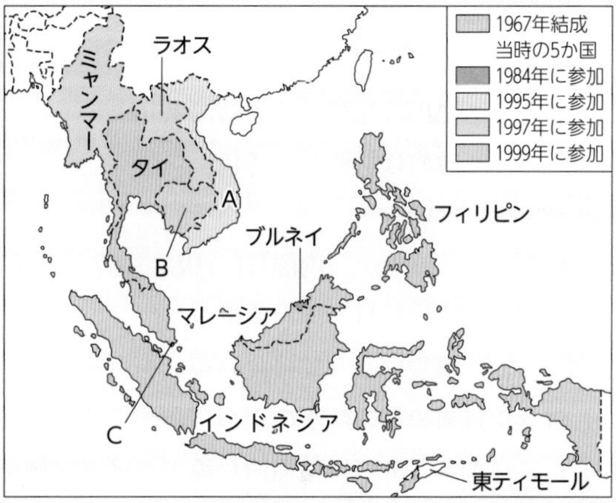

1 図1の①〜⑤の国名を答えよう。

〔①   〕〔②   〕〔③   〕〔④   〕
〔⑤   〕

2 図2のA〜Cの国名を答えよう。

〔A   〕　〔B   〕　〔C   〕

3 アメリカの後押しで反共同盟として結成されたASEANにAの国の参加が遅れた理由は何だろうか。次のX・Yの正誤の組合せとして正しいものを，①〜④から一つ選ぼう。　〔　　　〕

　X　ベトナムがドイモイの採用で市場経済に移行したのが1986年からだったため。

　Y　1989年に冷戦が終結するまで，ベトナム戦争とその後の対立が長引いたため。

①　X—正　Y—正　　②　X—正　Y—誤　　③　X—誤　Y—正　　④　X—誤　Y—誤

Try 戦後の経済統合の意義と課題について考えてみよう。

62 日本の経済大国化

Approach▶ 日本の「豊かさ」は，どのような国際環境のなかでつくられたのだろうか。

　日本は高度経済成長期にアメリカのメジャーによる安い[**ア**　　　]資源を手に入れ経済力を高めた。[**ア**]危機の後も，欧米向けの[**イ**　　　]や電子機器の輸出を順調に伸ばし，経済を回復させた。また海外の安い労働力を使うことで利益を伸ばしていった。このように欧米への輸出の利益とアジアの安い労働力を活用することで「豊かさ」を手に入れた。

経済大国への道

●日本経済の回復

- 第1次[①　　　　　]→1974年度の日本の[②　　　　　]は戦後はじめてマイナスに
  →企業は対策をせまられる
- 日本企業の対策：減量経営により人員整理・生産性の向上をはかる
  新たなエネルギーの開発…省エネルギー技術の革新，[③　　　]発電

●「経済大国」

- 世界最大の債権国に(1985年)→国際社会で存在感を増す
- 問題点：輸出の急増で欧米諸国と[④　　　]をひきおこす
  政府は財源として[⑤　　　]を増発し，財政赤字が深刻化

国際的地位の向上

- [⑥　　　　]内閣(任 1982～87年)：[⑦　　　　]的な政策
  国内：民営化…日本国有鉄道→[⑧　　]，電電公社→NTT
  所得税中心→間接税の導入を計画→のちに[⑨　　　]として実施
  外交：貿易黒字の解消のため，[⑩　　　]によって為替レートを調整(1985年)
  アメリカへの積極的な協力を通じて国際的地位の向上をめざす

バブル経済・国際化と社会の変化

●[⑪　　]経済(1986～91年)：大型好景気

- 円高による不況→公定歩合を引き下げ，[⑫　　　]を実施，地上げが問題化
- 日本企業の国際化：多国籍企業化，欧米に直接投資，外国人労働者の流入

●労働形態の変化

- 職場での男女平等の要求が高まる→[⑬　　　　](1985年)の制定
- [⑭　　　　](1985年)：人材派遣業の自由化

確認 世界経済の変化と諸外国の要求に，日本はどう対応したのだろうか。次の語句を用いてまとめてみよう。【 貿易摩擦　貿易黒字　プラザ合意　円高　現地生産 】

MEMO

● p.158〜159 を開いて，この章で学んだことをふりかえってみよう。

Check ▶ 戦後日本の経済成長を示した下のグラフをみて，以下の問いに答えよう。

神武景気(1955〜57)　岩戸景気(1958〜61)　いざなぎ景気(1966〜70)　バブル経済(1986〜91)

なべ底不況　65年不況　70年不況　ドル＝ショック　第1次石油危機　74年不況　第2次石油危機　円高不況　プラザ合意

実質成長率　GNP

GNP（兆円）　実質成長率（％）

1　日本の経済成長率が，戦後はじめてマイナスとなったのはいつだろうか。　［　　　　　　　］年

2　第1次石油危機のときには経済成長率が大きく落ちこんでいる。しかし，第2次石油危機のときにはそこまで大きく落ちこんではいない。その理由は何だろうか。教科書の記述を参考にして考えてみよう。

［　　　］

3　教科書p.225❸のグラフで株価と地価が大きく落ちこむようになったときに，日本の経済成長率はどのような動きをみせたか，説明してみよう。

［　　　］

Try　貿易摩擦，自由化，円高の観点から，1970年代なかば以降の日本経済の変化を考えてみよう。

［

63 冷戦体制の終結

教科書 p.226〜227

Approach▶ 1980年代末，人々は何を求めて運動をおこしたのだろうか。

　中国の〔ア　　　　　　〕広場での民主化運動やルーマニアで独裁者が処刑されたことは，政治の抑圧に対する人々の不満があらわれている。〔イ　　　　　　〕の壁が崩壊したのも同じだが，さらに東西冷戦に対する人々の不満もあった。しかし〔ア〕広場での運動は武力鎮圧され，〔イ〕の壁崩壊のあとも東西での格差が残り，人々の不満は解消されていない。どのような時代でも，人々は自由や平和な暮らしを求める。1980年代末はそれが大きな動きをみせた時期といえる。

天安門事件

- ・中国は改革開放政策と市場経済化をすすめる→民衆が貧富の差の拡大やインフレに苦しむ
  - →〔①　　　　　　　　〕（1989年）…政治改革の遅れと官僚の腐敗に不満をもつ学生や市民がデモをおこしたが，政府は武力でおさえこむ←国際的な批判

東欧の体制転換とドイツ統一

- ・ソ連が〔②　　　　　　　　〕へ転換→東欧で多様な改革運動が展開→東西ドイツを分ける
  〔③　　　　　　　　〕が崩壊し，〔④　　　　　　　　　〕では独裁者の処刑がおこなわれる
- ・各国で〔⑤　　　　　　　　〕が採用されるなか，外資の導入による急速な市場化
  - →ナショナリズムが高まり社会的混乱→ドイツでは1990年に，〔⑥　　　　　　　　〕が実現

ソ連の崩壊

- ・ソ連でペレストロイカに反対する保守派がクーデタを企てたが失敗（1991年）
  - →〔⑦　　　　　　　　〕やウクライナが独立を宣言→連邦機構の解体がすすむ→ロシア連邦を中心に〔⑧　　　　　　　　〕（CIS）結成→〔⑨　　　　　　　　　〕大統領が辞任，ソ連解体

冷戦後の新秩序

- ・冷戦の終結にともない〔⑩　　　　　　　　　〕が急速にすすむ
- ・超大国の対抗が消滅→〔⑪　　　　　　　　〕の平和維持機能が一時的に強まる
  - →1991年の〔⑫　　　　　　　　〕では，安保理の武力行使容認決議にもとづき，多国籍軍派遣
  - →以後，〔⑪〕は〔⑬　　　　　　　　〕（PKO）部隊を各地に派遣→十分な役割を果たせず
- ・南アフリカでは，1991年から段階的に〔⑭　　　　　　　　〕体制が廃止

冷戦後日本の政治経済

- ・日本経済は1990年代はじめに〔⑮　　　　　　　〕景気が崩壊→「〔⑯　　　　　　　　　　〕」
  - →〔⑰　　　　　　　〕連立内閣の成立（1993年）→〔⑱　　　　　　　〕体制の崩壊
  - →のち政権に復帰した自民党は経済の再建と行財政改革に取り組む→金融ビッグバン

確認 冷戦の終結は，世界をどのように変えたのだろうか。次の語句を用いてまとめてみよう。

【　ドイツ統一　　内戦　　独立国家共同体（CIS）　　グローバル化　】

MEMO ●板書事項のほか，気づいたこと，わからなかったこと，調べてみたいことを自由に書いてみよう。

- -

- -

- -

- -

- -

- -

- -

Check ▶ 第二次世界大戦後の地域紛争を示した下の地図をみて，以下の問いに答えよう。

ユーゴスラヴィア内戦(1991～95年)
NATO諸国によるユーゴスラヴィア空爆(1999年)
ロシアによるウクライナ侵攻(2022年～)
北アイルランド紛争(1969～98年)
キプロス紛争(1964,74年)
中ソ国境紛争(1969年)
アルジェリア戦争(1954～62年)
[D] 紛争 (1994～96,1999年)
朝鮮戦争(1950～53年)
バスク紛争(1959～2011年)
[E] 内戦(2011年～)
国共内戦(1946～49年)
キューバ危機 (1962年)
中越戦争(1979年)
リビア内戦 (2011年)
インドシナ戦争 (1946～54年)
グレナダ紛争 (1983年)
ベトナム戦争 (1965～75年)
エルサルバドル内戦 (1979～92年)
ダルフール紛争 (2003～10年)
[A] 動乱 (1960～65年)
カンボジア内戦 (1979～91年)
ニカラグア内戦 (1979～90年)
アンゴラ内戦 (1975～2002年)
印パ戦争(1947,65,71年)
フォークランド戦争 (1982年)
スーダン内戦 (1955～72,1983～2005年)
アフガニスタンへのソ連の軍事介入(1979～89年)
アフガニスタン紛争(2001年)
ルワンダ内戦(1990～94年)
イラン=イラク戦争(1980～88年)
ルワンダ虐殺(1994年)
イラク戦争(2003年)
[B] 戦争 (1948～49,56～57,67,73年)
ソマリア内戦(1991年～)
PKOが展開された紛争
[C] 戦争(1991年)

1　地図中の空欄A～Eに入る語句を答えよう。

　　〔A　　　　〕〔B　　　　　〕〔C　　　　　〕〔D　　　　　　　　〕〔E　　　　　　　〕

2　1946年から89年までの間に発生した紛争を，緑で囲んでみよう。

3　冷戦終結後におこった紛争を，赤で囲んでみよう。

4　冷戦終結後，紛争が多発している地域はどこだろうか。　　　　　　〔　　　　　　　　　　〕

Try 冷戦終結後に地域・民族紛争が増加したのはなぜだろうか。考えてみよう。

[

]

64 地域紛争と世界経済

教科書　p.228〜229

Approach▶ 2001年におこった9.11事件は，世界の姿をどのように変えたのだろうか。

　20世紀の戦争は[**ア**　　　　　]国家どうしの戦いといえた。しかし冷戦終結後には，地域間や[**イ**　　　　　]間の紛争が激化した。国家にかなわない場合，〔**ウ**　　　　　〕行為で抵抗しようとする。9.11事件はその代表的な事件といえる。国家対[**ウ**]組織という新しい戦争によって，兵器が拡散し，民間軍事会社が大きな役割を果たすようになった。宗教対立も絡み，対立はより複雑化している。

9.11と対テロ戦争

・冷戦後，アメリカへ政治・経済が一極集中→2001年9月11日，イスラーム過激派組織アル=カーイダによる[①　　　　　　　　　　](**9.11事件**)がおこる

　→アメリカは有志連合を結成し，アフガニスタン紛争や[②　　　　　　　]といった軍事介入をおこなう＝[③　　　　　　]と総称

・アメリカは冷戦後，多国間の協調よりも自国の利害を優先する[④　　　　　　　　]をとる

　→アフガニスタンやイラクでは，国家のあり方や石油資源などの管理をめぐりアメリカが介入

地域世界の変動

・冷戦後は経済的な地域協力が進展

　[⑤　　　　　　　　　](**NAFTA**)：北米3か国による地域協定

　南米南部共同市場(MERCOSUR)：南米6か国による地域協定

・[⑥　　　　　　　　](1992年調印)…ヨーロッパ統合の推進を目的

　→ECは[⑦　　　　　　　](**EU**)に→通貨も大半は[⑧　　　　　]に統合され，単一欧州市場が成立→EUは2004年から[⑨　　　　]にも拡大

・[⑩　　　　　　　　](**AU**)…政治・経済の統合と紛争解決をめざして結成された地域統合機構

・資源と人口の多いブラジル・[⑪　　　　　]・インド・[⑫　　　　　]・南アフリカは世界経済で大きな役割を果たす＝BRICS

日本の構造改革政治

・[⑬　　　　　　　]内閣は特殊法人や郵政の民営化をすすめる

　→公共サービスを削減しながら市場を重視する改革→雇用が流動化

世界金融危機

・アメリカのサブプライムローン問題による住宅バブルの崩壊→[⑭　　　　　　　　]がおこる

・[⑭]により，日本では輸出の減少と原油・穀物など資源価格の高騰により景気が後退

　→これに対する批判を背景に[⑮　　　　　]政権が誕生(2009年)

確認 グローバル化がすすむなかで政治や経済にはどのような変化がおこったのだろうか。次の語句を用いてまとめてみよう。【　単独行動主義　　EU　　AU　　BRICS　　世界金融危機　】

MEMO

Check ▶ EUの拡大を示した右の地図をみて，以下の問いに答えよう。

1 1995年までの加盟国を赤，2000年代に
加盟した国を青で塗り，ユーロ導入国の国
名を囲んでみよう。

2 2000年代以降，EUの拡大はどのように
展開したのだろうか。次のa～eから正し
いものをすべて選ぼう。　〔　　　　　〕

a 2000年代以降，EUは北欧諸国に拡
大した。

b 2000年代以降，EUは旧社会主義圏
の国々に拡大した。

c 現在，旧ユーゴスラヴィアの国々の大
半がEUに加盟している。

d 現在，バルカン半島諸国の大半がユー
ロを導入している。

e EUには現在，イギリスをのぞいた27か国が加盟している。

Try グローバル化のもたらす課題についてまとめ，話し合ってみよう。

[

65 グローバルな認識へ

Approach▶ 持続可能な社会をめざして, どのような国際的取り組みがおこなわれているのだろうか。

国連サミットで採択された「持続可能な開発目標([**ア**　　　　　])」は17の目標を定め, 世界的指標として誰もが知るものとなった。地球温暖化に立ち向かうための[**イ**　　　　　](気候変動枠組条約の締約国会議)といった取り組みもある。一方でアメリカのトランプ政権のように環境問題に背を向ける行為もおこなわれた。自国優先の考え方と世界協調の動きとの対立は深刻であり, かついわれた「宇宙船地球号」の観点が今まさに必要となってきている。

情報通信革命と人工知能

・2018年には世界人口の半数以上が利用しているといわれる[①　　　　　　　]により, 距離や時間の格差は大幅に縮小→[②　　　　　　]の革新で世界は緊密にむすばれる

・ソーシャルネットワーキングサービス([③　　　　])は情報伝達を促進⇔情報の信頼性の問題

・新しい社会は仮想空間と現実空間を融合させた人間中心の社会(Society 5.0)といわれる
　→すべてのモノがインターネットでつながり, [④　　　　　](AI)によって必要な情報が瞬時に提供される

環境・感染症・資源

・[⑤　　　　　　]による気候変動→京都議定書やパリ協定などの取り組み

・人と人との緊密な関係→[⑥　　　　]の拡大の可能性(新型コロナウイルス[⑥]など)

・人間生活の基礎となる食糧や水資源はグローバルな配分方法が課題
　→[⑦　　　　]…食糧生産に必要な水の量を推定し, 食糧の輸入を水の輸入と同等にみる

・国連開発計画のかかげる「[⑧　　　　　　　](SDGs)」によって貧困を克服し, 地球を保護し, すべての人が平和と豊かさを享受できるかが課題

移民・難民

・グローバルな[⑨　　　　　]が進行←貧困や雇用, 資産, 教育機会の不平等が原因

・日本は[⑩　　　　　　](UNHCR)などと協力しながら, 積極的な難民保護政策をとることが求められている

日本の政治・経済・文化

・[⑪　　　　　](2011年3月11日)では, 1万8000人をこえる死者・行方不明者
　→[⑫　　　　　　]で炉心溶融をともなう大規模事故が発生
　→放射性物質による被害と避難を通じて, 日本の政治や社会のしくみが問い直される

・日本は東アジアの一員として, 近隣諸国と安定した関係をきずくことが求められる

確認 世界は今, どのような課題に直面しているのだろうか。次の語句を用いてまとめてみよう。
【 地球温暖化　感染症　SDGs　経済格差　移民　難民　共生 】

●p.158〜159を開いて，この章で学んだことをふりかえってみよう。

Check ▶ SDGsの17の目標を示した下の図をみて，以下の問いに答えよう。

1　次のA〜Eは，図中の空欄に入るSDGsの目標である。①〜⑥に入る語句を答えよう。

　　A：〔①　　　　　〕をなくそう　　　　　　　B：〔②　　　　　　　　　　　〕平等を実現しよう

　　C：〔③　　　　　　　　　〕をみんなに　そしてクリーンに

　　D：〔④　　　　　　　　　〕に具体的な対策を　　E：〔⑤　　　　　〕と〔⑥　　　　　　〕をすべての人に

2　2番目の目標「飢餓をゼロに」に関して，教科書の折込3の地図をみると，栄養不足の人口の割合が多い地域はどこだろうか。　　　　　　　　　　　　　　　〔　　　　　　　　　〕

Try　あなたは，今後日本が国際社会においてどのような役割を果たすべきであると考えるか。

ACTIVE 歴史を資料から考える　経済成長がもたらす課題

教科書　p.232〜233

①

教科書p.232のGDP成長率のグラフは，あくまでその国が前年度よりどれくらい成長したかを示すもので，その国の経済力の大きさを示しているのではないことに注意してみていこう。

STEP1　①〜④のいずれの国も，A・B・Dの時期にGDP成長率が下がっている。なぜ下がったのか，教科書をふりかえって考えてみよう。その際，1973〜75年ごろ，1979〜81年ごろ，2008〜10年ごろのそれぞれの時期に，世界に大きな影響を与えた出来事がなかったか，教科書のp.214やp.229を用いて調べてみよう。

STEP2　④の国は，Cの時期に大きく成長率が下がっている。この年に何があったのだろうか。教科書64節(p.228〜229)を確認してみよう。さらに，④がどの国かも考えてみよう。

STEP3　①〜④はそれぞれどこの国だろうか。また，そのように判断できる理由は何だろうか。STEP 2と次の1・2から判断してみよう。

1　①は60年代後半の動きとCの時期に成長率が下がっていないことなどに注目しよう。
2　②については90年代以降の成長率をみてみよう。③はAの時期までの成長率とその後の成長率をみて考えよう。

STEP4　Eの時期に，③の国のGDP成長率が上がり，その後下がっていった背景には何があったのだろうか。教科書p.224〜225をふりかえって考えてみよう。

②

教科書p.233のグラフを読み解いて，格差の問題について考えてみよう。

STEP1

1　以下の文章の空欄に入る語句を答えよう。

　　イギリスもアメリカも，1910年代にも格差が縮小しているが，それは両国ともに〔　　　　　　　〕に参戦したからである。

2　Ⓐの期間は格差が縮小している。この期間に何がおこったのだろうか。また，格差が縮小した理由は何だろうか。教科書p.128とp.142のSTEP UP「大衆社会の成立」を読んで考えてみよう。

STEP ②　1960年代に格差がひろがらなかった理由は何だろうか。教科書p.206～207を読んで考えてみよう。

STEP ③

1　下の表は，2009年のイギリス・アメリカ・日本・スウェーデンにおける公的社会支出の対GDP割合(%)を示した表である。この表をみるかぎり，スウェーデンは，他の3か国と比較して「小さな政府」だろうか，それとも「大きな政府」だろうか。〔　　　　　〕

公的社会支出の内訳(2009)　　　　　　　　　　　　　　　　(OECDデータベース)

	年金 (老齢・遺族)	労働年齢人口に対する所得保障	保健・医療	保健・医療を除く他の社会サービス	公的社会支出計
イギリス	6.2	5.6	8.1	3.9	24.1
アメリカ	6.8	2.8	8.3	1.1	19.2
日本	10.2	2.2	7.1	2.4	22.4
スウェーデン	8.2	5.5	7.3	7.7	29.8

2　1980年代以降，イギリス・アメリカ・日本で格差が広がった理由は何だろうか。また同時期にスウェーデンで格差が広がらなかった理由を，政府の規模の観点から考えてみよう。その際，1の表に関する考察や，教科書p.214～215，p.224～225もふまえて考えてみよう。

③

より豊かな生活を求めて経済成長だけを追い求めることに問題はないだろうか。

STEP ①

1　次の文章の空欄に入る国名を，インド・中国・アメリカより選んで答えよう。

　　1997年と2015年では，日本や〔　①　　　　　〕のCO_2排出量はそれほど変わっていないが，〔　②　　　　〕や〔　③　　　〕は大きく増加している。とくに〔　③　〕の排出量は，突出して多いといえる。

2　CO_2の排出削減が定められた1997年から2015年までの間，CO_2排出量はどのように変化しただろうか。

STEP ②　2000年代に入るとCO_2排出量の増加スピードが上がったようにみえる。何が原因と考えられるだろうか。

Try　環境を守りつつ，格差のない持続可能な社会を実現するにはどうすればよいだろうか。話し合って考えてみよう。その際，教科書65節(p.230～231)も参考にしよう。

「歴史総合」の学習をふりかえってみよう

各章で学んだことをふりかえって，近現代の世界と日本の歴史がどのように展開し，人々の生活や社会のあり方がどのように変化していったかをまとめてみよう。その際，●の問い（章全体の内容にかかわる問い）も手がかりに考えてみよう。

第1章　近代化への胎動(p.6〜17)

● 18世紀ごろのアジア諸国と欧米諸国との貿易や国際関係は，どのように特徴づけられるだろうか。
● 18世紀のヨーロッパ，中国，日本ではどのような社会・文化が形づくられたのだろうか。

第2章　欧米の市民革命と国民国家の形成(p.18〜39)

● 19世紀の欧米諸国では，国民国家形成に向けてどのような動きがみられただろうか。
● イギリス産業革命をきっかけに，19世紀の世界経済はどのように変化したのだろうか。

第3章　アジアの変容と日本の近代化(p.40〜65)

● 19世紀のアジアや日本に，欧米諸国はどのように進出しようとしたのだろうか。
● 欧米諸国の進出に対して，アジア諸国や日本はどのように対応していったのだろうか。

第4章　帝国主義の時代(p.66〜81)

● 帝国主義の時代に，欧米諸国とアジア・アフリカとの関係はどのように変化しただろうか。
● 帝国主義の時代に，アジアや日本では国民国家形成に向けてどのような動きがみられただろうか。

第5章　第一次世界大戦と大衆社会（p.82～103）

●第一次世界大戦をきっかけに，国際関係にはどのような変化がみられただろうか。
●第一次世界大戦後の世界各国では，どのような社会が形成されただろうか。

第6章　経済危機と第二次世界大戦（p.104～131）

●世界恐慌をきっかけに，世界各国ではどのような政治的変化がみられただろうか。
●第二次世界大戦をきっかけに，国際社会はどのように変化しただろうか。

第7章　冷戦と脱植民地化（p.132～141）

●冷戦下の世界で，国際関係はどのように変化していっただろうか。
●冷戦下のアジア・アフリカ諸国や日本では，どのような動きがみられただろうか。

第8章　多極化する世界（p.142～149）

●石油危機をきっかけに，世界経済にはどのような変化がみられただろうか。
●1970年代以降，世界ではどのように多極化がすすんだのだろうか。

第9章　グローバル化と現代世界（p.150～157）

●冷戦終結後，世界の政治や経済にはどのような変化がおこったのだろうか。
●世界が直面する課題を解決するために，どのような取り組みが必要だろうか。

●写真協力・提供(敬称略・五十音順)

AFLO　有田ポーセリンパーク　憲政記念館　公益財団法人鍋島報效会　神戸市立博物館　国際連合　国立国会図書館　C.P.C　下山繁雄　東京国立近代美術館　東京国立博物館　日本近代文学館　東京都現代美術館　PPS通信社　ユニフォトプレス

[((歴総703)詳述歴史総合]準拠
詳述歴史総合　マイノート　　　　　表紙デザイン──鈴木美里

●編　者　実教出版編修部
●発行者　小田　良次
●印刷所　株式会社加藤文明社

●発行所　実教出版株式会社

〒102-8377
東京都千代田区五番町5
電話〈営業〉(03)3238-7777
　　〈編修〉(03)3238-7753
　　〈総務〉(03)3238-7700
https://www.jikkyo.co.jp/

002402022　　　　　　　　ISBN 978-4-407-36007-3

詳述歴史総合　マイノート

解答編

文章記述式の問題については，模範解答例や参考解説
を掲載しました。

実教出版

世界史のなかの宗教　　　p.2〜3

1 ①イスラーム　②キリスト教　③仏教
④ヒンドゥー教
2 ⑤イエス　⑥ユダヤ　⑦復活
⑧ガウタマ＝シッダールタ　⑨バラモン
⑩ヴァルナ　⑪ムハンマド　⑫メッカ
⑬アッラー
3 ⑭カトリック　⑮正教会
⑯プロテスタント　⑰上座仏教　⑱大乗仏教
⑲スンナ派
4
問1　イエスの死後，弟子たちの間にイエスが復活
したという信仰がうまれ，彼をキリスト（メシア）
とするキリスト教が成立した。
問2　偶像崇拝を禁止するイスラームでは，預言者
の顔を描くことが彼を冒涜すると考えられていたか
ら。

Try
ユダヤ教やヒンドゥー教が特定の民族・地域でしか
信者をもたない民族宗教であるのに対し，三大宗教
は民族をこえて世界各地に信者をもつ世界宗教へと
発展した。

INTRODUCTION　17世紀以前のアジアの繁栄とヨーロッパの海外進出　　p.4〜5

1 ①鄭和　②マラッカ　③大交易時代
④ムガル帝国　⑤ポルトガル　⑥スペイン
⑦先住民　⑧アフリカ　⑨ポトシ
⑩アカプルコ　⑪マニラ　⑫価格革命
⑬東インド会社　⑭アムステルダム
⑮イギリス
2　問1　先住民
問2　アフリカから奴隷を連れてきた。

Try
アメリカ大陸で採掘された銀（メキシコ銀）は，フィ
リピンのマニラに運ばれ，東アジア・東南アジアの
商工業を活性化させ，中国の税制も銀で納める制度
へと変更された。またヨーロッパでは，流入した銀
によって価格革命とよばれる物価の大幅な上昇がひ
きおこされ，西ヨーロッパの商工業の発達が促進さ
れた。

1　ヨーロッパの海外進出と市民社会　　p.6〜7

Approach　ア　生活革命　イ　茶（紅茶）
ウ　コーヒー〔イ，ウは順不同〕　エ　中国
①東インド会社　②銀　③陶磁器　④綿
⑤大西洋三角　⑥生活革命　⑦コーヒーハウス
⑧啓蒙思想　⑨ヴォルテール
⑩モンテスキュー　⑪ルソー　⑫人民主権
⑬百科全書　⑭啓蒙専制

確認
貿易により，農村工業の発達・都市や商人の台頭・
人口増加など経済発展がうながされた。また，喫茶
の広がりは，砂糖や陶磁器の需要を高め，生活革命
とよばれる新たな生活文化が形成された。コーヒー
ハウスやカフェの普及は，文学やジャーナリズム発
展の基盤となった。

Check　①コーヒー　②茶（紅茶）　③マイセン
④シノワズリ　⑤周縁

Try
啓蒙思想は，フランスでは百科全書派らによって旧
制度の「不合理」さが批判され，絶対王政を打倒す
るフランス革命を準備することとなった。イギリス
ではその合理的思考が科学を発達させ，産業革命へ
の道をひらいた。一方東ヨーロッパのプロイセンや
ロシアなどでは，啓蒙思想の影響を受けた絶対君主
らが，啓蒙専制主義によって「上からの改革」をす
すめた。

2　清の繁栄　　p.8〜9

Approach　ア　満洲　イ　モンゴル
ウ　チベット　エ　新疆
①ヌルハチ　②清　③北京　④康熙
⑤雍正　⑥乾隆　⑦科挙　⑧辮髪　⑨台湾
⑩藩部　⑪長江　⑫日本　⑬メキシコ
〔⑫，⑬は順不同〕　⑭考証
⑮マテオ＝リッチ　⑯カスティリオーネ
⑰典礼問題　⑱シノワズリ

確認　清は，直轄地の漢民族には，辮髪の強制や反
満洲思想の弾圧をおこなう一方，科挙など中国の伝
統を尊重し，強硬策と懐柔策をたくみに併用した。
また，チベット人やモンゴル人などが居住する地域
を藩部とし，彼らの社会・文化を尊重して自治を認
めるゆるやかな支配をおこなった。

Check ①長江　②北京　③大運河
④交通の要地

Try

清は満洲（女真）人が中国を支配する国で，いわゆる「征服王朝」である。しかし清は辮髪など自国の文化を漢民族に強制する一方で，科挙などの中国文化を尊重するなど，「強硬策」と「懐柔策」を巧みに併用した。また清は，異民族の地域を藩部とし，彼らの自治を認めた。このような自文化を押しつけない柔軟な統治方法が，清の長期にわたる繁栄を支えたと考えられる。

3 東アジア諸国間の貿易　p.10〜11

Approach　ア　朝貢　　イ　冊封
①朝貢　②冊封　③冊封体制　④琉球
⑤イスラーム　⑥台湾　⑦海禁政策　⑧長崎
⑨対馬　⑩香辛料　⑪陶磁器　⑫広州
⑬公行

確認　朝貢した周辺諸国は，その首長が中国皇帝から王として認められることで隣国を牽制でき，また貿易条件も優遇されるため，経済的利益も大きかった。さらに漢文書籍や大陸の情報なども入手できるため，社会・文化的な利益もともなうものであった。

Check　A　茶　絹　木綿　　B　陶磁器　茶
C　絹　木綿　書物　漢方薬　　D　銀　銅
E　香辛料　香料

Try　清は，台湾を拠点に反清活動をおこなう鄭成功一族の勢力を押さえこむ必要があった。彼らは独自に貿易活動をおこない，その利益を資金源としていたため，厳しい管理貿易を実施することで資金源を絶ち，その弱体化をはかったのである。一方日本では，幕府がいわゆる「鎖国」政策により，貿易相手国や港を制限することで貿易を独占し，その体制強化をめざした。

4 江戸時代の日本の対外政策　p.12〜13

Approach　ア　参勤交代　　イ　武士
ウ　百姓　エ　町人
①武家諸法度　②参勤交代　③幕藩体制
④禁中並公家諸法度　⑤キリスト教　⑥日本町
⑦四つの口　⑧アイヌ　⑨朝鮮
⑩中国・オランダ　⑪琉球　⑫出島
⑬オランダ風説書　⑭鎖国　⑮朝鮮通信使

⑯生糸　⑰石見銀山　⑱新井白石
⑲海舶互市新例　⑳徳川吉宗

確認

江戸幕府の対外貿易は，幕府直轄地である長崎（オランダ・中国との交易），松前藩（アイヌとの交易）・対馬藩（朝鮮との交易）・薩摩藩（琉球との交易）という四つの口によって管理され，この体制は19世紀には鎖国とよばれるようになった。

Check　1　出島・オランダ
2　唐人屋敷・清　　3　新井白石・海舶互市新例

Try　松前藩と交易するアイヌが居住していた蝦夷地は，1869（明治2）年に北海道となり開拓使がおかれた。薩摩藩に服属し清に朝貢した琉球王国は，1879年のいわゆる琉球処分によって沖縄県となった。対馬藩と交易をおこなった朝鮮は1897年に大韓帝国と国名を変え，日露戦争後の1910年に大日本帝国に併合された。このように，明治時代の末にはすべてが大日本帝国の領土となった。

5 江戸時代の社会と生活　p.14〜15

Approach　ア　江戸　　イ　大坂　　ウ　酒田
エ　南海路　　オ　北前船
①元禄文化　②徳川綱吉　③儒学
④享保の改革　⑤百姓一揆　⑥田沼意次
⑦松平定信　⑧寛政の改革　⑨西廻り航路
⑩蔵屋敷　⑪飛脚　⑫新田開発　⑬村請制
⑭宗門改帳　⑮五人組

確認　17世紀後半以降，安定した社会を維持するため幕府は儒学にもとづく政治をおこない，新田開発により農地も人口も倍増した。享保の改革では商業活動が戒められ年貢増収がはかられたが，漢訳洋書の輸入が許され実用面で儒学が重視された。以後，田沼意次は商業や交易を重視し，松平定信はその見直しと農村立て直しに尽力した。

Check　①酒田　②下関　③大坂　④江戸
⑤京都

Try　産業革命後のように機械を組織的に利用することがないので「時間」に拘束されないという点では自由。日常的に武士と百姓がふれあうわけではないので自由。しかし，身分格差がある点，盆正月以外の休日が決められていない点，家事労働が現在とは比べ物にならず娯楽や余暇が少ない点などは不自由。

ACTIVE　アジアの繁栄とヨーロッパ
p.16〜17

Q
1　全て。①唐代　②漢代に実用化　③唐代　④航海用は宋代　⑤宋代　⑥後漢代　⑦磁器は唐〜宋代
2　産業技術の多くの分野で世界をリードする存在であったと考えられる。
①
STEP1
1　茶
2　理由：大西洋三角貿易でもたらされた砂糖を入れた喫茶の習慣が，上流階級から中流階級にも広まり，茶の需要が高まったため。
呼称：生活革命
STEP2
1　スペインがメキシコ各地や南米のポトシなどで開発した銀山からヨーロッパに流入した。
2　①綿　　②絹
②
STEP1　東インド会社
STEP2　建国時より反清活動を警戒して，きびしい海禁政策をとっていた。
③
STEP1　①啓蒙思想　　②寛容　　③三権分立
STEP2
①迷信や愚劣な伝説，道理や自然を侮蔑する教理
②善行に褒賞を与える
STEP3　①専制　　②恐怖　　③フランス
Try
1　ヨーロッパでの木綿人気は綿産業を発展させ，産業革命につながった。また，アジア産の紅茶人気は砂糖や陶磁器の需要を高め，アジア産陶磁器の模倣がなされた。啓蒙思想家は中国の政治体制を論評することで絶対王政を批判し，新たな法律・制度をうみだしていった。
2　〔例〕木綿や砂糖，陶磁器などは現在では広く世界で日常的に用いられるものとなり，中国の制度批判を通じて発展した啓蒙思想は，欧米の市民革命に大きな影響を与え，その過程で確立した自由主義，共和主義の精神は，現在の世界では普遍的な価値観として認められるようになっている。

INTRODUCTION　17世紀以前のヨーロッパの主権国家体制
p.18〜19

1
①主権国家　　②カール5世　　③イタリア
④主権国家体制　　⑤絶対王政　　⑥王権神授
⑦常備軍　　⑧重商主義　　⑨植民地
⑩三十年　　⑪フランス　　⑫ウェストファリア
⑬領邦
2
問1　ルイ14世
問2　王権神授説のもと，強力な常備軍と官僚制がしかれた。
Try　イタリア戦争の過程で，ヨーロッパでは外交使節団を通じて文書を交わすルールが定められるなど，相互の主権を認めて競合する主権国家体制の形成がすすんだ。また三十年戦争を終結させたウェストファリア条約は，主権国家の代表が交渉する近代的な国際会議によりうみだされ，神聖ローマ帝国内の領邦に主権を認めるなど，主権国家体制の確立に寄与した。

6　イギリス産業革命
p.20〜21

Approach　ア　織布　　イ　紡績〔ア，イは順不同〕ウ　蒸気
①産業革命　　②資本家　　③労働者
④大西洋三角貿易　　⑤囲い込み　　⑥農業革命
⑦飛び杼　　⑧ジェニー紡績機　　⑨水力紡績機
⑩ミュール紡績機　　⑪ワット　　⑫エネルギー革命　　⑬マンチェスター　　⑭ラダイト運動
確認
18世紀なかばのイギリスでは，産業革命の開始に必要な資本蓄積（大西洋三角貿易からの利益）・労働力（囲い込みで土地を追われた農民）・広大な市場（植民地や，農業革命による国内市場）などの条件がそろっていた。イギリス産業革命は綿工業の分野からはじまり，やがて蒸気機関の登場によって，重工業や交通機関など諸分野に波及していった。
Check　①炭田　　②石炭　　③ロンドン
④鉄道　　⑤マンチェスター
Try
現代世界で支配的な資本主義経済体制は，産業革命によって確立されたものである。そこには資本家と労働者という2つの階級が存在するが，当初から（現

在も）両者の生活格差が問題とされてきた。産業革命によって機械が導入され，安くて良質な製品が提供されるようになって我々の生活水準は向上したが，一方で，労働者は賃金をおさえられて長時間労働を強いられ（現在でも大きな問題である），また工場の煙が大気を汚すなどの環境汚染（公害）も当時から深刻であった。

7 アメリカ独立革命　p.22〜23

Approach ア　茶（紅茶）　イ　茶法
ウ　東インド
①プランテーション　　②大西洋三角
③フレンチ＝インディアン　④印紙
⑤ボストン茶会　　⑥アメリカ独立戦争
⑦ワシントン　　⑧トマス＝ペイン
⑨ジェファソン　　⑩パリ条約　　⑪合衆国憲法
⑫三権分立　　⑬アメリカ独立

確認　大西洋三角貿易で経済的に力をつけた地主や商人らが，本国による一方的な課税強化に不満をいだいたことのほか，たび重なる植民地戦争を経験するなかで植民地住民が自立志向を強めたこと，人民主権や抵抗権を唱えるヨーロッパの啓蒙思想の影響などがあげられる。

Check　①ルソー　　②自由　　③平等　　④幸福
⑤自然　　⑥ロック　　⑦抵抗
⑧改変，廃止

Try
当時のヨーロッパ諸国が王政，あるいは帝政をとっていたのに対し，アメリカ合衆国は，自由と民主主義を掲げる，近代世界最初の共和政の国家であった。また，イギリスなど一部を除いて，ヨーロッパ諸国は憲法にあたるものをもっていなかったが，アメリカ合衆国はいち早く，啓蒙思想で唱えられた三権分立の考えをとり入れた憲法を制定した。

8 フランス革命とナポレオン　p.24〜25

Approach ア　貴族　イ　農民　ウ　人権宣言
エ　共和
①旧体制　　②第一身分　　③第二身分
④第三身分　　⑤フランス革命　　⑥ルイ16世
⑦国民議会　　⑧バスティーユ牢獄　　⑨人権宣言
⑩ヴァレンヌ　　⑪王権　　⑫第一共和政
⑬山岳（ジャコバン）派　　⑭ロベスピエール

⑮総裁政府　　⑯ナポレオン　　⑰ナポレオン法典
⑱大陸封鎖令　　⑲ロシア遠征
確認　A　立憲君主　　B　共和　　C　帝
Check　①旧体制　　②聖職者　　③貴族
④特権　　⑤税　　⑥農民
Try　アメリカ独立革命やフランス革命では，ともに王政や身分制の廃止がめざされ，自由で平等な市民が主権をもつという近代国家の原理が定められた。さらに三権分立や所有権などの概念も，これらの革命がうみだし，世界にひろまったものである。

9 ウィーン体制　p.26〜27

Approach ア　ナポレオン　イ　自由
ウ　ナショナリズム
①メッテルニヒ　　②正統　　③勢力
④ブルボン　　⑤ドイツ連邦　　⑥ロシア
⑦四国　　⑧自由　　⑨ナショナリズム　　⑩社会
⑪ギリシア　　⑫七月革命　　⑬三月革命
確認　A　オーストリア　　B　正統　　C　四国
D　自由
Check
1　③
2　ウィーン議定書でロシア皇帝がポーランド王位を兼任することになったため。
Try
ウィーン体制下で高まったナショナリズムにより，イタリアでは秘密結社の革命運動や「青年イタリア」，ドイツでは学生運動がおこり，フランクフルト国民議会がひらかれた。オーストリア帝国では諸民族の独立運動が活性化した。しかし，国民国家形成に向けたこれらの運動はいずれも失敗に終わった。

10 19世紀のイギリスとフランス　p.28〜29

Approach ア　産業　イ　資本家　ウ　自由
エ　労働者　オ　普通
①第1回選挙法改正　　②穀物法
③チャーティスト運動　　④ヴィクトリア女王
⑤自由党　　⑥保守党　　⑦ルイ＝ナポレオン
⑧ナポレオン3世　　⑨第二帝政
⑩プロイセン＝フランス戦争
⑪パリ＝コミューン　　⑫第三共和政

⑬万国博覧会　⑭オーウェン　⑮マルクス
⑯エンゲルス　〔⑮, ⑯は順不同〕
確認 A　保守　B　労働　C　社会
Check ①関税　②地主　③保護　④労働者
⑤資本家　⑥反穀物法同盟　⑦自由
Try
砂糖・コーヒー・茶の輸入によって，庶民の間にも
コーヒーや紅茶を飲む習慣がひろまった。産業革命
によって安価な綿製品が普及し，これを着る人が増
加した。また産業革命の進展で都市に集まり住むよ
うになった人々のために文化施設や娯楽施設がたて
られ，市民は余暇を利用して，主として家族でこれ
らを訪れたり，旅行やショッピング（消費活動）を
したりして楽しむようになった。

11 イタリア・ドイツの統一　p.30〜31

Approach ア　イタリア人　イ　国民
①オーストリア　②マッツィーニ　③カヴール
④クリミア　⑤サヴォイア　⑥ガリバルディ
⑦ヴィットーリオ＝エマヌエーレ 2 世
⑧ヴェネツィア　⑨未回収のイタリア　⑩関税
⑪フランクフルト　⑫ビスマルク　⑬鉄血
⑭北ドイツ　⑮フランス　⑯ヴィルヘルム 1 世
⑰社会主義者
確認 A　青年イタリア　B　フランクフルト
C　サルデーニャ　D　オーストリア
Check ①サルデーニャ　②両シチリア
③マッツィーニ　④共和　⑤王　⑥帝
⑦ビスマルク　⑧ヴィルヘルム 1 世
⑨ヴェルサイユ　⑩プロイセン＝フランス（普仏）
Try　時期的には，3 国とも，ほぼ 1860 〜 70 年代
にかけて，国民国家の形成をなしとげている。国家
形態も，イタリアは王国，ドイツ・日本は帝国を形
成し，似通っている。しかし，日本が 4 世紀ごろか
ら統一を維持し，ドイツも神聖ローマ帝国などを通
して古くから国家的枠組みをもっていたのに対し，
イタリアは古代ローマ時代を除いて一つにまとまっ
た経験をもたず，「イタリア人意識」がなかなか形
成されなかった。

12 東方問題と 19 世紀のロシア　p.32〜33

Approach ア　南下　イ　黒海
ウ　イギリス

①オスマン帝国　②東方問題　③エジプト
④ギリシア　⑤セルビア　⑥南下政策
⑦クリミア戦争　⑧パリ条約
⑨アレクサンドル 2 世　⑩農奴解放令
⑪ミール　⑫ナロードニキ
⑬アナーキズム　⑭ロシア＝トルコ戦争
⑮サン＝ステファノ条約　⑯ベルリン会議
確認 A　クリミア　B　ロシア＝トルコ
C　ビスマルク
Check ①オスマン帝国　②ボスポラス
③イスタンブル　④オーストリア　⑤イギリス
⑥フランス
Try
ロシアの南下政策を背景としたクリミア戦争は大国
間の衝突を招き，ウィーン体制を完全に崩壊させた。
ロシア＝トルコ戦争での南下政策はベルリン会議に
よって挫折し，英仏の中東での権力基盤につながった。
東アジアでは，アロー戦争をきっかけに清から黒竜江
以北の地や沿海州を獲得した。日清戦争後の三国干
渉を機にロシアは遼東半島にも進出し，韓国や満洲で
の利害をめぐって日本と対立し，日露戦争に至った。

13 アメリカの発展と分裂　p.34〜35

Approach ア　西部
イ　マニフェスト＝デスティニー
①モンロー　②ルイジアナ　③テキサス
④カリフォルニア　⑤ゴールド　⑥イギリス
⑦綿花　⑧共和　⑨自由　⑩民主
⑪アメリカ連合国　⑫ホームステッド
⑬奴隷解放　⑭大陸横断　⑮人種
確認 A　先住　B　メキシコ　C　南
D　北　〔C, Dは順不同〕E　南北
Check ①西　②モンロー
③マニフェスト＝デスティニー　④文明
⑤先住民　⑥メキシコ
Try
西部開拓の進展によって国内市場が拡大し，また，
南北戦争で北部が勝利したことによって，解放奴隷
が豊かな労働力となり，さらに南部の広大な原料供
給地が北部とつながって，北部を中心とするアメリ
カ合衆国の工業を飛躍的に発展させることとなっ
た。一方で，奴隷制度にかわる人種主義の台頭が，
急速な工業化による社会不安ともむすびついて，黒
人差別の激化をまねいた。

14 世界市場の形成　　　　p.36〜37

Approach　ア　産業革命　　イ　綿織物
ウ　植民地
①イギリス　　②ドイツ　　③フランス
④アメリカ　　⑤ロシア　　⑥インド
⑦世界の工場　　⑧パクス＝ブリタニカ
⑨プランテーション　　⑩モノカルチャー
⑪蒸気機関車　⑫蒸気船　⑬交通革命
⑭スエズ運河　⑮電信　⑯万国郵便連合
確認　インドではイギリス製品の輸入で伝統産業が
打撃を受け，中国でも経済成長が停滞，19世紀に
はアジアに代わりヨーロッパが経済的優位に立っ
た。ラテンアメリカ諸国やアジア・アフリカの植民
地では，砂糖やコーヒーなど特定の農産物を栽培す
るモノカルチャー経済が形成された。
Check　1　略
2　a　綿織物など工業製品　　b　綿花
c　茶・絹
3　世界で最初に産業革命をおこしたイギリスが，
その進展を通じて経済的に質量ともに他の地域を圧
倒し，「世界の工場」として広大な植民地を支えに自
国を中心とする世界的な分業体制を形成したから。
Try　交通革命により大陸間を移動する人々の規模
が拡大し貿易量も増加した。また，電信の発明と海
底ケーブルの敷設による情報革命によって情報伝達
のスピードが著しく早まり，現在につながるグロー
バル化がはじまった。

Ⓐ CTIVE　「大分岐」について考える
　　　　　　　　　　　　　　　p.38〜39
①
STEP1　**STEP2**　1　①大きく　　②小さく
③大きく　　④大きく　　2　産業革命
3　ア　西ヨーロッパ　　イ　日本　　ウ　中国
②
STEP1　中国：約33%　　東アジア：約3%
インド：約25%
STEP2

22%	53%	32%	25%
1%	24%	48%	25%
34%	6%	1%	8%
3%	2%	3%	17%
19%	2%	2%	2%

18世紀なかばから19世紀後半までは，イギリス・
ソ連・西ヨーロッパの占める割合が大きく伸びた。
とくにイギリスの伸びが大きかった。19世紀なか
ばよりアメリカ合衆国の占める割合が大きくなり，
その流れは20世紀なかばまで続く。それに対して，
イギリスの割合が小さくなっていった。中国は20
世紀後半まで小さくなり，その後少しずつ割合が大
きくなりはじめた。インドは19世紀終盤には2%
ほどとなり，それは21世紀初頭まで続いている。
東アジアは長く3%ほどであったが，20世紀後半か
ら大きく伸びはじめている。
③
STEP1　機械生産
STEP2　18世紀後半にはアジアからヨーロッパに
多くの綿織物が輸出されたが，イギリスで産業革命
がはじまり，機械生産による綿織物生産がはじまっ
た18世紀末をピークに徐々に輸出は減少し，19世
紀前半には輸出はほとんどなくなっていった。か
わって，イギリスの機械生産による綿織物のアジア
への輸出が急増した。
STEP3　産業革命
Try

大航海時代以降，ヨーロッパ列強はアジアとの貿易
を活発化させていった。その過程でアジアの物品が
多くヨーロッパに運びこまれた。砂糖などの世界商
品の交易を通じて富を蓄えたヨーロッパ列強，とく
にイギリスでは18世紀後半に産業革命がはじまり，
それまで輸入されていた綿織物の機械生産が進展
し，逆にアジアの綿織物産業を凌駕するようになっ
た。産業革命は，さまざまな機械をうみだし，石炭
を用いた内燃機関の発展をもたらした。その結果，
多くの分野でアジア地域の産業との競争に勝利をお
さめていった。

15 イスラーム世界の改革と再編　p.40〜41

Approach　ア　ムスリム　　イ　平等
①ギュルハネ勅令　　②タンジマート
③ミドハト憲法　　④ロシア＝トルコ戦争
⑤アブデュル＝ハミト2世
⑥パン＝イスラーム主義　　⑦ワッハーブ運動
⑧ワッハーブ王国　　⑨ナポレオン
⑩ムハンマド＝アリー　　⑪スエズ運河
⑫ウラービー　　⑬カージャール朝
⑭治外法権　　⑮タバコ＝ボイコット運動

19世紀前半，オスマン帝国ではタンジマートが開始され「オスマン人」としての国民意識形成がめざされた。1876年にはミドハト憲法が公布されたが，翌年，アブデュル＝ハミト2世は憲法を停止，その後，外圧がさらに強まるなか，パン＝イスラーム主義のもと専制体制下で産業振興や近代教育改革がすすめられた。

Check 1　略　　2　カージャール朝
3　ワッハーブ王国　　4　サウード家

Try
オスマン帝国では19世紀前半にタンジマートがはじまり，ミドハト憲法に結実した。憲法は発布の翌年に停止されたが，専制政治のもと改革はおこなわれた。エジプトでも19世紀前半に中央集権化，近代化改革がすすめられ，オスマン帝国からの自立がめざされた。19世紀末，列強の干渉に対しパン＝イスラーム主義の影響で民族意識が高まり，エジプトでは立憲革命の実現を掲げウラービーが蜂起，イランでもイギリスへのタバコ利権譲渡に対しタバコ＝ボイコット運動がおこった。

16　南アジア・東南アジアの改革と再編
p.42〜43

Approach　ア　藩王国　　イ　シパーヒー
①ムガル帝国　　②マラーター同盟
③プラッシーの戦い　　④一次産品　　⑤工業製品
⑥藩王国　　⑦インド大反乱　　⑧シパーヒー
⑨インド帝国　　⑩インド国民会議
⑪政府栽培制度　　⑫アチェ王国
⑬アメリカ＝スペイン戦争
⑭フランス領インドシナ連邦　　⑮マレー半島
⑯ビルマ　　⑰ラーマ5世

確認　18世紀なかば，イギリスはインドからフランスを排除し，19世紀なかばにはその大半を支配下においた。イギリス支配に対しておきたインド大反乱の鎮圧の過程でムガル帝国を滅ぼし，1877年にヴィクトリア女王を皇帝とするインド帝国を成立させた。東南アジアでは，マレー半島南部と北ボルネオを植民地とし，さらにビルマを3度にわたる戦争で制圧しインド帝国に編入した。

Check 1　略　　2　略　　3　アチェ王国
4　コーヒー・サトウキビ・藍などの商品作物を強制的に栽培させる政府栽培制度（強制栽培制度）。

5　ベトナムから西進するフランスとビルマから東進するイギリスとの緩衝地帯という，有利な国際環境を利用できたため。

Try
19世紀はじめ，インド産綿布はイギリスの機械織り綿布に市場を奪われ輸出入が逆転した。イギリスが東インド会社の貿易独占を廃止し，自由貿易政策を推し進めるなかで，インドは綿花や茶など一次産品を輸出してイギリスの工業製品を輸入する立場に変わった。植民地化された東南アジアでは，19世紀後半から特定の輸出品生産をおこなうモノカルチャー経済が形成された。

17　アヘン戦争の衝撃
p.44〜45

Approach　ア　朝貢　　イ　自由
①白蓮教徒の乱　　②広州　　③マカートニー
④三角貿易　　⑤林則徐　　⑥アヘン戦争
⑦南京条約　　⑧香港島　　⑨5港
⑩アロー戦争　　⑪天津条約　　⑫北京条約
⑬アイグン条約　　⑭太平天国　　⑮曾国藩
⑯李鴻章　〔⑮，⑯は順不同〕　　⑰洋務運動

確認　産業革命による工業化が進行中の欧米諸国は，自国の権益拡大をめざして中国の市場化をねらって開港を認めさせ，中国もイギリス中心の経済体制に組みこまれていった。この状況に対し中国は従来の貿易統制や外交関係を改め，軍事・産業面では近代化がはじまった。

Check ①貿易条件の改善など対等な主権国家として近代的な国際関係をむすぶこと。
②朝貢　　③広州　　④公行　　⑤紅茶（茶）
⑥尊大な，傲慢な，偉そうな，など

Try
中国ではアヘン戦争にはじまる外圧に対し，1860年代には朝貢と区別して総理各国事務衙門が設けられ，近代化改革として洋務運動がすすめられた。アヘン戦争は日本の対外政策に影響を与えた。幕府は異国船打払令を撤回，その後アメリカの要求を受けて開国し，日米修好通商条約を締結，ヨーロッパ諸国とも同様の条約をむすんだ。日本国内では幕政批判や攘夷運動が高まり明治維新をむかえることになる。欧米諸国は自由貿易を掲げ中国や日本をヨーロッパ中心の経済体制に組みこんでいった。

18 ゆらぐ幕藩体制　p.46〜47

Approach　ア　ロシア　イ　イギリス
ウ　アメリカ
①エカチェリーナ２世　②ラクスマン
③フェートン号事件　④異国船打払令
⑤蛮社の獄　⑥アイヌ　⑦化政　⑧水野忠邦
⑨天保の改革　⑩薪水給与令　⑪上知令
⑫蘭学　⑬国学　⑭昌平坂学問所　⑮寺子屋
⑯尊王攘夷論

確認
海防の必要性を意識すると異国船打払令を出し，その後アヘン戦争に学んで不慮の戦争を避けるために薪水給与令を出すなど，外国船の接近に対する幕府の対応はその都度変化したが，軍備強化もおこなわれた。

Check①　①ムガル　②イギリス　③フランス
④パクス＝ブリタニカ　⑤ロシア

Check②　1　反射炉
2　金属を高温で溶かして加工し，大砲や鉄砲をつくる施設。
3　ウ

Try　レザノフの通商要求に対し，幕府は「鎖国」が「祖法」であるとして断った。これに反発したロシアは樺太などを襲撃し，またイギリス船フェートン号の長崎侵入などもあって，幕府は異国船打払令を出して諸外国に対する強硬な対応を命じた。漂流民送還のため接近したアメリカ船モリソン号は砲撃され，これを批判した行為も罰せられ，蛮社の獄といわれる事態となった。しかしアヘン戦争がおこると水野忠邦は打払令を撤回して薪水給与令を出すと同時に軍備強化をおこない，上知令を出して大都市である江戸や大坂を一括管理しようとした。水野は失脚したが，「鎖国」は継続された。

19 開国　p.48〜49

Approach　ア　4　イ　浦賀　ウ　ペリー
①ペリー　②日米和親条約　③阿部正弘
④ハリス　⑤堀田正睦　⑥孝明　⑦井伊直弼
⑧日米修好通商条約　⑨安政の大獄
⑩安政の五か国条約　⑪領事裁判権
⑫協定関税　⑬輸出　⑭上昇
⑮尊王攘夷　⑯生糸　⑰ジャポニスム
⑱コレラ

確認　通商条約は不平等な内容を含んでおり，貿易は大幅な輸出超過となって生活必需品が開港場に流れたので物資は不足し，物価が上昇した。これらの要因は外国人を排斥する感情へとつながり，尊王攘夷運動が激化した。また，コレラのような国際的な伝染病が流入し，多くの死者を出した。

Check
1　生糸　茶　蚕卵紙
2　毛織物　綿織物　武器
3　関税額が引き下げられたため。
4　南北戦争中で貿易額が大きく減少していたから。

Try　国内の複数の港の開港・領事裁判権の承認・関税自主権の喪失が共通点としてあげられる。一方，幕府がむすんだ条約には領土の割譲に関する取り決めはなかった。このちがいは，イギリスと清の条約はイギリスが勝利した戦争の講和条約であったのに対し，幕府とアメリカの条約は外交交渉によるものであったという事情のためと考えられる。

20 幕末政局と社会変動　p.50〜51

Approach　ア　井伊直弼　イ　尊王　ウ　攘夷
①桜田門外の変　②公武合体　③和宮
④尊王攘夷運動　⑤文久の改革
⑥八月十八日の政変　⑦禁門の変　⑧薩英戦争
⑨ロッシュ　⑩薩長同盟（薩長盟約）
⑪坂本龍馬　⑫奇兵隊　⑬徳川慶喜
⑭ええじゃないか　⑮公議政体論　⑯大政奉還
⑰岩倉具視　⑱王政復古の大号令

確認
尊王攘夷運動に対し，幕府では公武合体をめざす動きもあったが，長州藩を筆頭に攘夷の動きがさかんになる。しかし西洋列強の攻撃を受けると攘夷論は大きな打撃を受け，薩長同盟の密約がむすばれる。幕府は公議政体論を受け入れて大政奉還をおこなったが，薩長と朝廷側は王政復古の大号令を出し，天皇中心の新政府を発足させた。

Check
1　オスマン帝国：西洋式軍隊の創設（新たな軍事技術の導入など）。法治主義にもとづく近代化改革，議会の開設，言論・出版・教育の自由。
清：「中体西用」の理念から，軍隊・産業の近代化のために欧米の技術を導入（洋務運動）。

2 オスマン帝国はイスラームの教えを尊重しながらも，西洋の技術だけでなく，法治主義や基本的人権など西洋諸国の文化全体が視野に入っていた。これに対して清の「中体西用」は中国の伝統的な学問が基礎となっている点はイスラームを尊重するオスマン帝国と共通するが，導入するのは欧米の技術のみであり，政治や思想の改革は認められなかった。幕府が取り入れたのが製鉄所（反射炉）に代表される西洋技術であったことは，清の近代化と共通性があったといえる。

Try
八月十八日の政変で京都から尊王攘夷派の公家が追放されたことは，尊王攘夷運動をすすめていた長州藩には転機となった。挽回をはかった長州藩は禁門の変で敗北し，外国船砲撃の報復も受けたことで攘夷をあきらめる。すでに薩摩藩も外国人殺害（生麦事件）の報復として鹿児島に来たイギリス艦隊と交戦しており，薩長両藩が列強の軍事力を知ったことが，尊王攘夷運動から倒幕への転換点となった。

21 新政府の成立と諸改革　　p.52〜53

Approach　ア　五か条の誓文　　イ　五榜の掲示
①王政復古　　②戊辰戦争　　③五か条の誓文
④五榜の掲示　⑤政体書　　⑥東京
⑦版籍奉還　　⑧廃藩置県　⑨四民平等
⑩解放令　　⑪地租改正　⑫地券　　⑬地価
⑭地租

確認
五か条の誓文は，明治政府の中心が天皇であることを内外に示し，版籍奉還と廃藩置県は明治政府の意向を全国に行きわたらせる意図があった。身分制の廃止と四民平等の精神は，天皇の権威の下で国民としての一体感を育むうえで重要な意味をもち，人々は戸籍によって国民として把握・管理された。改革のねらいは，天皇を中心として一体感をもつ国民の把握にあったといえる。

Check
地番：武蔵国北多摩郡烏山村　1144番，字大神
地目・面積：田　5畝　12歩
地主：下山五兵衛
地価：20円9銭3厘
地租：この100分の3　金60銭3厘
　　　明治10年よりこの100分の2こ半
　　　金50銭2厘

Try　版籍奉還によって領地・領民が国家（天皇）のものとなり，廃藩置県によって新政府の官僚が任命され，地租改正によって新政府の財源が確保されたことで幕藩体制は消滅した。また，「士農工商」ともよばれた身分制は廃止され，身分を問わない軍隊が発足した。一方で，被差別部落に対する根深い差別や男女間の差別など，人々の意識面での身分差別は根強く残った。産業や生活の面でも，江戸時代との相違はほとんどなかったと考えられる。

22 富国強兵と文明開化　　p.54〜55

Approach　ア　富岡製糸場　　イ　フランス
①富国強兵　　②徴兵告諭　　③徴兵令
④血税一揆　　⑤殖産興業　　⑥富岡製糸場
⑦お雇い外国人　⑧新貨条例　⑨国立銀行条例
⑩前島密　　⑪文明　　⑫明六社　　⑬煉瓦街
⑭太陽暦　　⑮文明開化　　⑯学制
⑰学制反対一揆

確認　A　富国強兵　　B　兵役
C　お雇い外国人　　D　文明　　E　学制
Check　X　誤　　Y　誤　　Z　正

Try　徴兵制は国民皆兵が原則であったが，「徴兵免役心得」を説いた書物が売れて実際に徴兵された人々が約2割であったほか，血税一揆が各地でおこった。国民皆学をめざした学制も，学制反対一揆がおこり，就学率は半数に及ばず，とくに女子の就学率が低かった。さらに太陽暦は農民の生活習慣とかみあわず，急速な文明化に人々は大きく戸惑ったと考えられる。

ACTIVE　文明化と向き合う東アジア諸国
　　　　　　　　　　　　　　　　　p.56〜57

①
STEP1　**STEP2**　1　属国　　2　反対
STEP3　1　ア　陽暦　　イ　陽暦　　ウ　陽暦
エ　陰暦
2　〔参考〕盆や正月の日付が家庭と学校で異なっていたらどうだろうか。病院の休診日が異なっていたら，日曜日に日付が異なっていたらどうだろうか，考えてみよう。
②
STEP1
1　①伝統的な学問　　②西洋の学問・技術

2　そもそも衣服のしきたりは，人に祖先の遺志を追憶させるものの一つであり，その子孫においては，これを尊重し，後世まで保存すべきことである。

3　ただし，兵器・鉄道・電信その他の機械などは必需品であり，彼らの最も長じているところであるので，これを外国から導入せざるをえない。

STEP2　①怠慢　②勤労

STEP3　李鴻章は，技術的に必要であれば他国の文化を導入するにやぶさかでないが，自国の精神の根幹に関わるような事柄については，それが様式や形式の問題であっても，受け入れない姿勢をみせる。一方で森有礼は，他国の文化であれ，そこに長所や美点が認められるのであれば，自国の判断で躊躇なく導入すべきと考えている。

Try

1　共通点：欧米文化の流入によって，自国の精神・生活・文化的な伝統が失われることを懸念している点。

相違点：日本は，近代的合理性の観点から欧米文化を積極的に受容した。中国は，既存の東アジア秩序の中核を担った精神や文化を重視し守ろうとした。朝鮮は，欧米的な秩序と既存の東アジア秩序との間で揺れた。

2　〔参考〕自分たちが慣れ親しみ，「あたりまえ」だと思ってきた生活習慣や文化が，ある日突然，「あたりまえ」ではないと言われたり，非合理的だと否定されたりするとき，どのように対応するか。現在の私たちにとって，「あたりまえ」になっていることのいくつかは，このころに「あたりまえ」とされるようになったということをふまえて考えたい。

23　近代的な国際関係と国境・領土の画定
p.58～59

Approach　ア　不平等条約　　イ　熱帯

①岩倉使節団　　②大久保利通　　③日清修好条規

④高宗　　⑤西郷隆盛　　⑥征韓

⑦明治六年の政変　　⑧閔妃　　⑨江華島事件

⑩日朝修好条規　　⑪壬午軍乱　　⑫甲申政変

⑬金玉均　　⑭天津条約　　⑮開拓使

⑯樺太・千島交換条約　　⑰アイヌ

⑱小笠原諸島　　⑲台湾出兵　　⑳琉球処分

確認

A　日清修好条規　　　B　日朝修好条規

C　樺太・千島交換条約　　　D　琉球

Check

1　ア　A　　イ　B

2　c

Try

アイヌの人々にとって，樺太・千島交換条約にいたる過程で国境線が変更されたことは，それまで生活圏としていた地域が分断されることも意味した。「日本人」となったアイヌは生活習慣の変更を余儀なくされ，差別にも苦しむこととなる。沖縄の人々も，独立国から琉球藩，沖縄県と段階的に「日本人」とされたが，それまでの習慣が意図的に温存されたことで近代化が遅れた。

24　自由民権運動の高まり
p.60～61

Approach　ア　集会条例　　イ　男性

①廃刀令　　②秩禄処分　　③西南戦争

④士族反乱　　⑤民撰議院設立建白書

⑥自由民権運動　　⑦天賦人権　　⑧愛国社

⑨新聞紙条例　　⑩集会条例　〔⑨，⑩は順不同〕

⑪国会期成同盟　　⑫大隈重信

⑬明治十四年の政変　　⑭自由党

⑮立憲改進党　　⑯大阪事件　　⑰松方財政

確認　豪農（富裕な農民）の参加によって全国に広まった自由民権運動は，全国組織である愛国社が国会期成同盟へと改組する盛り上がりをみせ，開拓使官有物払い下げ事件への批判をかわすために発せられた国会開設の勅諭に結実した。自由党や立憲改進党といった政党も結成されたが，集会条例などきびしい言論統制にさらされ，松方財政による深刻なデフレで生活が困窮した農民らによる激化事件があいつぎ，朝鮮の内政に干渉しようとする者も出るなど，民権運動は変質した。

Check　イ　エ

Try

民権派は国民国家の担い手であることを自任しており，権利を主張するためには納税の義務をはたしていることが必要だと考えていた。一方で，困民党は江戸時代の慣習である困窮者に配慮するのは富裕者の責務であるという考えにもとづいて，負債や税負担の軽減を求めていた。民権派は，義務をはたさず権利のみを主張する困民党を「自己中心的」とみなした。

Approach ア　五日市　　イ　植木枝盛
ウ　法律の範囲内　　エ　天皇
①私擬憲法　　②五日市憲法　　③植木枝盛
④伊藤博文　　⑤ロエスレル　　⑥華族令
⑦内閣制度　　⑧大日本帝国憲法　　⑨欽定
⑩天皇大権　　⑪臣民　　⑫軍人勅諭
⑬教育勅語　　⑭皇室典範　　⑮帝国議会
⑯衆議院　　⑰貴族院　　⑱藩閥政府
⑲選挙干渉

確認
大日本帝国憲法は，君主である天皇に幅広い天皇大権を与える一方，国民は臣民とされて主権をもたず，その権利は限定的であった。地方制度に関して地方自治の規定はなく，別の法令で決められた自治権は弱かった。このように，大日本帝国憲法は君主を中心とする中央集権的な国家をめざしていたといえるが，帝国議会には予算の審議権が認められていたので，国会を舞台として政府と政党は対峙し，やがて政党は政治に一定の影響を与えるようになった。

Check
1　エ　　2　①明治天皇　　②大日本帝国憲法
③黒田清隆（総理大臣）　3　ウ

Try　大日本帝国憲法では，天皇は元首として定められ，「天皇大権」とよばれる大きな権限を一手に握り，行政権は天皇を輔弼する内閣，立法権は天皇を翼賛する帝国議会，司法権は裁判所が規定されていたが，三権は天皇のもとに独立しており行政権が優位であった。これに対して，現行の憲法では，国民主権のもと，三権は相互に抑制と均衡が働くように分立しており，特定の権力が暴走することがないように定められている。

 ACTIVE　議場が語る立憲制　　p.64〜65

①
STEP1　1　①装飾が多く豪華
②男性のみ。礼服だが身分差を感じさせない
③装飾が多く豪華
④男性のみ。大礼服で爵位が示されている。身分が意識されている　　⑤左右に対面
2　類似点：中央のスペースをはさんで議員が左右で向きあう配置，中央奥に特別な席，議場にいるのは男性ばかり

相違点：イギリスの床には赤い線（ソードライン）がひかれている，正面奥に座っている人（イギリス＝議長，日本＝天皇），服装（イギリス＝礼装≠身分→下院，日本＝大礼服＝職位・爵位を反映→貴族院＝上院を念頭？）

STEP2
1　①議会　　②議院内閣制
2　国会で多数派を形成した政党の議員のなかから高官（大臣）が任命されることで，政府と国会が対立するのではなく，国会での議論が政府の意思決定を左右する重要な役割を果たす，議院内閣制的なものをともなった国会のあり方。

STEP3
国民（有権者）の声を代弁する議員同士が，天皇の前で，真っ向から議論をたたかわせる場として国会を位置づけ，多数派政党の議員が大臣となることで，国民の意思（輿論）を反映した国会での議論が，政府（内閣）でもふまえられるようになる，君民共治を体現する国会の姿。

②
STEP1
1　①敬礼　　②高
2　ア　皇帝　　イ　明治天皇
STEP2
半円形の議場・議席，一段上がったところに居並ぶ人々（議長・大臣，天皇（貴族院のみ））
STEP3
1　①議会より選ばれ，議会に対して責任をもつ
②男性普通選挙　　③宰相が皇帝により任命され，議会に対して責任をもたない
④強い　　⑤男性制限選挙
⑥首相が天皇により任命され，議会に対して責任をもたない　　⑦強い
2　国会における議員（政党）同士の議論を重視する議院内閣制的な議会のあり方よりも，政府（内閣）は国会よりも一段高みにあって，議員（政党）は政府（内閣）に対して議論をしかけ，政府がそれを受けてたつかのような，政府主導の国政運営をおこなうため。

Try
1　❶資料2：与野党が直接対峙するが，議院内閣制が採用されなければ，天皇や大臣はこの対決の構図の局外に位置することになる，❷資料3・4：議院内閣制が採用されずとも，政府と議会とが対峙する構図となるが，議会の意向をふまえるか否かは政

府の裁量に委ねられることになる。
2　参加していない。傍聴しているようにみえる。参政権がないため議論に参加できないから。

26 帝国主義と世界分割　　p.66〜67

Approach　ア　アメリカ　イ　独占資本
①パナマ運河　②第2次産業革命　③アメリカ
④ロシア　⑤独占資本　⑥帝国主義
⑦リヴィングストン　⑧スタンリー
〔⑦, ⑧は順不同〕⑨ベルリン会議
⑩南アフリカ（ブール）戦争　⑪ファショダ事件
⑫ヴィルヘルム2世　⑬英仏協商
⑭エチオピア　⑮リベリア〔⑭, ⑮は順不同〕
⑯アボリジナル　⑰マオリ　⑱ハワイ

確認
A　ベルリン　B　エチオピア　C　リベリア
〔B, Cは順不同〕　D　ハワイ

Check①　1　独占資本
2　独占資本が国の政策を左右する力をもっていることを示している。

Check②　①セシル＝ローズ　②カイロ
③ケープタウン　④帝国　⑤金
⑥南アフリカ（ブール）

Try
アフリカ分割では現地の民族や文化を考慮せずに勢力圏を決めたため、独立後も人為的な国境線となり民族紛争の要因となった。また、植民地時代に形成されたモノカルチャー経済の構造が独立後も続いている。オーストラリアやニュージーランドでは先住民が圧迫され、ヨーロッパ系の移民主導で開拓がすすめられ、移民やその子孫中心の植民地社会が形成されていった。

27 帝国主義期の欧米社会　　p.68〜69

Approach　ア　中国　イ　奴隷　ウ　苦力
①第2次産業革命　②都市問題　③労働運動
④第2インターナショナル　⑤苦力　⑥華僑
⑦国民意識　⑧進化論　⑨反ユダヤ主義
⑩黄禍論

確認　工業化の進展でホワイトカラー層が増加する一方、都市人口の急増で都市問題が深刻化し、社会主義政党が各国で誕生した。労働力の需要が高まり移民も増加した。帝国主義期の国家間競争に勝つた

めには国民の統合が必要で国民意識の浸透もはかられた。また、植民地支配を正当化する人種・民族差別や、反ユダヤ主義もひろがった。

Check　東方からの脅威とは日本人や中国人などのアジア人のことである。風刺画は日清戦争・日露戦争後、ヨーロッパ人の優越感が揺らぎ、アジア人にヨーロッパ人が駆逐されるかもしれないという欧米諸国でひろがった黄禍論をあらわしている。

Try
・南アフリカのアパルトヘイトでの黒人差別
・「アラブの春」をきっかけとした政情不安による北アフリカ、西アジア諸国からの移民・難民に対するEU諸国での差別や排斥など

28 条約改正　　p.70〜71

Approach　ア　鹿鳴館　イ　ビゴー　ウ　猿
エ　条約改正交渉
①領事裁判権　②関税自主権　③岩倉使節団
④欧化政策　⑤鹿鳴館　⑥井上馨
⑦ノルマントン号事件　⑧脱亜論
⑨日朝修好条規　⑩日清戦争
⑪日英通商航海条約　⑫日米通商航海条約

確認　領事裁判権の撤廃と関税自主権の回復をめざす条約改正交渉は、なかなか前進しなかった。その後、憲法の発布や国会開設などによって立憲国家としての体裁が整ったことやロシアの南下を警戒するイギリスが日本に接近したことで、条約改正が順次実現した。

Check　洋装をした日本人の紳士、淑女が描かれているが、鏡には猿の姿が映っており、外面だけを西欧化した日本人をあらわしている。

Exercise　①　→　④　→　②　→　③
①井上馨　②陸奥宗光　③小村寿太郎
④大隈重信

Try
1870年代に中国とは対等な立場で日清修好条規を結び、朝鮮の独立をめぐって対立を深めた。朝鮮に対しては、日本が欧米につきつけられた治外法権や関税自主権の放棄を認めさせる日朝修好条規を結んだ。1880年代なかばには、条約改正交渉を通して日本が欧米と対等な関係を模索するなかで、朝鮮の改革の後ろ向きな姿勢を批判する「脱亜論」に代表されるように、アジア蔑視の姿勢が顕著となった。

29 日清戦争　p.72～73

Approach ア　朝鮮　イ　清　ウ　日清戦争
エ　下関条約　オ　台湾

①甲午農民戦争　②開化派　③日清戦争
④旅順　⑤下関条約　⑥遼東半島　⑦2億
⑧三国干渉　⑨中国分割　⑩憲政党
⑪隈板内閣　⑫治安警察法
⑬軍部大臣現役武官制　⑭立憲政友会

確認 甲午農民戦争がおきると日清両国は朝鮮に派兵し，日本が開化派の新政権を朝鮮に樹立すると日清戦争がはじまった。日本は勝利して下関条約を結び，台湾征服戦争をおこなった。日本の中国東北部進出に警戒するロシアが，ドイツ・フランスとともに三国干渉をおこなうと，日本は要求にしたがい，遼東半島を清に返還した。

Check
①広島　②下関　③漢城　④豊島沖
⑤黄海　⑥台湾

Try
就学率が向上することで識字率も高くなり，かつて知識人とよばれた以外の多くの人が，新聞や雑誌の記事を読むことが可能となった。ジャーナリズムでは，日清戦争が「文明」対「野蛮」の戦いと説いていたこともあり，読者は日清戦争の勝利によって「文明国の国民」を自覚するようになった。

30 日露戦争から韓国併合へ　p.74～75

Approach ア　イギリス　イ　広州
ウ　ドイツ　エ　遼東　オ　義和団

①康有為　②光緒帝　③戊戌の政変
④西太后　⑤義和団　⑥義和団戦争
⑦北京議定書　⑧大韓帝国　⑨日英同盟
⑩日露戦争　⑪ポーツマス条約
⑫第2次日韓協約　⑬統監府
⑭ハーグ密使事件　⑮義兵運動　⑯安重根
⑰韓国併合　⑱朝鮮総督府

確認 義和団戦争以降，日本とロシアは，韓国での権益をめぐり対立し，日本は日英同盟を結び，日露戦争が発生した。日露両国はアメリカの調停でポーツマス条約を結んだ。日本の勝利は各地の民族運動に影響を与えたが，韓国に対しては韓国併合により植民地化し，民族運動を弾圧した。

Check ①中国　②イギリス　③ドイツ
④ロシア　⑤フランス　⑥日本

Exercise ④ → ② → ① → ③ → ⑤

Try
東洋の立憲国家による西洋帝国主義への勝利ととらえられ，イランやオスマン帝国，ベトナムなどの地域の民族運動の進展に影響を与えたが，実際は，韓国・満洲利権をめぐる帝国主義国家どうしの争いであり，韓国の植民地化をはじめとして日本の帝国主義を加速させるものであった。

31 日本の産業革命と社会問題　p.76～77

Approach ア　生糸　イ　綿糸　ウ　紡績
エ　重工業　オ　鉄道

①産業革命　②生糸　③綿糸　④紡績
⑤金本位制　⑥官営八幡製鉄所　⑦大冶鉄山
⑧財閥　⑨三菱　⑩安田〔⑨，⑩は順不同〕
⑪東海道線　⑫日本鉄道会社　⑬スラム
⑭労働組合期成会　⑮寄生地主制
⑯地方改良運動　⑰戊申詔書　⑱社会民主党
⑲大逆事件

確認
労働者と産業資本家の貧富の差が拡大し，大都市へ人や物資が集中したことで，都市と農村との格差も広がった。また，劣悪な労働・生活環境で伝染病が都市から農村にも広がった。都市では，ストライキなどの労働運動がおこり，農村では寄生地主制が広がり，小作人は困窮した。

Check 1895年から1897年の間。

Exercise ③

Try
共通点は，資本家（株主や雇用主）と労働者（従業員）で所得の格差がみられ，現代においても労働者は長時間労働，低賃金労働の傾向が見受けられる。相違点は，現代社会では労働組合の結成やストライキ権なども法律で定められ，労働者の権利が保障されているが，かつては不十分であった。

32 アジア諸民族の独立運動・立憲革命　p.78～79

Approach ア　青年トルコ人　イ　国民会議派
ウ　ドンズー（東遊）
エ　サレカット＝イスラム　オ　中国同盟会

①アブデュル＝ハミト2世
②青年トルコ人革命　③イラン立憲革命
④ベンガル分割令　⑤国民会議派
⑥スワデーシ　⑦スワラージ
⑧全インド＝ムスリム連盟
⑨サレカット＝イスラム
⑩ファン＝ボイ＝チャウ
⑪ドンズー（東遊）運動　⑫光緒新政
⑬中国同盟会　⑭三民主義　⑮辛亥革命
⑯中華民国　⑰袁世凱

確認
トルコやイランでは立憲制が実現した。植民地下にあった東南アジアでは独立をめざす民族運動がおこり、ベトナムでは立憲君主制の樹立がめざされ、インドネシアでは社会主義も掲げられた。インドでは自治獲得が唱えられたが、宗教の違いが民族運動分裂の要因になった。中国では共和政をめざす革命運動がおこり、辛亥革命で共和国が誕生した。

Check　1　略
2　①ミドハト憲法　②ベンガル分割令
③スワデーシ・スワラージ・英貨排斥・民族教育
〔順不同〕　④全インド＝ムスリム連盟
⑤ファン＝ボイ＝チャウ

Try
日露戦争における日本の勝利はオスマン帝国やイランでの立憲運動、インドの国民会議派の運動に影響を与え、ベトナムではドンズー運動が推進された。また、孫文による中国同盟会結成にも刺激を与えた。その理由は、列強の圧迫に苦しみ、あるいは植民地支配下におかれたアジアの人々にとって、日露戦争が列強に対するアジアの新興国の勝利と受けとめられたからである。

　ACTIVE　博覧会にみる近代　p.80〜81

①
STEP1　ア　シャチホコ　イ　富士山
STEP2　素晴らしい工芸品として来場者の評判となり、目玉の展示品であった。
STEP3　素晴らしい芸術性と技術をもつ産業国の展示会場と考え見学してみたいと考える。
STEP4　日本は、その歴史・伝統と技術力をヨーロッパにアピールし、輸出振興に結びつけようと考えた。ヨーロッパの人々の間ではジャポニスムが広まったが、日本を西欧的な近代国家とみなすことはなく、

自分達とは異なる目新しい別の文化を持つ国としてとらえる部分が大きかった。
②
STEP1
1　いずれも未開・野蛮で、自分たち近代的な人間とは異なる人々とみなし、見世物となることを受け入れる風潮があった。
2　日本は「人類館」に展示される国や地域とは異なり、誇るべき近代的な国家であると思わせようとした。
STEP2　**STEP3**
①理解に苦しむ。　②大いに侮辱するもの。
③台湾の原住民　④北海道のアイヌ
⑤沖縄県人を彼らと同等のものとみなしている
⑥未開の人種
⑦自分たちの国（朝鮮）の女子のみが展示される
2　共通点は、自県ないし自国にルーツを持つ人々が見世物とされていることに抗議していること。問題点は、そもそも人間が見世物にされるという人権上の問題意識がうすいこと。
Try
1　西洋にならった近代化を進めていた日本にとって、博覧会とは、国内に向けてめざすべき文明の姿を示すと同時に、諸外国、とりわけ西洋に対して自国の技術、文化をアピールする重要な場であった。日本が西洋と並ぶ文明国であり、日本人が「人類館」に展示され、見下されるような野蛮な人間ではないということを示そうとする姿勢は、他方でアジア的なものを野蛮として見下すことでもあった。
2　〔参考〕日本が近代国家のお手本とした欧米であったが、帝国主義時代の社会進化論のもとで、欧米では自らの社会制度を直線的な進歩の先頭「文明」ととらえ、それとは異なる社会制度に対しては、これを後進的な「野蛮」とみなす傾向が存在した。このような「野蛮」は、見下されるべきもの、駆逐されるべきものと考えられた。人類館事件に見られるような人間のディスプレイは、1889年のパリ万博でもみられた。パリ万博では植民地の住民が集められて展示された。

33　緊迫する国際関係　p.82〜83

Approach　ア　三国協商　イ　三国同盟
①ビスマルク　②三帝同盟　③三国同盟
④再保障条約　⑤ヴィルヘルム2世

⑥世界政策　　⑦露仏同盟　　⑧日英同盟
⑨英仏協商　　⑩英露協商　　⑪三国協商
⑫帝国主義　　⑬オスマン帝国
⑭パン＝ゲルマン主義　　⑮パン＝スラヴ主義
⑯ボスニア・ヘルツェゴヴィナ
⑰バルカン同盟　　⑱第１次バルカン戦争
⑲第２次バルカン戦争

確認

オスマン帝国の衰退とともにバルカン半島では民族問題が深刻化した。そこに列強が勢力拡大をはかって介入し、ドイツ・オーストリアが唱えるパン＝ゲルマン主義とロシアを後ろ盾とするパン＝スラヴ主義との対立がおきたため。

Check　1　略　　2　青年トルコ人革命
3　パン＝スラヴ主義とパン＝ゲルマン主義の対立
4　略
5　オスマン帝国の衰退やバルカン諸民族の独立運動に乗じて列強はバルカンでの勢力拡大をめざし、それぞれバルカン諸国に軍事的・経済的援助をおこなった。そのため、バルカン諸国の対立が導火線のように列強間の対立につながっていた状況を意味している。

Try

ドイツに再保障条約の更新を拒否されたロシアは露仏同盟をむすびフランスと連携した。ドイツの「世界政策」を警戒するイギリスは「光栄ある孤立」を改め、ロシアに対抗するため日英同盟をむすんだ。さらに日露戦争がはじまると英仏協商を成立させアフリカでの勢力範囲を調整した。日露戦争後、イギリスとロシアは英露協商をむすびイランでの勢力範囲を画定した。これによりイギリス・フランス・ロシアの三国協商が成立し、ドイツを中心とした三国同盟と対抗することになった。

34 第一次世界大戦　　　　p.84〜85

Approach　総力戦
①サライェヴォ　　②第一次世界大戦　　③総力戦
④日英同盟　　⑤二十一か条の要求　　⑥寺内正毅
⑦無制限潜水艦　　⑧ドイツ革命
⑨ヴィルヘルム２世

確認

ヨーロッパではじまった戦争は、帝国主義時代の世界分割競争により世界各地の動きが連関していたため、またたくまに他の地域に波及した。日本も協商

国側で参戦、各国はさらに植民地拡大をめざしたためアジア・アフリカにも戦火がひろがった。戦争は長期化し総力戦となり、交戦国は植民地からも物資や兵士・労働者を動員した。1917年にアメリカが協商国側で参戦すると世界大戦の様相は深まり、翌年、協商国側の勝利で大戦は終結した。

Check　1　サライェヴォ事件
2　ブルガリア　オスマン帝国　〔順不同〕
3　徴兵された男性に代わり、軍需工場への動員のほか多くの職場で女性が労働に従事した。女性の社会進出にともない、戦後、いくつかの国では女性参政権が実現した。
4　塹壕戦
5　アメリカがドイツの無制限潜水艦作戦を理由に協商国側で参戦したため。
6　帝国主義の時代に列強がおこなった植民地獲得競争の結果、列強の対立が世界各地に波及し、連動したため。

Try

戦争が長期戦となり、参戦国では政府の権限が強化され、国民や物資を全面的に動員する総力戦体制がしかれた。植民地からも多数の人員が兵士・労働者として動員され、植民地にも戦火が及んだ。さらに潜水艦や戦車など新兵器が投入され、戦争の犠牲者も膨大な数となった。

35 ロシア革命とシベリア出兵　　p.86〜87

Approach　ア　日露　　イ　第一次世界大戦
①血の日曜日　　②ソヴィエト　　③ニコライ２世
④二月　　⑤十月　　⑥ボリシェヴィキ
⑦レーニン　　⑧平和に関する
⑨ブレスト＝リトフスク　　⑩戦時共産主義
⑪コミンテルン
⑫ソヴィエト社会主義共和国連邦

確認　第一次世界大戦中におきた二月革命で帝政は崩壊した。その後、戦争を継続する臨時政府をボリシェヴィキの指導者レーニンが十月革命で打倒し、史上初の社会主義政権を樹立した。これに対し革命の影響の波及を恐れたイギリス・フランス・アメリカ・日本などは、革命打倒のため対ソ干渉戦争をおこした。日本はシベリアでの勢力拡大をはかるため大兵力を派遣し、他国の撤退後も駐兵を続け、樺太北部も占領した。

2 d → a → b → c
Try
ロシア革命の世界史的意義は史上初の社会主義政権を成立させたことにある。その影響のもと，ドイツ革命がおき，アジアでは社会主義国モンゴルが誕生した。また，植民地の解放運動や民族運動，各国の共産党の結成にも影響を与えた。

36 大戦景気と米騒動　p.88〜89

Approach ア　輸出　イ　大戦景気
ウ　重化学工業
①大戦景気　　②アジア　　③重化学工業
④シベリア出兵　　⑤米騒動　　⑥労働争議
⑦小作争議　〔⑥，⑦は順不同〕⑧寺内正毅
⑨原敬　⑩立憲政友会　⑪普通選挙
⑫民本主義　⑬吉野作造　⑭天皇機関説
⑮石橋湛山
確認
政治では，米騒動の後に本格的な政党内閣である原敬内閣が誕生した。経済では，第一次世界大戦後には輸入が輸出を上回り大戦景気から不景気（不況）に転じた。社会では，大正デモクラシーとよばれる社会運動がおこり，民衆の意向が重視されるようになった。
Check①
ともに経済成長と工業化がすすんだが，アメリカでは自動車や家電製品が国内で生産されて普及し，大量消費社会が到来する一方，日本では自動車・家電製品の製造業が発達せず，物価の上昇に賃金が追いつかず大量消費社会が訪れなかった。
Check②
X：正　　Y：誤
Try
美濃部達吉は天皇機関説，吉野作造は民本主義を唱え，天皇主権と矛盾しないように政治での民衆の意向の重視を唱えた。これは民衆の政治参加を要求する世界の思潮とも連動していた。また，日本は植民地を有していたため，大正デモクラシーは「内に立憲主義，外に帝国主義」という性格をもっていた。

37 ヴェルサイユ体制とワシントン体制　p.90〜91

Approach ア　オーストリア　イ　ヴァイマル
①ヴァイマル　　②パリ　　③ウィルソン
④ヴェルサイユ　　⑤集団安全保障
⑥委任統治領　　⑦ワシントン　　⑧四か国
⑨九か国　　⑩ワシントン海軍軍縮
確認
ヴェルサイユ体制はドイツに過酷な条約を課したが，民族自決や国際連盟による集団安全保障の原則の実現をめざした。ワシントン体制は日本の勢力拡大を警戒するアメリカが主導し，アジア・太平洋地域における領土の現状維持と中国の主権尊重，軍縮を目的とした。
Check ①ウィルソン　　②十四か条の平和原則
③民族自決　　④フランス　　⑤イギリス
〔④，⑤は順不同〕　　⑥ドイツ
⑦プロイセン＝フランス（普仏）
Try
第一次世界大戦の被害の大きさから戦後，集団安全保障の理念にもとづく史上初の国際平和機構として国際連盟が発足した。中小国も発言権を高め一国一票が原則となり，経済支援や労働問題，難民問題への取り組みもはじまった。しかし，アメリカの不参加やドイツとソヴィエト政権を当初除外したこと，何より侵略行為への対抗手段が不十分であったことが国際連盟の限界となった。

38 西アジア・南アジアの民族運動　p.92〜93

Approach ア　フサイン・マクマホン協定（書簡）
イ　バルフォア宣言　ウ　委任統治領
エ　ロシア　　オ　サイクス・ピコ協定
①フサイン・マクマホン協定（書簡）
②バルフォア宣言　　③パレスティナ
④委任統治領　　⑤ワフド党
⑥イブン＝サウード　　⑦セーヴル条約
⑧ムスタファ＝ケマル　　⑨ローザンヌ条約
⑩トルコ共和国　　⑪トルコ革命
⑫レザー＝ハーン　　⑬パフレヴィー朝
⑭アフガニスタン　⑮ローラット法
⑯ガンディー　　⑰非暴力・不服従
⑱プールナ＝スワラージ

確認　第一次世界大戦中，イギリスは敵国であるオスマン帝国支配下のアラブ人と，戦争への協力とひきかえに独立を約束するフサイン・マクマホン協定をむすび，エジプトやインドにも同様に戦後の自治を約束した。しかし，イギリスは約束を守らなかったため，各地で民族運動が激化した。

Check①　略

Check②　①ムスタファ＝ケマル　②ローマ字
③アラビア文字　④政教

Try
西アジアではパレスティナをめぐるユダヤ人とアラブ人の対立を招き，中東戦争の原因にもなった。南アジアでは，ヒンドゥー教徒とイスラーム教徒の対立から，インドとパキスタンへの分裂の原因になった。

39 東アジア・東南アジアの民族運動
p.94〜95

Approach　ア　民族自決　　イ　日本
ウ　パリ講和　　エ　二十一か条の要求
オ　ヴェルサイユ
①ウィルソン　　②三・一運動　　③治安維持法
④新文化運動　　⑤二十一か条の要求
⑥五・四運動　　⑦中国国民党　　⑧中国共産党
⑨第1次国共合作　　⑩蔣介石　　⑪北伐
⑫上海クーデタ　　⑬国民政府　　⑭張作霖
⑮国民革命　　⑯長征　　⑰毛沢東
⑱インドネシア共産党　　⑲スカルノ
⑳インドシナ共産党　　㉑タキン党
㉒アウン＝サン

確認　朝鮮での三・一運動を受けて，日本が言論・集会に対する制限を一部緩和したため，朝鮮人による民族運動が活発化したが，日本による監視は強化された。中国の北伐に際しては，北京をおさえる張作霖と提携する一方で，山東権益の確保をめざして山東出兵をおこなった。

Check　②

Exercise　①

Try　日本は朝鮮の植民地支配や中国における権益を維持しようとした。朝鮮では三・一運動で朝鮮の独立がめざされ，中国では五・四運動で民族運動が高揚し，北京政府に対抗する北伐がおこなわれた。東南アジアでは，植民地支配を続ける欧米諸国からの独立を求める動きがさかんになった。

40 戦間期の欧米
p.96〜97

Approach　ア　ヴェルサイユ　　イ　ファシスト
ウ　社会　　エ　ルール地方　　オ　ヴァイマル
①参政権　　②イギリス連邦　　③ルール地方
④ヴェルサイユ条約　　⑤ムッソリーニ
⑥ファシスト党　　⑦社会民主党
⑧ヴァイマル憲法　　⑨シュトレーゼマン
⑩ドーズ案　　⑪ロカルノ条約　　⑫不戦条約
⑬債権国　　⑭大量消費社会

確認
A　フランス　　B　インフレ　　C　ロカルノ
D　国際連盟　　E　イタリア
F　ムッソリーニ　　G　大量消費　　H　移民
I　人種

Check①
①　→　写真　→　③　→　②　→　④

Check②
1　a　賠償金　　b　戦債　　2　ドーズ

Try
敗戦国となったドイツは賠償金の支払いに苦しみ，フランスのルール占領を機に激しいインフレがおこり，その後もヴェルサイユ条約への不満が残った。同じくヴェルサイユ条約への不満が強かったイタリアでは深刻な経済危機が生じ，社会主義の拡大を恐れる中産階級や地主層の支持を得たムッソリーニのファシスト党が台頭した。

41 ひろがる社会運動と普通選挙の実現
p.98〜99

Approach　ア　労働者　　イ　女性
ウ　被差別部落　　エ　ロシア革命
①日本労働総同盟　　②日本農民組合　〔①，②は
順不同〕　　③平塚らいてう　　④市川房枝
⑤新婦人協会　　⑥全国水平社　　⑦日本共産党
⑧金子文子　　⑨普通選挙法　　⑩治安維持法
⑪国体　　⑫私有財産　　⑬日ソ基本条約
⑭円本　　⑮ラジオ放送

確認　さまざまな立場で抑圧されていた人々が権利の拡大を訴える社会運動が活発となったが，参政権をめぐっては男性の普通選挙の実現にとどまった。これに対して，政府は社会主義思想の拡大を警戒し，治安維持法を制定した。また，雑誌の普及やラジオ放送の開始による大衆化の時代をむかえた。

Exercise　④

Try

欧米・日本ともに大衆の政治参加への要求が強まり，選挙権の拡大を求める動きがみられた。

42 政党内閣の時代　　　p.100〜101

Approach　ア　政党内閣　　イ　普通選挙

①普通選挙　　②第2次護憲　　③加藤高明
④犬養毅　　⑤立憲政友会　　⑥憲政の常道
⑦不戦　　⑧ロンドン海軍軍縮　　⑨統帥権干犯
⑩幣原喜重郎　　⑪幣原　　⑫山東出兵
⑬済南事件　　⑭張作霖爆殺　　⑮張学良
⑯金解禁　　⑰産業合理化　　⑱世界恐慌

確認

第一次世界大戦後の世界では，平和と軍縮を求める気運が高まり，日本も外相の幣原喜重郎が米・英との協調を重視し，北伐が進行する中国に対しては不干渉政策をとった。しかし，このような幣原外交は軟弱外交として攻撃され，1927年に成立した田中義一内閣（外相兼任）では，在留日本人保護を目的に山東出兵がおこなわれるなど積極的な中国政策が試みられるようになった。

Check

1　幣原：絶対不干渉の主義
　　田中：対支外交の刷新
2　幣原喜重郎は，中国の主権及び領土保存を尊重し，国民党の北伐に対して不干渉政策をとった。これに対して田中義一は，日本の自衛と権益を擁護するために，在留日本人の保護を名目に山東出兵をおこなった。

Try

憲政会の加藤高明や若槻礼次郎（第1次）内閣のときには幣原喜重郎が外務大臣をつとめ，米英との協調を重視し，中国の内乱に対しても不干渉政策をとった。しかし，1927年に政友会の田中義一内閣が成立すると田中首相は外相を兼任し，山東出兵をおこなうなど積極的な中国政策に転換した。しかし，一方で不戦条約を締結し，欧米とは協調する姿勢をみせた。田中に次ぐ民政党の浜口雄幸内閣も，ロンドン海軍軍縮条約を締結した。

ACTIVE　20世紀の女性と男性

p.102〜103

①

STEP1　ア　減少　イ　増加　　ウ　増加
エ　減少
①製鉄・金属・機械　　②電機　　③化学
〔②，③は順不同〕　　④戦争

STEP2

1　あぁ！私が男だったらよかったのに。（そうしたら）海軍に入隊したのに。
2　女性でも軍に入隊して国のために戦いたいと考えるときに，男性である自分は率先して入隊すべきと考える。
3　軍隊に入隊せずとも戦争に協力できることを何かしないといけない，という気持ちになる。

STEP3

多くの男性が徴兵されたため，そのかわりの労働力となることが求められた。それまで全面的に（もしくはほとんどを）男性が担っていた労働を，女性が担うようになった。また，戦場へ向かう男性を励ます存在となることも期待された。

STEP4

（男性が働く職場である）軍需工場での労働などで働けば，粗野で男っぽい気質になってしまうので，ズボンをはかねばならないような職場ではなく，女性らしい服装をして，理性的なか弱い女性でいられる存在であってほしいと考えている。（仕事をするような女性でいてほしくないと考えている。）

STEP5

総力戦となった第一次世界大戦前は，女性は男性よりも社会的に低い立場におかれていた。多くの国で参政権は認められず，女性が就労できる職業も限られていた。また，男性による家父長的価値観に合うように，弱く守られるべき存在であり，男性に従う存在であることを要求されていた。第一次世界大戦で，男性にかわって多くの職業を担った女性は，戦後，さまざまな職場に進出した。英・独・米など女性の参政権を認める国も出てきた。このような流れを積極的に受け入れたり後押ししたりする人々が存在した一方で，戸惑い反発した男性も多かったと考えられる。

②

STEP1

「良妻賢母」という言葉に代表される日本の家族制

度からの女性の解放を訴え，女性が主体的に生きられる社会の実現を訴えた。また，女性参政権の実現，治安警察法の改正も要求し，女性が政治活動をおこなうことの自由を訴えた。市川房枝も同じような運動をおこした。他に女性の自立を主張した与謝野晶子，社会主義の立場から女性の平等・解放を訴えた山川菊栄らもいた。

STEP②

①朝鮮社会に以前から存在していた女性に対する差別の

②朝鮮社会の近代化過程で新たに女性に要求された「近代社会での女性の在り方」

③植民地支配から生じる

Try

1 〔参考〕福沢諭吉は，『学問のすゝめ』において「天は人の上に人を造らず人の下に人を造らず」と述べたが，多くの日本人は，この「人」を成人男性ととらえていた。福沢は同書第8章で「男も人なり，女も人なり」と述べ，男女の平等を説いていると思われるが，他方，「女性の参政権はさておき…」とも述べたと言われている。女性参政権を不要と考えていたのではなく，その実現にいたるまでにはまだ遠く，その前に不平等に扱われていた女性の種々の権利を確立することを目指したようである。

　福沢に影響を与えたとされるのが，イギリスのJ.S.ミルである。19世紀なかばすぎに女性参政権を主張して下院議員となったが，実現にはいたらなかった。ミルにおいても福沢においても女性参政権に同意していた人々がいた一方で，それが実現していないということは，当時の政財界または参政権を有している人々（有産階級の男性）の多くが女性参政権を認めていなかったということになる。そこには近代工業社会における男性労働者とそれを家庭で支える妻という性別役割分担を，経済的に合理的と考える意識があり，また，単純に男性が女性よりも優れているという差別意識もあったと考えられる。経済合理性については多くの人々は意識をしておらず，社会の風潮をそのまま受け入れていた部分も多分にあったと思われる。それは現在も変わらない。①資料4の男性もそのような意識であったと考えられる。

2 〔参考〕一般に，農業においては女性も主要な働き手となる。また，共同体としての意識も工業地帯と比較して強いため，女性は家事労働と農業労働をこなしつつ，共同体内での女性の連携も強かった

と考えられる。その分，共同体の制約（村の掟など）も強く受けた。しかし，同じ農村部でも，イギリスなどの先進工業国と植民地ではそもそもの置かれた立場が異なる。19世紀を通じて工業国家として栄えたイギリスと，搾取の対象となった植民地では，農村部にかかる圧力も異なる。そしてそこでの女性の暮らしぶりも，当然異なったであろうことは想像できる。

3 〔参考〕20世紀初頭のイギリス，インド，日本の主要産業と女性の様子について調べてみよう。次に1960年代ではどうか，1990年頃ではどうか，調べてみよう。

43 世界恐慌　p.104～105

Approach ア 失業　イ アメリカ　ウ ドイツ　エ 社会主義　オ 五か年

①世界恐慌　②ファシズム　③生糸
④昭和恐慌　⑤イギリス連邦経済会議
⑥スターリング＝ブロック　⑦ブロック経済圏
⑧フランクリン＝ローズヴェルト
⑨全国産業復興法　⑩農業調整法
⑪テネシー川流域開発公社　⑫第1次五か年計画
⑬コルホーズ　⑭ソフホーズ

確認 世界恐慌で各国の工業生産は低下し，多数の失業者がうまれ，中産階級が没落した。各国の恐慌対策は政府の強力なリーダーシップのもとでおこなわれたので，政府の経済に対する統制が強まった。

Check ②

Try 世界恐慌では，イギリスやフランスが広大な植民地や自治領で排他的なブロック経済圏をつくったため，それが不可能な国との対立が深まった。また，中産階級の没落や労働者の労働条件の悪化は，第二次世界大戦をひきおこすことになるファシズム勢力の台頭をまねいた。

44 ファシズムの時代　p.106～107

Approach ア ドイツ　イ 福祉　ウ 言論　エ 強制収容　オ ユダヤ

①ファシズム　②イタリア　③ナショナリズム
④ナチ党　⑤ヴェルサイユ　⑥ミュンヘン一揆
⑦全権委任法　⑧ユダヤ人　⑨民族共同体
⑩再軍備宣言　⑪ラインラント　⑫宥和政策
⑬エチオピア　⑭フランコ　⑮不干渉政策

⑯人民戦線　⑰オーストリア
⑱ミュンヘン会談
確認　世界恐慌で深刻な打撃を受けて失業者が激増するなか，ナチ党はヴェルサイユ条約に不満をもつ人々にヴェルサイユ体制の打破を訴え，大衆運動と国会選挙に力を入れて得票を伸ばし，左翼の勢力拡大を恐れる軍部や大資本の支持も獲得して政権をにぎった。

Check　ナチ党政権成立前のドイツでは，世界恐慌で多くの失業者が発生し，人々の不満が高まっていた。ナチ党は旅行などのレジャーや自家用車の保有といった，豊かな生活を提示することで，人々の支持を獲得しようとした。

Try　〔例〕投票しない。ファシズム政党であるナチ党の主張は，民主主義を否定するものであり，異論を認めずに暴力的な排斥をおこない，ユダヤ人の迫害を主張する姿勢には同意できないから。

45 満洲事変と軍部の台頭　p.108〜109

Approach　ア　南満洲鉄道　イ　満洲
①南満洲鉄道　　②関東軍　　③柳条湖
④若槻礼次郎　　⑤溥儀　　⑥満洲国
⑦日満議定書　　⑧リットン調査団
⑨ワシントン海軍軍縮条約　　⑩ドイツ
⑪犬養毅　⑫高橋是清　⑬五・一五事件
⑭挙国一致　⑮二・二六事件　⑯広田弘毅
⑰日独伊三国防共協定
確認　五・一五事件で犬養毅内閣が倒れたことにより，政党内閣の時代は終焉し，軍部の政治的発言力がいっそう強まった。その結果，ドイツやイタリアとの接近がはかられるとともに，膨大な軍備拡張計画がスタートし，社会も戦時体制に変わっていった。

Check①　①世界恐慌　　②高橋是清
③金輸出再禁止　　④綿織物　　⑤イギリス
⑥華北分離
Check②　①ヒトラー　　②ナチ党　　③共産主義
④コミンテルン　　⑤日本　　⑥イタリア
⑦日独伊三国防共協定

Try
〔例〕国際連盟においてリットン報告書が採択された後，日本は国際連盟を脱退するのではなく，その勧告案に従い満洲から日本軍を撤退させる。その後，「満洲問題」等について各国と話し合って解決する協調外交方針でのぞめばよかったのではないか。

46 日中戦争　p.110〜111

Approach　ア　国共合作
イ　抗日民族統一戦線
①延安　　②西安事件　　③張学良　　④日中戦争
⑤盧溝橋事件　　⑥第2次国共合作
⑦抗日民族統一戦線　　⑧南京　　⑨近衛文麿
⑩重慶　　⑪国民精神総動員運動
⑫国家総動員法　　⑬国民徴用令　　⑭大政翼賛会
⑮汪兆銘
確認
日本の中国侵略に対して，中国では抗日の世論がひろまり，張学良が蔣介石を監禁し抗日をせまった西安事件を契機に国民党と共産党の内戦は終結し，日本への抗戦体制が確立した。このような情勢のなか，1937年7月7日におこった盧溝橋事件をきっかけに，日本は中国と全面的な戦争を開始した。

Check　①e　　②b　　③f　　④c　　⑤d
Exercise　②　　⑤
Try
〔例〕1939年には地代家賃統制令，1941年には生活必需物資統制令や農業生産統制令，また1942年には食糧管理法などが出され，国民生活はさまざまな統制を受けた。

A CTIVE　戦争をささえる社会　p.112〜113

①
STEP1
人々が活発，戦争をうかがわせるものが多い，比較的ゆとりをもった生活など。
STEP2
1　①〜⑤すべて。
2　「名誉の帰還兵」という台詞，「守れ興亜の兵の家」というポスター，「慰問袋」という台詞，「兵隊さんを思へば」の台詞など。
STEP3
1　疑問に思う点は，戦時下なのに食糧が豊富で人々は楽しそうに見えることなど。今とは異なる点は，人々の服装や子供の遊び，戦争の雰囲気など。
2　戦時下で制約を課されつつあるなかで，日常生活に楽しみを見出しながら生きようとしていたと推察される。
3　〔参考〕1941年1月は，まだアジア太平洋戦争が始まっていない時期。1945年1月は日本本土空

襲も本格化し，都市部の食糧不足も深刻化していた。そのような状況をふまえて考えてみよう。

②
STEP1　**STEP2**
1　千人針
2　「銃後」は戦地に対してその背後にある国内の戦争協力体制のこと。「赤誠」は天皇への忠誠心をあらわす。日本人と同じことをすることで，日本人として認められると考えた人もいたかもしれない。他方，日本に支配されていることを強く意識した人もいたかもしれない。

STEP3
1　慰問袋作成の割当て金支払い。
2　家屋からの立ち退きを要求し，世帯台帳から削除して食糧配給を受けられないようにした。
3　皇民化政策のもとで，日本風の名前に変えさせられ，日本式の祭事，生活様式を強要された。戦争が激しくなると朝鮮や台湾でも徴兵が行なわれ，労働力として強制的に日本の軍需工場で働かされた者もいた。資料2に「警察の斡旋」とあるように，表向きは「同じ皇民」とされたが，実際の日本社会では差別されることも多かった。

③
STEP1
1　戦死兵数：約2.9倍　民間死者数：約4.7倍
2　戦死兵数：ソ連　民間死者数：中国

STEP2
総力戦の度合いが高まり，民間死者数が大幅に増えている。戦争は兵士だけのものでなく，非戦闘員の被害も大きくなっている。飛行機の発達により都市への空襲が増加したと考えられる。各国の経済力，用兵に対する考え方が動員数，戦費，死者数にあらわれている。

Try　1　〔参考〕自分が「翼賛横丁」に住んでいたらどうだっただろうか。また，現在の生活に戦争が入り込んできたとしたらどうであろうか。学校の授業はどうなるだろうか。生活必需品が配給制となったらどう感じるだろうか。手に入らなくなるものは何だろうか。家族で出征する人は出るだろうか。周囲の人の勤務先にはどのような影響が出るだろうか。自分自身，身近な人それぞれの生活が，戦時下でどう変化するかを考えてみよう。
2　〔参考〕それぞれの時代に何があったかを，教科書 p.161 の表も参考にして確認しよう。①の時代は，満洲事変，満洲国建国，国際連盟からの脱退，二・

二六事件など。②の時代は，日中戦争の始まり，国家総動員法，大政翼賛会発足などのほか，米や砂糖の配給制，外食での米食禁止，パーマ禁止，ダンスホール閉鎖，国民徴用令など。③の時代は，アジア太平洋戦争の始まり，金属回収令，勤労奉仕の義務化，学徒動員，本土空襲など。
　戦時下の日本では，このほかにも市民生活に多くの制約が課せられた。これらの制約は，戦時下の日本だけではなく，世界各国，そして現在の紛争地域でも共通してみられることである。そして，これらの時代，場所に，もし生きていたとしたら，自分や自分の家族はどのような生活をしていたかについて考えてみよう。

47 第二次世界大戦とアジア太平洋戦争
p.114〜115

Approach　ア　独ソ不可侵　　イ　ポーランド
ウ　連合国　　エ　枢軸国
①独ソ不可侵　　②ポーランド
③第二次世界大戦　　④ヴィシー　　⑤独ソ
⑥ローズヴェルト　　⑦チャーチル
⑧大西洋憲章　　⑨枢軸国　　⑩日独伊三国同盟
⑪援蔣ルート　　⑫日ソ中立　　⑬石油
⑭近衛文麿　　⑮東条英機　　⑯満洲事変
⑰ハル・ノート　　⑱真珠湾　　⑲アジア太平洋
⑳スターリングラード　　㉑ミッドウェー
確認　ドイツのポーランド侵攻に対し英・仏が宣戦布告しヨーロッパでの戦争がはじまった。そのようななか，日本は日中戦争を解決しようと考え日独伊三国同盟を結んだ。これにより米・英との対立が決定的なものになり，日本が対英米戦を開始するとドイツ・イタリアもアメリカに宣戦布告し，ヨーロッパの戦争とアジアの戦争が結びついた。
Check①　①ヒトラー　　②スターリン
③イタリア　　④ドイツ　　⑤日本
Check②　A　イ　　B　ウ
Try
〔例〕ドイツがポーランドへ侵攻すると，米英を牽制することを目的として軍事同盟をむすぶことをドイツから提議された。この同盟はアメリカを仮想敵国とするものであり，同盟を結べばアメリカとの対立が決定的なものになることはわかっていたので，同盟を締結しない別の道を模索すべきだったのではないか。

48 戦争と民衆　p.116〜117

Approach　ア　ユダヤ人　イ　ホロコースト
ウ　皇民化
①ユダヤ　②ホロコースト　③無人区化
④細菌　⑤満洲移民　⑥731　⑦皇民化
⑧創氏改名　⑨徴兵制　⑩大東亜共栄圏
⑪軍票　⑫枢軸国

確認　枢軸国による支配や日本のアジア支配におい
ては，占領地の人々を本国に強制的に動員・連行し
て労働に従事させるなどの特徴があった。東南アジ
アでは，抗日運動の組織がつくられ，イタリア・フ
ランスでも，レジスタンスやパルチザンなど反ファ
シズムの抵抗運動や武装闘争がひろがった。

Check　①

Exercise　④

Try

〔例〕ホロコーストや731部隊での人体実験による
細菌戦研究など非戦闘員に対する人権侵害は人を人
と思わない，とても残酷なものであった。現在でも，
戦争がおきると人の命が軽んじられ，多くの人権侵
害がおこなわれる。「戦争の悲惨さ」「平和の大切さ」
をしっかり学ぶべきであると考える。

49 敗戦　p.118〜119

Approach　学徒出陣
①配給　②闇取引　③学徒出陣　④国民学校
⑤学童疎開　⑥大政翼賛会　⑦ムッソリーニ
⑧ノルマンディー上陸　⑨ドレスデン
⑩東京大空襲　⑪沖縄戦　⑫カイロ宣言
⑬ヤルタ　⑭ポツダム宣言　⑮国体護持

確認

1943年にイタリアが降伏し，1945年にはヒトラー
が自殺し，ドイツも無条件降伏した。日本ではポツ
ダム宣言受諾をめぐって激論を戦わせていたが，広
島・長崎への原爆投下，ソ連の宣戦布告など戦況が
悪化し，1945年8月14日に日本政府はポツダム宣
言を受諾し戦争を終結させた。

Check

1　どちらも若者が軍隊に動員されている。
2　1943年の日本は，アジア太平洋戦争で劣勢に
立たされており，兵力・労働力不足が深刻化してい
た。1945年のドイツは連合軍に敗北を重ね，多く
の民間人が犠牲になっていた。

Try　ドイツやイタリアの場合，ヒトラーの自殺と
ベルリンの占領，ムッソリーニ政権の崩壊といった
ように，連合軍が本土に進攻し，政権と指導者が倒
れたことにより敗戦をむかえた。日本の場合，沖縄
で地上戦が展開されたものの，連合軍が本土に上陸
する前に，天皇のラジオ放送によって降伏（敗戦）
が告げられた。

ACTIVE　戦争の記憶　p.120〜121

●

①長所：一次資料として，実証研究の観点からも実
態が最も正確に伝わると考えられる。視覚に訴える
ことができる。　短所：年齢を考慮することが必要
な場合もある。その場に足を運ばねばならず接する
人が限られるという問題や保存の問題もある。

②長所：一次資料として，実際に体験した人々の生
の声を伝えられる。その場にいた者の感情を伝えら
れる。　短所：記憶に頼るものであるために，事実
と異なる部分が存在する可能性がある。個人の記録
であるために，全体像はつかみづらい。

③長所：広い敷地を必要としないことも多いため，
戦争という出来事を日常的に忘れないようにする役
割を果たせる。　短所：記念碑が建立されたときの
思いやその意味，具体的で詳細な内容が風化する可
能性がある。

④特徴・長所：多くはその出来事のあった場所や日
時に合わせて催される。定期的に繰り返されること
で，人々に出来事を思い起こさせることができる。
短所：形式化してしまうことで，戦争の本当の姿が
見えづらくなる可能性がある。自分とは関係のない
ものとして意識される可能性がある。

⑤特徴・長所：現地に足を運ぶ必要がなく，居住地
（もしくは近辺）で観ることができる。演出を工夫
することで興味関心を高め，多くの人に伝えること
ができる。　短所：演出によって，実態とかけ離れ
た印象や間違った知識を伝えてしまうことがある。

⑥特徴・長所：堅苦しくなく，楽しみながらその出
来事にふれることができる。特に若年層に興味関心
を持ってもらいやすい。　短所：戦争の記憶として
最も重要な戦争の悲惨さ，実感としての恐怖を伝え
ることが難しい。史実と虚実の区別がつきにくい。
間違った知識を伝えてしまうことがある。

⑦特徴・長所：迫害の犠牲となった人々が実際に生
活していた場所が，今の自分たちの生活圏のなかに

記録されている。数字としての犠牲者ではなく，血の通った人々の悲劇としてとらえることができる。

短所：そもそもこの「躓きの石」が何を意味しているのか，何のためにあるかについて知らなければ意味が薄れてしまう。

⑧長所：一次資料としての遺物・体験記録などを，当時の社会情勢や他の資料研究と合わせて総合的に解析するため，戦争の全体像が見えやすい。

短所：専門的になりすぎると一般の人々に伝わりにくい。

1 〔例〕「正しく」伝えるためには，一次資料が最も重要である。その観点から①の博物館，②の体験者の記録がふさわしい。また，一次資料の用い方に精通し，総合的な視点で扱うことのできる⑧の歴史研究がふさわしいと言える。

2 〔例〕利用にふさわしい年齢，伝わりやすさの問題に加え，興味関心を持たせる工夫が必要となる。わかりやすく伝えることを基本に，視覚や説明による伝え方などの工夫が考えられる。また，利用のしやすさという観点からインターネットでの閲覧・視聴のしやすさも考えられる。

1 〔例〕幅広くという観点では，より多くの人に興味関心を持ってもらう動機付けが考えられる。その意味では，⑤のテレビ・映画や，若者を中心に⑥のゲームはふさわしいと考えられる。また，意識せずともふれる可能性があるという点では，③の記念碑や⑦の躓きの石も考えられる。また，地域の行事として認識されることで④の式典・記念行事も考えられる。

2 〔例〕⑤のテレビ・映画，⑥のゲームに関しては，史実と虚構がわかるような解説や構成が必要となる。監修に専門家を用いるなどの工夫が必要となる。③の記念碑，⑦の躓きの石，④の式典・記念行事は，その意味を広く紹介する解説，インターネットなどを用いた発信等の工夫が考えられる。

1 〔参考〕役所や地域の公立図書館などで調べてみよう。自治体のホームページもチェックしよう。

2 〔参考〕集合的な記憶では，客観的な事実や数字は伝えられても，人々がそれをどのように考え，感じたのかを伝えることはできない。集合的記憶において抽象的かつ匿名で示される数が，個人的記憶においては名前，顔，具体的な経歴をもつ人間の姿

として示すことができる。抽象的なかたちで学ぶ歴史は，どこまで言っても「ひとごと」でしかないが，個人的な記憶を学ぶことで，歴史を自分の問題としても捉えることができるようになる。集合的な記憶において個人はつねに「受け身」として捉えられるが，個人的記憶を学ぶことで，人々が社会のなかで「主体」としてどのように行動したのかを理解することができるようになり，歴史をより多面的に把握できるようになる。

3 〔参考〕同じ出来事のとらえ方がなぜ異なるのかは，重要な問いかけである。まず，戦勝国と敗戦国ではその出来事のイメージはどう異なるだろうか。被害の大きかった国と小さかった国ではどうだろうか。また，戦争を記憶しようとする際に，どのような目的で記憶しようとしているかも重要である。繰り返さないためか，捲土重来を期すためかなどによって異なる。また，愛国主義的な潮流をつくるために利用されることもある。

4 〔参考〕相手の立場を考えつつ，冷静に意見交換をしようとする態度が最も重要である。一次資料を両者で共同研究することなどが重要。歴史共同研究，共通教科書の作成などの事例がある。

50 国際連合と戦後世界　　p.122〜123

Approach　ア　アメリカ　　イ　軍事
ウ　安全保障理事会　　エ　拒否権
①大西洋憲章　　②ダンバートン＝オークス会議
③サンフランシスコ会議　　④世界人権宣言
⑤安全保障理事会　　⑥拒否権
⑦ブレトン＝ウッズ　　⑧国際通貨基金
⑨ドル　　⑩国際復興開発銀行　　⑪アトリー
⑫福祉国家　　⑬フランス　　⑭ティトー
⑮第4次五か年計画

確認

国際連合の安全保障理事会に侵略国を制裁する強力な権限をもたせ，経済対立を防ぐために為替相場の安定と自由貿易の維持をめざすブレトン＝ウッズ体制を構築するなど，ふたたび世界大戦がおきることのない世界をつくろうとした。

Check①　1　国際司法裁判所
2　イギリス　フランス　〔順不同〕
3　国際通貨基金（IMF）

Check②

世界恐慌がはじまると，広大な植民地をもつイギリ

スやフランスは，ブロック経済圏を構築して，自由貿易とは逆に圏外の国々との貿易に関税を課す保護貿易政策をおこなった。植民地の少ないドイツなどでは，これに対抗するためにファシズム政権が台頭し，植民地の再分割を求めた侵略政策を推進し，第二次世界大戦がひきおこされることになった。

Try

国際連合は，安全保障理事会に強力な権限を与えて侵略国への軍事制裁を可能にするとともに，第二次世界大戦の一因となった経済対立を防ぐために，為替の安定や自由貿易の維持をめざすブレトン＝ウッズ体制を構築した。イギリスは重要産業を国有化し，医療制度などの社会保障制度を整えて福祉国家をつくりあげ，フランスでも同様の政策がおこなわれた。東ヨーロッパ諸国では，王政の廃止や大土地所有の廃止などを含む人民民主主義革命がおこなわれ，ソ連は第4次五か年計画によって工業生産の拡大をめざした。

51 戦後と占領の始まり　　p.124～125

Approach　ア　米英仏ソ　　イ　直接統治
ウ　連合国軍最高司令官総司令部　　エ　間接統治
①米英仏ソ　　②ソ連
③連合国軍最高司令官総司令部　　④マッカーサー
⑤アメリカ　　⑥中華民国　　⑦引揚げ
⑧朝鮮人　　⑨闇市　　⑩戦争孤児
⑪ニュルンベルク裁判
⑫極東国際軍事裁判　　⑬BC級戦犯

確認

連合国は，第二次世界大戦の惨禍の大きさから，ふたたび日本が侵略戦争をおこさないよう，非軍事化させるねらいがあった。

Check　ア　満洲　　イ　中国　　ウ　シベリア

Try

ドイツは米英仏ソの4か国に分割占領され，連合軍による直接統治がおこなわれた。そのため，ドイツは長らく東西に分裂した。日本は実質的にはアメリカ軍が単独占領し，その統治の仕方もGHQが日本政府に命令し，日本政府が実行するという間接統治の方式がとられた。そのため，ドイツのように東西に分裂するようなことはなかった。

52 民主化と日本国憲法　　p.126～127

Approach　ア　国民　　イ　戦争放棄
ウ　基本的人権の尊重
①大権　　②GHQ　　③衆議院　　④国民主権
⑤基本的人権の尊重　　⑥戸主　　⑦不敬罪
⑧生活保護法　　⑨財閥解体　　⑩独占禁止
⑪過度経済力集中排除　　〔⑩，⑪は順不同〕
⑫農地改革　　⑬労働組合　　⑭労働基準
⑮修身　　⑯教育基本　　⑰教育委員会
⑱共産主義　　⑲地方自治
⑳ゼネラルストライキ

確認　旧民法の家族制度は廃止され，男女同権，夫婦中心の制度に改まった。また，財閥解体がなされ，独占禁止法などが制定されたことにより経済の民主化も進んだ。この他にも労働組合法などの制定により労働者の権利は拡大され，教育面においても軍国主義的教材は排除され，教育の政治からの独立などを定めた教育基本法が公布され，教育の民主化もはかられた。

Check　①誤　　②誤　　③正　　④誤

Try

日本国憲法第9条には2つの項目があり，第1項で「国権の発動たる戦争や国際紛争を解決する手段としての戦争を永久に放棄する。」と規定している。また，第2項では「陸海空軍その他の戦力は，これを保持しない。国の交戦権は，これを認めない。」とされている。しかし，自衛隊の存在からも明らかなように「自衛権」まで否定しているわけではないと解釈されているところに特徴がある。

53 冷戦の開始　　p.128～129

Approach　ア　資本　　イ　西側　　ウ　社会
エ　東側　　オ　冷戦
①資本主義　　②社会主義
③トルーマン＝ドクトリン
④マーシャル＝プラン
⑤封じ込め政策　　⑥コミンフォルム　　⑦冷戦
⑧チェコスロヴァキア　　⑨ベルリン封鎖
⑩ドイツ連邦共和国　　⑪ドイツ民主共和国
⑫インドネシア　　⑬ベトナム
⑭インドシナ戦争　　⑮毛沢東
⑯中華人民共和国　　⑰大韓民国
⑱朝鮮民主主義人民共和国　　⑲朝鮮戦争

第二次世界大戦末期から，資本主義国アメリカと社会主義国ソ連の対立がはじまった。戦後，アメリカがトルーマン＝ドクトリンやマーシャル＝プランによって「封じ込め政策」をとりはじめると，ソ連はコミンフォルムを設立して対抗した。その後，チェコスロヴァキアで非共産党勢力が排除され，ソ連がベルリン封鎖をおこなうなどして緊張が高まり，東西ドイツは分断国家となった。中国で共産党が国民党に勝利して中華人民共和国が成立すると，アジアでも冷戦が本格化し，南北朝鮮間では朝鮮戦争が勃発した。

Check ③

Try

ヨーロッパではソ連とアメリカの影響力が大きかったために，軍事衝突を避けようという両者の意図が反映されやすかったが，アジアでは朝鮮半島に，38度線を境として北には朝鮮民主主義人民共和国，南には大韓民国が独立国家として存在しており，米ソ両国の意図を越えて軍事衝突がおこった。

54 朝鮮戦争と日本　　　　p.130〜131

Approach　ア　国連軍　　イ　特需景気
①冷戦　　②360円　　③デフレ　　④朝鮮戦争
⑤アメリカ　　⑥中国　　⑦米軍基地
⑧特需景気　　⑨警察予備隊
⑩レッド＝パージ
⑪サンフランシスコ平和条約　　⑫吉田茂
⑬植民地　　⑭東京裁判　　⑮ソ連
⑯日米安全保障条約　　⑰日米行政協定
⑱保安隊　　⑲自衛隊

確認　朝鮮戦争がはじまると，日本の治安維持のためGHQは警察予備隊の創設を指示するとともに，日本を西側陣営に組み入れるため対日講和をいそがせるようになった。こうして，日本はサンフランシスコ平和条約を締結し独立したが，同時に日米安全保障条約も結んだため，主権回復後も米軍基地が維持されることになった。

Check①　兵器

Check②　③

Try

政治面においては，朝鮮戦争に出撃したアメリカ軍にかわる治安維持のため警察予備隊が創設された。また，共産党やその同調者などに対するレッド＝

パージがおこなわれた。対照的に，公職追放を受けていた政治家や軍人の追放は解除されていった。経済面においては，アメリカ軍による軍需物資などの調達が特需景気をもたらし，デフレから日本経済復興への足がかりとなった。

55 冷戦対立の推移　　　　p.132〜133

Approach　ア　北大西洋条約機構
イ　中東（バグダード）条約機構
ウ　東南アジア条約機構
エ　ワルシャワ条約機構
①コメコン　　②北大西洋条約機構
③ワルシャワ条約機構　　④インドシナ戦争
⑤ジュネーヴ休戦協定　　⑥フルシチョフ
⑦スターリン批判　　⑧ベルリンの壁
⑨キューバ危機

確認
西ドイツや日本の主権が回復して西側の一員となった。西ドイツの再軍備とNATO加盟が決定すると，ソ連は東欧諸国とワルシャワ条約機構を設立し，西側でも東南アジア条約機構や中東条約機構がつくられるなど，世界の広い地域が冷戦体制に組みこまれた。一方，スターリンが死去すると，フルシチョフによりスターリン批判がおこなわれ，米ソ関係の改善もみられたが，1961年にベルリンの壁がきずかれ，1962年にはキューバ危機がおこって米ソ間の緊張が高まった。

Try〔例〕
1948　ヨーロッパ：○チェコスロヴァキアで非共産党勢力排除　○ベルリン封鎖（〜1949）
アジア：●大韓民国の建国　○朝鮮民主主義人民共和国の建国
1949　ヨーロッパ：○コメコンの成立　●北大西洋条約機構の成立　●ドイツ連邦共和国（西ドイツ）の建国　○ドイツ民主共和国（東ドイツ）の建国
アジア：○中華人民共和国の建国
1950　アジア：○●朝鮮戦争勃発（〜53）
1951　アジア：●日米安全保障条約の調印
1954　アジア：●東南アジア条約機構の成立
1955　ヨーロッパ：●西ドイツの再軍備，NATO加入　○ワルシャワ条約機構の成立
アジア：●中東条約機構の成立
1956　ヨーロッパ：○スターリン批判
1961　ヨーロッパ：○ベルリンの壁建設

56 植民地の独立と第三世界の出現
p.134〜135

Approach ア フランス　イ イギリス
ウ 朝鮮　エ ソ連
①脱植民地化　②アフリカの年
③アルジェリア戦争　④インド　⑤パキスタン
⑥周恩来　⑦ネルー〔⑥，⑦は順不同〕
⑧平和五原則　⑨アジア＝アフリカ会議
⑩平和十原則　⑪第三勢力
⑫非同盟諸国首脳会議　⑬南北問題

確認

旧植民地諸国の多くは，冷戦における東西両陣営の
どちらにも属さない非同盟中立の立場を選び，第三
勢力とよばれるようになった。これらの国々はアジ
ア＝アフリカ会議に参加して平和十原則を決議した
り，非同盟諸国首脳会議に参加したりすることで，
植民地時代以来の経済的困難の解決のために国際経
済体制の改革を求めた。

Check ②

Try

領土・主権の尊重，内政不干渉などを定めた平和五
原則が，平和十原則によって具体化されたことで，
アジア＝アフリカ諸国が団結して米ソなど大国によ
る植民地主義に反対するという姿勢が示された。ま
た，米ソ二大陣営のいずれにも属さない非同盟運動
は，冷戦下で中立を守ることで平和の維持をめざし，
緊張緩和にも貢献した。

57 米ソ両陣営の動揺
p.136〜137

Approach ア ベトナム戦争　イ 公民権
ウ 人種
①ケネディ　②ジョンソン　③ベトナム戦争
④北爆　⑤ニクソン　⑥ベトナム和平協定
⑦ベトナム社会主義共和国　⑧プラハの春
⑨中ソ論争　⑩大躍進
⑪プロレタリア文化大革命

確認

アメリカは戦費の増大で経済状態が深刻化し，内外
からの批判もあって戦争継続が困難になった。ニク
ソン大統領は，中国を訪問するなど関係の改善に努
め，ベトナム和平協定を成立させてベトナムから撤
兵した。一方ソ連では，平和共存外交を展開しよう
としていたフルシチョフが解任され，以後は自由化

の進展は抑制され，民主化を求めるチェコスロヴァ
キアの運動もワルシャワ条約機構軍によって弾圧さ
れた。

Check ③
Exercise ②
Try

ベトナム戦争に対する反戦運動は，人種差別に反対
する公民権運動と連動してアメリカ社会を動揺させ
た。文化大革命では，学生たちによる紅衛兵が知識
人などを激しく攻撃したため，中国国内は大混乱に
おちいった。

58 日本の国際社会復帰と高度経済成長
p.138〜139

Approach ア 冷戦　イ 朝鮮
①自由主義経済　②国有化　③革新
④保守　⑤55年　⑥鳩山一郎
⑦日ソ共同宣言　⑧国際連合　⑨岸信介
⑩日米相互協力および安全保障条約
⑪安保闘争　⑫ドル　⑬石油資源
⑭高度経済　⑮日中共同声明　⑯田中角栄
⑰日中平和友好条約　⑱日韓基本条約
⑲朴正熙　⑳佐藤栄作

確認

日本は欧米諸国とともに，基軸通貨ドルにもとづく
自由貿易と安い石油資源をもとに，持続的な経済成
長をとげた。西側の一員である日本は，西側の結束
を重視するアメリカの要求で，中華民国や韓国と国
交を回復した。東南アジア諸国とも個別に賠償協定
や平和条約をむすんだ。その後，中華人民共和国と
の国交正常化も実現するなどして，日本は北朝鮮を
除き関係回復を一応完成させた。

Check 1 1970　2 ②　3 フランス

Try

高度経済成長によって工業生産が増え，多くの労働
者が必要になった。地方の農村からたくさんの若者
が都会に働きに出た結果，農村の過疎の問題が深刻
化し，若者不在の農業がおこなわれた。その一方で，
大都市の過密が問題となった。車も広く普及し，工
場も数多く建設されたため，大気汚染や水質汚濁が
深刻になるなど公害が全国で問題化した。工場で大
量の製品がつくられ，人々はアメリカの消費社会を
まねるようになった。

ACTIVE 1968—「豊かな社会」でおこっ
た「異議申し立て」 p.140〜141

①

STEP1 略

STEP2

1 ①識字率の向上と書籍・雑誌発行部数の上昇，ラジオ放送の開始など ②テレビ・電話の広がり，女性の高学歴化（ただし大学進学率1割），都市への人口集中など ③インターネット，スマートフォンの普及，大学進学率上昇，東京一極集中など

2 全員が等しく豊かになったのではなく，格差が拡大して取り残された人々も少なからずいた時代。

②

STEP1 〔参考〕いずれもそれまでの価値観に挑戦するものとして受け止められ，若者を中心に支持を集めた。形を変えながらも徐々にあたり前のものとして受け入れられるようになった。

STEP2 1920年代の生まれと考えられる。したがって，若者時代に第二次世界大戦を経験している。北爆は空襲を，ゲリラ戦は本土決戦に備えた竹槍訓練や，戦地での市街線を思いおこさせたと考えられる。

③

STEP1 自分自身や自分の住む地域，国や世界に対して責任を持ち，意見表明する（権利を持つ）存在。

STEP2 本土にある基地内の病院にはベトナム戦争での負傷兵が運びこまれ，沖縄の米軍基地からは直接ベトナムに出撃した。また，戦争に必要な多くの物資が日本で調達された。

④

STEP1 1 公害を引き起こした企業とそれを許している社会。ベトナム戦争を代表とする戦争。アジアに対する既存の見方。女性の置かれている立場。

2 〔例〕いずれも十分な到達点に達しているとは言えないが，世界的に広く共通の課題として認識されてきていると言える。

STEP2 〔例〕日本は，日米安全保障条約，また返還前の沖縄を通じて間接的にベトナム戦争に荷担していたと考えられる。そのことに危機感を持つ人々の反戦運動，基地返還運動もあったが，多くの日本人はこのようなアジアとのつながりを意識していないことも指摘できる。経済的には，鶴見の『バナナと日本人』に示されているように，自分たちの消費しているものがどのように入手されているのか，本当に見合った対価が支払われているのかに無頓着な

場合も考えられる。それは間接的といえどもアジアに対する搾取と捉えることもできる。

Try

1 〔例〕経済成長は，一国全体としては物質的に豊かになったことを示しているが，その内部では，富の偏在（格差）が生じており，それは拡大していったと言える。また，物質的豊かさは，それと引き替えに犠牲となるものを生み出すこともある。そして，自国の経済発展は，世界的に見れば，他国（の人々）を犠牲にすることで達成されることもある。そのような矛盾に気づいた人々が抗議の声を上げていったと考えられる。

2 〔参考〕一揆，反乱，ストライキ，植民地における抵抗運動，現代の集会やデモ，そしてSNSの利用など，様々な方法が挙げられる。騒乱や死傷者を出さず，民主的な方法として考えられるのは何か，そして，人々の権利として認められるべきものは何かも含めて考える必要がある。

59 石油危機と世界経済 p.142〜143

Approach ア エネルギー イ 大量消費

①第4次中東戦争 ②石油輸出国機構
③第1次石油危機 ④スタグフレーション
⑤イラン＝イスラーム革命 ⑥第2次石油危機
⑦ニクソン ⑧ドル＝ショック
⑨ブレトン＝ウッズ ⑩変動相場制
⑪小さな政府 ⑫サッチャー ⑬レーガン
⑭中曽根

確認

石油危機によって，世界経済は大きな打撃を受けた。日本では高度経済成長が終わり，アメリカでは以前からのドル危機により基軸通貨ドルの信用が低下して，世界は変動相場制へ移行した。資本主義国は財政危機を迎え，福祉を切り捨てる「小さな政府」を目指し，新自由主義を取り入れた結果，国内の貧富の格差や国家間の格差が目立つようになった。

Check

1 b 2 ほとんどの国の経済成長率が0％以下になった。 3 ④

Try

1973年の第4次中東戦争をきっかけとした第1次石油危機で，資本主義国は経済成長が止まり財政危機をむかえた。ヨーロッパの社会民主主義政権などは，社会保障や医療，教育の充実した福祉国家の建

設をめざしていたが，それは困難になった。そこで登場したのが新自由主義で，新自由主義国家は，公共企業体を民営化させ，公共サービスを縮小して小さな政府をめざした。

60 緊急緩和から冷戦の終結へ　p.144～145

Approach　ア　ベトナム戦争　イ　緊張緩和
ウ　東方外交
①戦略兵器制限交渉　　②東方外交
③ヘルシンキ　　④アフガニスタン
⑤イラン＝イスラーム　　⑥ホメイニ
⑦イラン＝イラク　　⑧サダム＝フセイン
⑨連帯　　⑩スターウォーズ　　⑪ポル＝ポト
⑫中越戦争　　⑬ペレストロイカ
⑭チョルノービリ（チェルノブイリ）
⑮中距離核戦力　　⑯マルタ　　⑰ブッシュ

確認
米ソは冷戦による軍事費の負担に苦しみ，1970年代に入ると緊張緩和がはかられた。1985年にソ連でゴルバチョフ政権が誕生すると，アメリカとの関係改善を求める新思考外交が展開された。米ソの関係は改善され，1987年に中距離核戦力全廃条約が締結され，1989年のマルタ会談で冷戦の終結が宣言された。

Check
1　国名：イラク　侵攻した国：イラン
2　国名：イラン
　　大使館を占拠された国：アメリカ
3　国名：アフガニスタン　侵攻した国：ソ連

Try
アメリカは1960年代のベトナム戦争で軍事支出が膨大になり，その後の石油危機も重なって財政危機が深刻化した。ソ連は中ソ対立により社会主義国どうしで関係が悪化した。1979年にはアフガニスタンに侵攻したが，こちらも軍事支出がかさみ，ソ連は財政危機をむかえた。このため米ソ両国は関係改善を模索しはじめた。1985年に誕生したソ連のゴルバチョフ政権は，新思考外交のもと，軍縮とアメリカとの関係改善をおしすすめた。そして1989年に，両国首脳はマルタ会談で冷戦の終結を宣言するに至った。

61 地域協力の進展　p.146～147

Approach　ア　EC　　イ　EFTA
ウ　コメコン　　エ　ASEAN
①ヨーロッパ経済共同体　　②ヨーロッパ共同体
③ヨーロッパ自由貿易連合　　④経済相互援助会議
⑤開発独裁　　⑥改革開放　　⑦鄧小平
⑧四つの現代化　　⑨ドイモイ
⑩東南アジア諸国連合　　⑪ASEAN
⑫新興工業経済地域　　⑬インドシナ難民
⑭パレスティナ難民

確認　ヨーロッパでは1967年にECがつくられるなど結束がはかられた。アジアの開発途上国では，1960年代から開発独裁とよばれる強権的な政治体制が成立し，経済成長をとげた。中国も1978年から改革開放政策をとって発展した。1967年に結成されたASEANも大きな役割を果たし，NIEsの国々も経済発展をとげた。また労働力を確保するため移民が増大し，社会構造も変化した。

Check
1　①イギリス　　②ドイツ連邦共和国
③フランス　　④スペイン　　⑤イタリア
2　A　ベトナム　　B　カンボジア
C　シンガポール　　3　①

Try
第二次世界大戦後の冷戦では軍事費の支出が負担となり，経済統合の重要性が増した。東西それぞれの経済統合，冷戦の終結で東西の枠組みをこえた経済統合もおこなわれた。しかし世界経済の成長が鈍化すると，かつてのブロック経済のような自国優先の考え方が出てきた。世界は国や民族という枠組みをこえて，人類の共存共栄という観点で経済を考える必要があるだろう。

62 日本の経済大国化　p.148～149

Approach　ア　石油　　イ　自動車
①石油危機　　②経済成長率　　③原子力
④貿易摩擦　　⑤赤字国債　　⑥中曽根康弘
⑦新自由主義　　⑧JR　　⑨消費税
⑩プラザ合意　　⑪バブル　　⑫金融緩和
⑬男女雇用機会均等法　　⑭労働者派遣法

確認　日本は第1次石油危機の後，減量経営をすすめ，欧米向けの自動車や電気機器の輸出の急増で経済を回復させた。輸出の急増は欧米諸国との貿易摩

擦をひきおこした。欧米諸国から貿易黒字の削減を求められた日本は，1985年のプラザ合意で為替レートの調整に同意した。日本経済は輸出が不利になるドル安・円高に直面した。そして貿易摩擦回避のため，日本企業が直接投資をして，現地生産をおこなうようになった。

Check 1 1974
2 省エネルギー技術の導入や石油の備蓄がすすみ，原油価格の高騰の影響が以前より減少したため。
3 1989年に株価が，91年に地価が大きく低下するのとほぼ同じく，経済成長率も低下している。

Try
日本は資源が少なく，貿易による利益で国を成長させた。しかし貿易黒字は相手国の赤字の上に成りたっており，不満をもたれた。貿易摩擦の解消が求められ，プラザ合意で円高が進行したことにより輸出が不利となった。さらに海外の製品に対する関税の自由化も求められた。輸出依存の産業構造の変革が求められ，国内産業の優遇についても規制がかかるようになった。

63 冷戦体制の終結　　　　p.150～151

Approach ア 天安門　イ ベルリン
①天安門事件　②新思考外交　③ベルリンの壁
④ルーマニア　⑤議会制民主主義
⑥ドイツ統一　⑦バルト3国
⑧独立国家共同体　⑨ゴルバチョフ
⑩グローバル化　⑪国際連合　⑫湾岸戦争
⑬平和維持活動　⑭アパルトヘイト
⑮バブル　⑯失われた20年　⑰細川護熙
⑱55年

確認
冷戦が終結すると，東欧で多様な改革がおきた。ベルリンの壁は崩壊し，ドイツ統一が果たされたが，ユーゴスラヴィアでは内戦がおきた。また独立国家共同体（CIS）が結成され，ソ連は解体した。国際連合の機能が一時的に強まり，平和維持活動（PKO）もおこなったが，充分な役割は果たせなかった。経済面では人が大きく移動するようになり，グローバル化がすすんだ。

Check 1 A コンゴ　B 中東　C 湾岸
D チェチェン　E シリア　2 略
3 略　4 中東とアフリカ

Try
冷戦の終結後，アメリカとソ連という超大国が各国・各地域をおさえこむことができなくなり，民族間の対立などによる内戦が世界中でおこった。また帝国主義の時代に，地域の実情を無視した国境線を植民地に引いたことも民族対立を生む要因となった。

64 地域紛争と世界経済　　p.152～153

Approach ア 国民　イ 民族　ウ テロ
①同時多発テロ事件　②イラク戦争
③対テロ戦争　④単独行動主義
⑤北米自由貿易協定　⑥マーストリヒト条約
⑦ヨーロッパ連合　⑧ユーロ　⑨東欧
⑩アフリカ連合　⑪ロシア　⑫中国
〔⑪，⑫は順不同〕　⑬小泉純一郎
⑭世界金融危機　⑮民主党

確認
冷戦後にアメリカは唯一の超大国となり，自国の利害を優先する単独行動主義をとった。これに対し，ヨーロッパでは統合がすすめられEUが誕生し，アフリカでもAUが結成された。途上国のなかでもBRICSの経済発展が注目されるようになった。2008年のリーマン＝ブラザーズの破綻をきっかけとした世界金融危機ではグローバル化が災いし，世界金融危機が進行した。紛争もグローバル化によって，国家間ではなく，民族や宗教といった対立が政治課題となった。

Check 1 略　2 b e

Try
世界が緊密化すると，お互いに影響を与えることが大きくなった。経済ではリーマン＝ショックで世界金融危機となり，それぞれが影響し合い，立ち直りに時間がかかった。アメリカが唯一の超大国であるため，アメリカの価値観が他国に押しつけられるようになった。

65 グローバルな認識へ　　p.154～155

Approach ア SDGs　イ COP
①インターネット　②情報通信技術
③SNS　④人口知能　⑤地球温暖化
⑥感染症　⑦仮想水　⑧持続可能な開発目標
⑨経済格差　⑩国連難民高等弁務官事務所
⑪東日本大震災　⑫福島第一原子力発電所

化石燃料の使用による地球温暖化で環境は激変し，感染症の拡大にも直面している。資源にも限りがある。SDGs によって，人類は共生を深刻に考えなければならない段階に来ている。経済格差も広がり，グローバル化で移民も増え，紛争にともなう難民問題も深刻化している。日本は隣国との歴史問題を抱えており，新たな共生の知恵が求められる。

Check
1 ①貧困 ②ジェンダー ③エネルギー
④気候変動 ⑤平和 ⑥公正 2 アフリカ

Try 〔例〕まずは近隣諸国との安定した関係をきずくことが大切であるが，中国や朝鮮半島との関係は歴史問題もあり，安定していない。唯一の被爆国であることから，核兵器廃絶などの平和運動にも貢献することが求められている。また高い技術力を世界のために活用することも期待されている。

Ａ CTIVE　経済成長がもたらす課題
p.156〜157

①

STEP1　Aの時期は，第 1 次石油危機によって世界経済が混乱したことが理由と考えられる。Bの時期は，第 2 次石油危機やイラン＝イラク戦争などにより世界経済が混乱したことが理由と考えられる。Dの時期は，世界金融危機が起こったことが理由と考えられる。

STEP2　1997 年にアジア通貨危機がおこり，とくに韓国は国際通貨基金（IMF）より資金援助を受けるなど経済が低迷した。したがって，④は韓国と考えられる。

STEP3
①はアメリカ合衆国 ②は中国 ③は日本 ④は韓国
判断の理由：①の国は，60 年代，とくに後半に他の 3 か国より成長率が低い。この時期に景気が低迷した可能性が考えられる。また，**STEP2** でみたように，アジア各国に影響を与えたアジア通貨危機の時期に成長率が下がっていないことから，アジアの国ではないことが推測される。したがって，①はアメリカ合衆国と推測される。アメリカ合衆国は，65 年よりベトナム戦争に突入し，これが合衆国経済に影響したことが考えられる。1971 年にニクソン大統領によりドルと金の兌換が停止された（ドル＝

ショック）ことを考えれば，60 年代後半にこの国の経済が低迷していたことが確認できる。

②の国は，60 年代は成長率の変動が激しかった。経済が安定していなかったことがうかがえる。70, 80 年代もそれ以前ほどではないが成長率の変動は大きい一方，比較的高い成長率を示している。90 年代以降は比較的安定して他国よりも高い経済成長率を示している。20 世紀終盤に大きく経済成長していると考えられる。

③の国は，変動幅が大きいものの，70 年代初頭までは時に 10％を超える成長率を達成したように，経済成長が大きかったと考えられる。その後成長率は小さくなり，特に 90 年代以降は他の 3 か国と比較しても小さな成長率にとどまっている。

STEP4　1985 年のプラザ合意による円高不況を受け，金融緩和がすすめられて日本は好景気となった（バブル経済）。しかし 1990 年代はじめにバブル経済は崩壊し，低成長の時代に入った。

②

STEP1
1　第一次世界大戦
2　まず，前提として資本主義の展開による大量生産・大量消費の時代となり，新たな産業構造のもとで新しい中間層（ホワイトカラーなど）が誕生し，人々の平準化が進んだ。総力戦となった第一次世界大戦では，戦争遂行に幅広い国民の協力が必要となり，各国政府は国民の意思をより尊重することが必要となった。政治面で大戦後に選挙権が拡大される傾向となったのはその現れである。また，政府と対立関係にあった労働組合などとの協力も進み，社会福祉政策の拡大もみられた。これらの動きは第二次世界大戦時も同様であり，その結果，各国で格差が縮小したと考えられる。

STEP2　第二次世界大戦後の混乱から各国で復興がすすみ，インフラの整備や産業構造の高度化が進んだ。教育水準も上昇したことで人的資本の形成も進んだ。1960 年代は，これらのこともあいまって世界的に経済成長が進み，相対的に格差の縮小が維持された。

STEP3
1　「大きな政府」
2　新自由主義が台頭し，減税，福祉の抑制，規制緩和が重視されたため。他方，スウェーデンは「大きな政府」であることを維持したため，格差の拡大が起こらなかったと言える。

❸

STEP①　1　①アメリカ　②インド　③中国

2　この間,世界全体のCO_2排出量は増加しており,その増加率も高まっている。アメリカの排出量は2015年までほとんど横ばいだが,代わって中国の排出量が急増している。またインドの排出量も増加している。

STEP②　途上国の工業化(特に中国やインドの工業化)にともない,CO_2排出量が急増したことが原因と考えられる。これらの国々では,省エネ技術などが行き渡っておらず,また環境問題への対応よりも経済発展を重視しているため,結果としてCO_2排出量が急増した。

Try

〔例〕地球温暖化問題や海洋汚染に代表される環境問題は,一国の問題にとどまらず,地球規模で防止,対策を考えねばならない問題である。また,地球規模での人の往来が増加し,情報も瞬時に世界中に回るようになっている。そのようななかでも,ある地域ではモノがあふれ,廃棄され,他方で貧困に苦しむ人が存在する。大航海時代に始まる地球規模のつながりは,現代ではさらに密接な,そして相互依存の強まったものとなっている。このようななかで,すべての問題は地球規模で考えることが必要となる。人類の生活をより豊かにするために,そしてその豊かさの定義を再確認し,将来にわたって維持するためにも「持続可能な発展」が望まれる。そのためには,一部の人々の利益,一国の利益という考え方から,地球全体の利益という考え方に変える必要がある。国際機関を通じて,各国,各団体が相手の立場に立つことを忘れずに話し合いを重ね,実際に協調した行動に移せるような仕組みを構築することが何よりも大切であろう。

本書の特徴

1 説明を読み，それに対応した Work に取り組むことで，より深く実践的に学習することができます。

読んで知る	→	Work に取り組む

実際に調べたり考えたりすると，学習の理解度が高まるね！

2 具体的な事例を通じて最新時事について学ぶことができます。

具体的な事例だと，イメージしやすいね。

写真提供：ベースフード株式会社(左)，日清食品株式会社(中)，株式会社パイ インターナショナル(右)

紙面の各要素

Work ❶	SDGs の目標	Key Word
調べたり考えたりする実習課題です。本書に直接書き込んで取り組みましょう。	事例と関連が深い SDGs の目標です。	事例の文中にある重要用語です。
Key Point	テーマワード➡	日付記入欄　読んだらチェック！ ✓
本文の要点をまとめています。	事例の大きなテーマを示す用語です。	学習管理用の記入欄です。事例を読み終わった日付を記入しましょう。
関連教科	⇒ Work ❶	応用 Work
事例と関連が深い教科です。	事例の各節に対応した Work を表すマークです。	事例をもとに取り組む応用的な実習課題です。具体的には，プレゼンテーション，小論文に関わる課題の一例です。

　紙面に掲載している QR コードから，事例の内容に関わる動画やウェブページにアクセスすることができます。
※コンテンツ使用料は発生しませんが，通信料は自己負担となります。

もくじ

第5章　キャリアと探究　探究とキャリアを結びつけて考える

第4章　「事例」関連教科一覧

教科	事例	教科	事例
地理歴史	事例②③⑤⑥⑦⑨⑩⑪⑫⑬⑭	保健体育	事例①②
公民	事例①②③④⑤⑥⑦⑧⑨⑩⑪⑫⑬⑭⑮⑯	芸術	事例⑮
数学	事例④⑤	農業	事例③⑨
理科	事例②④⑤⑥⑨⑫⑯	工業	事例④⑫
理数	事例④⑤	商業	事例①②③④⑥⑦⑧⑨⑩⑪⑬⑮
家庭	事例①②③⑤⑥⑦⑧⑨⑩⑪⑫⑬⑭⑯	水産	事例⑤⑨
情報	事例⑩⑮	看護	事例②
国語	事例①②③④⑤⑥⑦⑧⑨⑩⑪⑫⑬⑭⑮⑯	福祉	事例⑦⑧⑯
外国語	事例⑥⑭		

第1章 探究の意義

この章では，「探究とは何か」「なぜ探究を学ぶのか」について学習しましょう。

1 「探究」って何だろう？

みなさんは，小学生や中学生のときに自由研究に取り組んだことがあるのではないでしょうか。そこでは，自分の興味に応じて，いろいろ調べたり，観察したり，クラスで発表したりしたでしょう。わかりやすく言えば，**探究**は自由研究の延長線上にあるものです。多くの場合，自由研究は調べたことをまとめることが中心となる「調べ学習」で終わります。一方，**探究**では自らが決めた**テーマ**に基づく**問い**を初めに考えます。そして，その**問い**に対する答えを導き出すために，情報を収集したり，分析したり，ほかの人と話し合いをしたり，ときには実際に調査や実験をしたりすることが求められます。①

探究と調べ学習には，どんな違いがあるのかな？

学校の授業には，あらかじめ用意されている**問い**に対して，用意されている通りの答えを導き出すための学習もあります。一方，**探究**は問いも答えも用意されていないことが大きな特徴です。そのため，どのように**探究**をすればよいのかがわからない人も多いでしょう。このワークブックでは，その**探究**の取り組み方について学んでいきます。

① 調べ学習と探究の違い

調べてまとめる

自分でテーマを決めて，そのテーマから解決したい問いを考え，解決策を導き出す

Work ❶　これまでに取り組んだ自由研究のテーマを思い出して書いてみよう。

Work ❷　調べ学習と探究の違いが理解できたかな？　　　　できたらチェックしよう。